21世纪高职高专系列规划教材

餐饮企业管理与运作

主　　编　苏　枫
副 主 编　徐　倩
参编人员　胡耀斌　李祖平　张家佑　张亦丁
　　　　　袁　俊　吕　敏　刘小红　魏　日
　　　　　王　方　林华英　肖学进　汪　威
　　　　　刘　念　陶仕娟　张俊锋　刘　菁
　　　　　章　晴　柯　英　马　燕　魏琼莉
　　　　　张　英　杨学清

西南师范大学出版社

内容提要

本书根据教育部有关精神结合高职高专应用型人才培养的特点，全面、系统地阐述了酒店餐饮服务与管理的各种要素及其运行的程序与内在联系，力求做到基础理论简明扼要、业务内容切实可行、结构层次系统连贯、操作方式具体先进。在内容上，本教材在注重实际操作性的同时，将一些新的理论和方法引入教材，目的是开拓学生的视野；在形式上，本教材力求通俗易懂，并设计了各种案例等，以帮助学生理解与掌握所学知识。

图书在版编目（CIP）数据

餐饮企业管理与运作/苏枫主编．重庆：西南师范大学出版社，2008.3（2009．2再版）

（21世纪高职高专系列规划教材）

ISBN 978-7-5621-4078-8

Ⅰ.餐…　Ⅱ.苏…　Ⅲ.饮食业—企业管理—高等学校：技术学校—教材　Ⅳ.F719.3

中国版本图书馆CIP数据核字（2008）第024641号

21世纪高职高专系列规划教材

餐饮企业管理与运作

主　　编：苏枫

副 主 编：徐倩

策　　划：周安平　卢旭

责任编辑：杜珍辉

特约编辑：杜颖华

封面设计：辉煌时代

出版发行：西南师范大学出版社

地址：重庆市北碚区天生路1号

邮编：400715　市场营销部电话：023—68868624

网址：http：//www.xscbs.com

经　　销：全国新华书店

印　　刷：重庆升光电力印务有限公司

开　　本：787mm×1092mm　1/16

印　　张：14.75

字　　数：289千

版　　次：2009年2月第2版

印　　次：2009年2月第1次印刷

书　　号：978-7-5621-4078-8

定　　价：25.00元

编写说明

作为高等教育的重要组成部分，高等职业教育是以培养具有一定理论知识和较强实践能力，面向生产、面向服务和管理第一线职业岗位的实用型、技能型专门人才为目的的职业技术教育，是职业技术教育的高等阶段。目前，高等职业教育教学改革已经从专业建设、课程建设延伸到了教材建设层面。根据国家教育部关于要求发展高等职业技术教育，培养职业技术人才的大纲要求，我们组织编写了这套《21 世纪高职高专系列规划教材》。本系列教材坚持以就业为导向，以能力为本位，以服务学生职业生涯发展为目标的指导思想，以与专业建设、课程建设、人才培养模式同步配套作为编写原则。

从专业建设角度，相对于普通高等教育的“学科性专业”，高等职业教育属于“技术性专业”。技术性专业的知识往往由与高新技术工作相关联的那些学科中的有关知识所构成，这种知识必须具有职业技术岗位的有效性、综合性和发展性。本套教材不但追求学科上的完整性、系统性和逻辑性，而且突出知识的实用性、综合性，把职业岗位所需要的知识和实践能力的培养融会于教材之中。

从课程建设角度，现有的高等职业教育教材从教育内容上需要改变“重理论轻实践”、“重原理轻案例”，教学方法上则需要改变“重传授轻参与”、“重课堂轻现场”，考核评价上则需改变“重知识的记忆轻能力的掌握”、“重终结性的考试轻形成性考核”的倾向。针对这些情况，本套教材力求在整体教材内容体系以及具体教学方法指导、练习与思考等栏目中融入足够的实训内容，加强实践性教学环节，注重案例教学，注重能力的培养，使职业能力的培养贯穿于教学的全过程。同时，使公共基础类教材突出职业化，强调通用能力、关键能力的培养，以推动学生综合素质的提高。

从人才培养模式角度，高等职业教育人才的培养模式的主要形式是产学结合、工学交替。因此，本教材为了满足有学就有练、学完就能练、边学边练的实际要求，纳入新技术引用、生产案例介绍等来满足师生教学需要。同时，为了适应学生将来因为岗位或职业的变动而需要不断学习的情况，教材的编写注重采用新知识、新工艺、新方法、新标准，同时注重对学生创造能力和自我学习能力的培养，力争实现学生毕业与就业上岗的零距离。

为了更好地落实指导思想和编写原则，本套教材的编写者既有一定的教学经验、懂得教学规律，又有较强的实践技能。同时，我们还聘请生产一线的技术专家来审稿，保证教材的实用性、先进性、技术性。总之，该套教材是所有参与编写者辛勤劳作和不懈努力的成果，希望本套教材能为职业教育的提高和发展作出贡献。

这就是我们编写这套教材的初衷。

前　言

本书结合我国的实际情况，以翔实和可操作性的材料，全方位展示了现代餐饮企业的概貌和业务流程模式。全书内容共分为九章，从餐饮企业管理以及餐饮服务工作角度，全方位地展示了餐饮服务与管理中的常见问题及相应的处理艺术，以求理论联系实际，增强启发性和可读性。全书每章后面都附有案例及评析以及小资料、小思考等内容，增强了本书的实用性。

本书可以作为高等职业教育酒店管理专业的教学教材，也可以作为酒店餐饮服务管理人员的培训和自学用书。如何将实务工作中的真实环境在教材中体现出来，使学生在课堂学习时有一种身临其境的感觉，缩短学生将在学校掌握的知识和技能运用于实际工作中的“磨合期”，是高校一线教学面临的一个现实课题。本教材编写的主要目的正是在于解决当今高校教学中教材内容与实际工作情况相脱离的问题。本书的特色体现在以下方面：

1. 操作性强

由于饭店及餐饮企业服务的实践性非常强，各种细节问题的处理具有很强的科学性与灵活性，因此本书在编写过程中以实际工作流程为基准，特别注重实用性，以饭店内的不同区域和部门及餐饮企业为标准，以图将星级酒店餐饮部门和餐饮企业的实际工作情况和要求真实地呈现在学生面前，从而形成了本书不同于其他类饭店专业教科书的特色之一。

2. 时效性强

各章的阐述都紧扣饭店餐饮部门和餐饮企业的实际运行，既有一定的理论阐述，又有着丰富的案例分析。编者还根据社会发展中出现的新问题加入了相应的内容，比如新型的餐饮娱乐项目开发与利用等。对于本书的使用可以采用理论讲解与实践演练相结合的方式，先由教师根据本书理论体系进行讲解，再到实训室示范操作，帮助学生加深印象和理解。考核形式建议分为笔试和实际操作两部分，要求学生既掌握餐饮常规服务技能，又具备解决突发事故的能力。由于本书编写时间仓促，书中难免有疏漏和不足之处，敬请广大读者指正。

编　者

2008 年 1 月

目　录

第一章 绪 论

第一节 餐饮业的发展简介

“民以食为天”，饮食是人类最基本的生存活动。餐饮业是利用餐饮设备、场所和餐饮产品为社会生活服务的生产经营性服务行业。餐饮业的发展水平不仅反映了一个国家和地区的经济发展水平和利用自然资源等方面的能力，而且是一个国家、一个民族的物质文明和精神文明水平的重要标志。

餐饮业是一个历史悠久的行业。中华餐饮文化博大精深，餐饮业在我国已有几千年的发展历史。近年来随着我国经济快速发展，对外开放进一步扩大，餐饮业急速发展，已经成为一个与人民群众生活密切相关的、潜力巨大的产业。随着生产力高度发展，人类生活水平不断提高，餐饮业正朝着设备精良、环境优美、产品风味突出、服务质量优质的方向发展。

一、餐饮业概述

（一）餐饮业的基本特征

（1）对旅游业和国民收入的依赖性。餐饮业是旅游业的重要组成部分，其发展规模和速度在一定程度上是建立在旅游业基础上的。因此，餐饮业的发展必须坚持多类型、多层次、多方位、多结构，以适应旅游业和社会各界人士的需要。其中，涉外餐饮业必须纳入旅游行业管理之中，既保持和旅游业同步发展，又提供高质量、高水平的服务。

（2）市场客源的广泛性。一方面，餐饮业的客源市场广泛；另一方面，各种类型的餐饮企业之间可以互代。因此，餐饮管理必须加强同各种类型的客源市场的联系，广泛组织客源，形成目标市场的竞争优势，以扩大产品销售，获得优良经济效益。

（3）产品风味的民族性和地方性。餐饮业是在长期的历史发展过程中，随着人类对饮食的不断追求而发展的。不同国家、地区、民族，地理、气候和生活环境、生活习惯不同，食品原材料的种类不同。因此，餐饮管理的关键在于突出风味特点，办出经营特色，坚持以产品质量和服务质量取胜。

（4）营销活动的波动性和间歇性。餐饮企业的营销活动受季节、气候、企业地理位置、交通条件等多种因素的影响，特别是受旅游业的发展程度及季节波动性的影响。因此，餐饮管理必须根据企业所处客观外界环境，研究营销活动变化规律及其波动程度，采用灵活多样的经营方式，充分运用市场调节手段，广泛组织客源，尽量克服不利因素的影响。同时，要根据业务活动间歇变化规律，做好人力资源的调配和组织，提高劳动效率和服务质量，降低劳动消耗。

（二）餐饮业在国民经济中的地位和作用

（1）餐饮业是促进国内外经济文化交流、提供后勤服务的重要行业。对外交流越广泛，国内经济建设越发展，人们对餐饮产品的需求量越大。提供生活服务的餐饮业对加强国际国内交流、促进经济发展起到积极的推动作用。

(2) 餐饮业是旅游业六大要素的重要组成部分。食、住、行、游、购、娱是旅游业的六大要素。餐饮业为旅游者提供独特风味、优美环境和优良服务，不仅可以满足客人的需求，而且高超的烹调艺术、独具特色的饮食产品本身又可以成为旅游资源，广泛吸引国内外旅游者。

(3) 餐饮业是活跃经济、繁荣市场、促进相关行业发展的重要行业。餐饮业的发展规模、速度和水平，往往直接反映一个国家、地区的经济繁荣和市场活跃程度，是国民收入和人民生活水平迅速提高，消费方式和消费结构发生深刻变化的重要体现。

(4) 餐饮业是创造社会财富、实现国民收入再分配的重要服务行业。餐饮业利用餐饮设备技术，通过食品原材料加工制造产品，可以增加产品价值，创造社会财富。餐饮业处于国民收入再分配环节，可以大量回笼货币，从而对国民经济的发展起到积极的推动作用。

(5) 餐饮业是促进社会消费方式和消费结构变化、扩大劳动就业的重要行业。餐饮业的发展，为人们的饮食消费创造了条件，可以减轻人们的家务劳动，促进消费方式和消费结构的改变。同时，餐饮业的发展，为大批人员提供了就业机会，成为我国职工就业和下岗职工再就业的重要出路之一。

二、中国餐饮业的发展概况

(一) 中国餐饮的独特之处

中国餐饮文化具有独特的民族特色和浓郁的东方魅力，主要表现为以味的享受为核心、以养生为目的的和谐与统一。中国餐饮中的科学内涵十分丰富，其核心内容在于符合营养要求，达到具有养生效果的烹调与饮食的终极目的。中国的餐饮艺术是在餐饮历史发展过程中逐渐形成、发展并丰富起来的，具有实用目的与审美价值紧密相连的特点。如陶制炊器的器形从实用需要出发设计，本意为放置平稳、受热均匀，但却给人以对称、均衡美的感受。陶器、铜器、铁器的不断演进，不仅是工艺、性能方面的改进，还包含着追求形式美的意图。随着物质生产的发展和社会生活的进步，餐饮越来越具有审美性质，直至发展成为实用与审美并重的各种花色造型的菜点及丰盛华丽的宴席。中国餐饮艺术虽然受到餐饮原料、餐饮技术、食品实用功能等因素的制约，具有相对的局限性，但它与其他艺术种类相比较，却有自己的艺术特点，即融绘画、雕塑、装饰、园林等艺术形式于一体。

1. 风味多样

地域广阔的中华民族，由于各地气候、物产、风俗习惯的差异，自古以来，在饮食上就形成了许多各不相同的风味。我国一向有“南米北面”的说法，在口味上也存在“南甜北咸，东辣西酸”之别。就地方风味而言，有巴蜀、齐鲁、淮扬、粤闽四大风味。

2. 四季有别

一年四季，按季节而饮食，是中国餐饮的主要特征。

我国春夏秋冬四季分明，各种食物原料因时迭出。《周礼》中载有“春多酸，夏多苦，秋多辛，冬多咸，调以滑甘”的记录，这就是说味道要迎合季节时令。调味品也要按时令调配，“脍，春用葱，秋用芥。豚，春用韭，秋用蓼”。自古以来，我国一直遵循调味、配菜的季节性原则，冬则味醇浓厚，夏则清淡凉爽，冬多炖焖煨，夏多凉拌冷冻，特别注意按节令安排菜单。就水产原料来说，春尝刀鱼，夏尝鲥鱼，秋尝蟹，冬尝鲫鱼。各种菜蔬更是四时更替，适时而食。

3. 讲究美感

中国的餐饮，不仅技术精湛，而且自古以来就讲究菜肴的美感，注意食物的色、香、味、形、器的协调一致。厨师们利用自己的聪明、技巧及艺术修养，创造出各种各样、独树一帜的美味佳肴，不仅实现了色、香、味、形美的统一，而且给人以精神和物质高度统一的特殊享受。

4. 注重情趣

我国餐饮自古以来就注重品位情趣，不仅对饭菜点心的色、香、味、形、器和质量、营养有严格的要求，而且在菜肴的命名、品味的方式、时间的选择、进餐的节奏、娱乐的穿插等都有一定的要求。

中国菜肴的名称具有千变万化、避免雷同、雅俗共赏的特点。菜肴名称除根据主、辅、调料及烹调方法写实命名外，还有以历史掌故、神话传说、名人食趣、菜肴形象而命名的。诸如"全家福"、"将军过桥"、"狮子头"、"叫花鸡"、"龙凤呈祥"、"鸿门宴"、"东坡肉"等等，立意新颖，风趣盎然。

5. 食医结合

我国的餐饮和医疗保健有密切的联系。在我国，几千年前就很重视"医食同源"、"药膳同功"，利用食物原料的药用价值，烹成各种美味的佳肴，达到对某些疾病的防与治的目的。

（二）中国餐饮业的发展历程

我国古代地广人稀，自秦汉以来，为方便官差长途跋涉传送文件，便有"驿站"的设置，以供官差恢复旅途的劳累，更提供住宿与餐食，好令他们翌日能够继续另一段漫长的传递工作。其实，这就是中国餐饮业的雏形。自秦代制定货币政策后，民间社会开始有大规模的交易现象，市集应运产生，民以食为天的本性自然在交易中流露无遗——交易的本质是为生活糊口，交易的性质则免不了以物易物或以钱易物。这里所谓的"物"，自然就是指一些生活用品与食物。因此，餐饮业算来也有4000年的历史了。

1. 新石器时代的餐饮

旧石器时代以前，人类长期处于"茹毛饮血、污樽抔饮"的阶段，生食草木禽兽，无餐具亦无食具。或于地面之上，或于树杈之间，或于河塘之畔，手抓而食，手捧而饮，表现着原始的本能。进入旧石器时代以后，人类从被动用火到主动用火，学会了火上燔肉、石上燔谷和坑凹为锅、烧石入水即石烹法来熟食的方法，但仍无真正意义上的食具与炊具。公元前8000年到6000年之间，古人从掘地为臼、"以火坚之"到盘泥筑陶，制造了最早的炊食共用器皿，人类和中国餐饮才自此进入了陶器时代。公元前5000年的仰韶文化时期，中国的陶器已具规模，容器、食器、炊器均有出现，鼎、釜、鬲、甑、鏊、盆、盘、钵、碗"各司其职"。于是，人们或炊食共器，于鼎中煮之，于鬲中熬之，然后临鼎、鬲而食；或以甗蒸制，以鏊烙制，捧盘、碗而食，实现了一个文明的飞跃。

新石器时代由于没有文字，餐饮演变的概况只能依靠出土文物、神话传说以及后世史籍的追记进行推断。这个时代的餐饮好似初出娘胎的婴儿，既虚弱、幼稚，又充满生命活力，为夏商周三代饮食文明的兴盛奠定了良好的基础。

2. 夏商周三代的餐饮

这是我国的奴隶社会早期，是我国烹饪业发展的第一个高潮时期。

(1) 烹调原料显著增加，习惯于以“五”命名，如“五谷”（稷、黍、麦、菽、麻）、“五菜”（葵、藿、薤、葱、韭）、“五畜”（牛、羊、猪、犬、鸡）、“五果”（枣、李、栗、杏、桃）、“五味”（米醋、米酒、饴糖、姜、盐）之类。“五谷”有时又写成“六谷”、“百谷”。总之，原料能够以“五”命名，说明了当时食物资源已比较丰富，这些原料是其中的佼佼者，并在选料方面积累了一些经验。

(2) 炊饮器皿革新，轻薄精巧的青铜食具登上了餐饮舞台。夏商周是中国的青铜器时代。我国现已出土的商、周青铜器物有4000余件，其中多为炊餐具。这个时期也是我国奴隶制文明的灿烂时期。帝王九鼎而食，诸侯七鼎而食，士大夫五鼎而食。他们食前凭案俎，临鼎鼐，持匕箸，进食的方法已达到了高度的文明。夏代时，小型的青铜器尚有炊食共器的情况，商周时，鼎、鬲、簋等已完全退出了炊具的行列。青铜食器不仅善于传热，提高了餐饮工效和菜品质量，而且兼具彰显礼仪、装饰宴席之功，展现出了奴隶主贵族饮食文化的特殊气质。

(3) 菜品质量飞速提高，推出著名的“周代八珍”。由于原料充实和炊具改进，这时的烹调技术有了长足进步。一方面，饭、粥、糕、点等饭食品种初显雏形，肉酱制品和羹汤菜品多达百种，花色品种大大增加；另一方面，可以较好运用烘、煨、烤、烧、煮、蒸、渍等10多种方法，烹出熊掌、乳猪、大龟、天鹅之类高档菜式。“周代八珍”是专为周天子准备的宴饮美食。它由二饭六菜组成，具体名称是：“淳熬”（肉酱油浇大米饭）、“淳母”（肉酱油浇黍米饭）、“炮豚”（煨烤炸炖乳猪）、“炮牂”（煨烤炸炖母羊羔）、“捣珍”（合烧牛、羊、鹿的里脊肉）、“渍”（酒糟牛羊肉）、“熬”（类似五香牛肉干）、“肝”（烧烤肉油包狗肝）。“周代八珍”推出后，历代争相仿效，元代的“迤北（即塞北）八珍”和“天厨八珍”，明清的“参翅八珍”和“烧烤八珍”，还有“山八珍”、“水八珍”、“禽八珍”、“草八珍”（主要是指名贵的食用菌）、“上八珍”、“中八珍”、“下八珍”、“素八珍”、“清真八珍”、“琼林八珍”（科举考试中的美宴）、“如意八珍”等等，都由此而来。

(4) 在饮食制度等方面也有新的建树。从夏朝起，宫中首设食官，配置御厨；到了商周时期，中国的饮食制度已经初步形成，“烹饪”一词始见于文字，并十分重视帝后的饮食保健，迈出食医结合的第一步。

(5) 出现了最早的宴席。夏朝的时候，生产力得到发展，食物产品有了一定剩余，同时随着祭祀活动的产生，部落人常常聚集在一起，祀天神，祀地祇，祭先祖，待祭礼结束，人们就可以享用由部落首领分配的食品，这就是最早的宴席。到了商周时期，有了食制，宴席也开始按尊卑分级划类。

此外，在民间，屠宰、酿造、炊制相结合的早期饮食业也应运而生，餐饮已发展成为一个独立的行业。这时，出现了一位烹饪名师——伊尹。他是我国第一位有史书记载的烹饪之圣，《吕氏春秋·本味篇》中记载了他对我国古代烹饪艺术的论述，他开创了人类最早的烹饪理论。所以，夏商周三代在中国餐饮史上开了一个好头，后人有“百世相传三代艺，烹坛奠基开新篇”的评语。

3. 春秋战国的餐饮

春秋战国是我国奴隶制社会向封建制社会过渡的动荡时期，连年征战，群雄并立。战争造成人口频繁迁徙，刺激农业生产技术迅速发展，学术思想异常活跃。此时，餐饮中也出现了许多新的因素，为后世所瞩目。这段时期也是我国饮食烹饪发展的第二个高潮时期。

这一时期，人们开始使用铁制炊具，餐具品种齐全，出现了冷饮制品和简单的点心，烹饪时较多地使用花椒、豆酱、蜂蜜、生姜、桂皮等调味品。此外，宴席比以前更加丰盛，礼仪日益隆重，楚国的盛馔已达到了一定的水平。同时，在各诸侯国的都城，如大梁、燕城、邯郸、咸阳、临淄、郢都等，酒肆兴盛。

4. 秦汉魏晋南北朝时期的餐饮

秦汉魏晋南北朝起自公元前221年秦始皇吞并六国，止于公元589年隋文帝统一南北，共810年。这一时期是我国封建社会的早期，农业、手工业、商业和城镇都有较大的发展，民族之间的沟通与对外交往也日益频繁。在专制主义中央集权的封建国家里，餐饮文化不断出现新的特色。这一时期的后半段，战争频繁，诸侯割据，改朝换代快，统治阶级醉生梦死，奢侈腐化，在饮食上寻求新奇的刺激。由此，餐饮就在这种社会大变革中演化，博采各地区各民族饮馔的精华，蓄势待变，焕发出新的生机。

汉代以后，食器在经历了短暂的漆器时期后，陶制的、漆木的、金银的和琉璃的、玉石的食器都有使用，总的来看，食器以漆器和青瓷为主。人们坐胡床、伏桌案，用匕、匙、箸在盘、碗、碟、池中进食。只是身份、地位不同，宴席形制不同，所用的食器、餐具的材质不同。汉代还从丝绸之路引进了黄瓜、大葱、蚕豆、菠菜、刀豆、香菜、茴香等大量的外来蔬菜品种。此时，佛教传入中国，吃斋盛行，素菜迅速发展，并出现了世界上最早的食品加工专著《齐民要术》。

5. 隋唐五代宋金元时期的餐饮

这一时期属于中国封建社会的中期，先后经历过隋、唐、五代十国、北宋、辽、西夏、南宋、金、元等20多个朝代，统一局面长，分裂时间短，政局较稳定，经济发展快，饮食文化成就斐然，是中国餐饮发展史上的第三个高潮。

隋唐时期是我国历史上的鼎盛时期，此时的烹饪原料十分丰富，使这一时期的菜肴丰富多彩，酒楼、小吃店纷纷出现，同时也涌现出许多著名的烹饪大师。从唐代起，宴会由席地而坐上升到坐椅，皇宫宴会的椅子还有软垫。宴会进行时有歌舞助兴，一般的菜馆酒楼则有歌舞伎献艺，再下等的则有江湖艺人卖唱，民间流行猜拳、行酒令助兴。这一时期，清真风味兴起，“南甜北咸，东辣西酸”的风味基本确定，地方菜发展很快，饮食市场相当繁华，早市夜市兴隆。

唐代以后，食器、餐具的主角渐由瓷器出任；进入宋代，柴、汝、官、哥、定五大名窑的瓷器将中国社会推向了瓷器时代，居家生活、食店脚店的食器、餐具基本为瓷器取代。这一时期，高桌低凳，用匙、箸在盘、碗、碟、池中进食成为最基本的食法。汴京的72家酒楼正店全部采用银制食、餐、酒器具，宫中皇室则是金、银、玉制的各类食器和餐、酒具并用，且在正式宴会保留着传统的一人一席、几案矮坐、聚餐分食的食法与食制。这时，炊食共器的现象虽然已非主流，但它却因具有独立的进餐形式、方便的自主调味、氤氲缭绕的和谐气氛而仍旧存在。

宋代炊食共器的食法主要是以火锅、涮锅的形式存在，并具有很强的生命力，即便在气温较高的江淮仍是如此。南宋林洪的《山家清供》就对涮肉有着明确的记载。

元代，除已经定型的中国餐饮的食法和食器以外，其宫廷的大型正式宴会“衣宴”采取的是席地围坐、炭火烤食的方法，保留着游牧民族旧有食法和传统。元代蒙古营养学家忽思慧撰写的《饮膳正要》是我国第一部营养学专著。

6. 明清时期的餐饮

明清时期是我国封建社会晚期，饮食业持续发展，逐步走向高峰。这一时期，各种富有民族特色的宴席盛行，如喜宴、寿宴等。以“满汉全席”为标志的超级大宴，使中国饮食业结出硕大的花蕾，达到了古代社会的最高水平。

满汉全席作为中国清代的大型宴席流传至今，已有200多年的历史，但真正见识过满汉全席的人并不多，可以说，人们对满汉全席是“只闻其名，未见其面”。

满汉全席是中国最著名、规模最大的古典宴席，主要由满族烧烤、茶点和汉族经典菜肴组成，菜品达100道以上；再加上奢华的制作原料、精湛的餐饮技艺、开席时宏大的场面及隆重的礼仪，使满汉全席成为中国古典宴席之冠。满汉全席具有浓郁的民族色彩，其鲜明的文化特征，不仅赋予满汉全席一种独特的魅力，更使满汉全席成为中华饮食文化的瑰宝。

清代开始，在中国的传统食法、食制被继承的同时，满席中炊食共器的火锅风靡全国。这种铜制燃炭锅使已经演变为纯礼器、作为祭祀之用的青铜鼎鬲再现风采，让人依稀见到商周的青铜之韵。清代后期社会统治日渐衰朽，统治阶级更加骄奢淫侈、贪得无厌，餐饮迅猛发展，宫廷菜和官府菜大盛。

鸦片战争以后，进入我国的西方人越来越多，这样，西餐烹饪技术也逐渐传入我国。到光绪年间，开始出现由中国人自己开设的，以赢利为目的的西餐厅（当时称为“番菜馆”）以及咖啡厅、面包房等，从此我国就有了西餐业。

据清末史料记载，最早出现在我国的西餐厅是上海福州路的“一品香”，继之，“海天春”、“一家春”、“江南春”等西餐厅也在上海开业。北京的西餐行业始于光绪年间，最早的是“醉琼林”。辛亥革命以后，由于当时和西方人往来越来越多，西餐业很快地发展起来。

袁枚的《随园食单》是清代的烹饪名著。《随园食单》包括烹饪原理和名菜介绍两部分。在袁枚之前，还几乎无人能将饮食之道阐述得那样透彻，因而，《随园食单》在古典烹饪理论上的建树为后世所肯定，同时也使它成为一部具有世界影响力的烹饪专著。它和《吕氏春秋·本味篇》、《齐民要术》、《饮膳正要》一起成为我国历史上最主要的烹饪专著。

7. 中华民国时期

20世纪以来，帝国主义列强大量向中国倾销商品，牟取暴利。其中就有机械加工生产的新的食品原料，如味精、果酱、鱼露、咖喱、芥末、可可、咖啡、啤酒、奶油、苏打粉、香精、人工合成色素等。这些新的食品原料引进后，逐步在食品工业和餐饮业中得到应用，使一些食品风味有所变化，质量有所提高，这在沿海大中城市更为明显。新的食品原料的引进，对传统烹调工艺产生了冲击（如味精逐步取代高汤），有些制菜规程也有相应改变。

8. 新中国成立后的餐饮

新中国成立后，烹饪的发展也不是一帆风顺的。它大体上可以分为三个阶段，这三个阶段各有不同的特点。第一阶段是1949～1956年，属于复苏时期。由于政局稳定，经济回升，餐饮逐步恢复了历史上一些好的传统。这一阶段走的是上坡路，各方面初见成效，奠定了大发展的基础。第二阶段是1957～1976年，属于动荡时期。由于政治运动频繁和自然灾害不断，经济停滞，餐饮发展受到挫折，元气大伤。第三阶段是1977年至今，属于跃升时期。党的十一届三中全会召开后，随着改革开放，经济迅猛增长，中国餐饮迎来了黄金之春。从目前趋势看，它仍处于加速运转的良好状态中，会有更美好的明天。

三、西方餐饮业的发展概况

西餐这个词是由它特定的地理位置所决定的。“西”是西方的意思，一般指西欧各国；“餐”就是饮食菜肴。我们通常所说的西餐不仅包括西欧国家的饮食菜肴，同时还包括东欧各国、美洲、大洋洲、中东、中亚、南亚次大陆以及非洲等国的饮食。广义上讲，也可以说是对西方餐饮文化的统称。其实，西方各国的餐饮文化都有各自的特点，菜式也都不尽相同，例如西餐中有法国菜、英国菜、意大利菜等之分。但西方人自己并没有明确的西餐概念，这个概念是中国人和其他东方人的概念。西餐一般以刀叉为餐具，以面包为主食，餐桌多为长形桌台。西餐的主要特点是主料突出、形色美观、口味鲜美、营养丰富、供应方便等。

（一）古代西餐的发展

西餐发展的历史，可谓源远流长。公元前3100年到公元前1087年，古埃及已经创造出灿烂的古埃及文明，其中就包括饮食文化。许多出土的古埃及西餐烹调用具都证明了西餐在这一时期有过巨大的发展。当时，富人的菜单上已经出现了烤羊肉、烤牛肉和水果等菜肴。

据有关史料记载，早在公元前5世纪，在古希腊的西西里岛上，就出现了高度的烹饪文化。在当时就很讲究烹调方法，煎、炸、烤、焖、蒸、煮、炙、熏等烹调方法均已出现，同时技术高超的名厨师很受社会的尊敬。古希腊的贵族很讲究饮食，虽然当时奴隶制普遍存在，但餐饮生产已经接近今天厨房与餐厅分工的组织结构。约在公元3世纪，雅典人发明了第一辆冷盘手推车。

最早的西餐起源于古罗马。古罗马的烹调方式汲取了希腊烹调的精华。古罗马人举行的宴会丰富多彩，有较高的水准。从专业角度看，就餐时人们使用的餐巾也是由古罗马人引进餐馆的。除此之外，在餐馆的餐桌上放置玫瑰花、重大宴会报每道菜的菜名等做法，也是古罗马人最早在餐厅中使用的。当时，古罗马人还在制造面点方面处于世界领先地位。至今，意大利的比萨饼和面条仍然享誉世界。

（二）近现代西餐的发展

虽然烹饪文化已经有了相当的发展，但当时人们的用餐方法仍以抓食为主。直到15世纪，饮食文化才借助文艺复兴的春风迅速发展起来。首先是餐刀、餐叉、汤匙等系列餐具逐渐由厨房工具演变出来，尔后出现最为原始的菜谱，同时，文雅而复杂的用餐礼仪也渐渐形成和完善起来。

15世纪中叶是文艺复兴时期，饮食同文艺一样，以意大利为中心发展起来，在贵族举行的宴会上涌现出各种名菜、细点。至今仍驰名世界的空心面就是那时出现的。由于商业经济的发达、宫廷王室的奢侈，使烹饪技艺在吸收各地、各国精华的基础上形成了追求奢华、注重排场、典雅华丽的风格。

到了16世纪初，法国安利二世王后卡特利努·美黛希斯喜欢研究烹调方法，她从意大利雇用了大批技艺高超的烹调大师，在贵族中传授烹调技术，这样不仅使宫廷、王府的菜点质量显著提高，同时也使烹饪技法广为流传，促使法国的烹饪业迅速发展起来。后来，法国有位叫蒙得弗德的人，举行宴会时，为了让客人预先知道全宴席的菜品，让管家在宴会前用羊皮纸写好菜名，放置在每个座位前。据说，这就是西餐菜谱的开始。

法国人使得西餐的发展达到顶级程度，当今法式西餐的选料、烹饪甚至于服务仍是举世无双。西餐餐厅发展的历史主要以法国餐厅的发展史为主，从另一个角度讲，法国餐厅可以说是西餐的最高水平体现和标准。

1638～1715年，由于讲究饮食而被人称为美食家的法国国王路易十四在宫廷中发起了烹饪大赛，优胜者被授予奖章及奖赏，从而推动了烹饪业的蓬勃发展，一时间宫廷内佳肴美馔迭出。由于宫廷和上层社会的烹调热，直接推动了整个社会的烹饪业发展。1765年，在法国的街上开始出现了餐厅。1789年，法兰西革命后，面向一般顾客的餐厅像雨后春笋般发展起来，供餐形式是每人一份。不久出现了零点菜谱，但只有简化了的宫廷菜。19世纪初，餐桌上的规矩大致与现在相同。第二次世界大战以后，才出现了许多新的餐具，而且配套使用，并有着严格的摆放及使用方法。

在中世纪，人们外出吃饭、喝酒的场所被称为“旅馆”(auiberges)，这些旅馆起初都是建在公路沿线；而建在集市或城镇的旅馆则称为“酒馆”(tavernes)。在最初阶段，酒馆只允许销售酒水饮料，除此以外一概禁售，后来才被允许销售开胃小食等食品，而这些食品也都是从外面直接采购回来的成品，酒馆仍然禁止雇用厨师生产食品。在“卡巴莱”(cabarets，有歌舞表演的餐馆)的影响下，酒馆也逐渐开始向客人提供丰盛的食品，因此，酒馆和餐馆之间的区别渐渐淡化。

18世纪中叶，巴黎一位名叫布兰格的酒馆业主决定在他的酒馆销售带白汁的羊蹄，销售这道菜的广告词是这样写的：“来吧，饥饿的人们，我们将让你的肚子填饱。”在法语中“填饱”一词为“restaurer”，渐渐地，“带白汁的羊蹄”这道营养丰富的菜肴与“restorante”一词联系在一起，该词的意思是“恢复体力的食品”。后来，人们把吃白汁羊蹄的地方就称为“餐馆”或“餐厅”——“restaurant”。

然而，现在我们所说的餐厅出现在18世纪后期。第一家餐厅名字叫“龙德大饭店”，它是由安东尼·玻利维亚建设和经营的。这家餐厅可谓设备齐全，设施一流，它不但供应众多高档葡萄酒，使用独具魅力的餐器具，雇用干净整洁的服务生，而且为顾客提供优质流畅的服务。正因为这样豪华的餐厅的出现和发展，使得餐厅服务逐渐发展演变为一门精湛的艺术。

20世纪是西餐发展的鼎盛时期，一方面，上层社会豪华奢侈的生活对西餐提出了更高的要求；另一方面，西餐也朝着个性化、多样化的方向发展。同时，西餐也开始从作坊式生产步入现代化的工业生产，并形成了完整和成熟的体系。

第二节 现代餐饮业及餐饮市场的发展

一、中国餐饮业现状及其发展预测

中国餐饮业现阶段的基本特点：一是行业规模不断扩大，规模化、产业化、现代化发展速度加快。二是社会投入持续增加，投资主体更加多元化。三是连锁经营快速发展，并成为餐饮业做大做强的主导经营模式。四是个性化消费日趋成熟，市场细分更加明显。五是餐饮集团化、产业化进程加快。六是行业发展水平继续提高，盲目投资、低水平扩张的行业行为不断减少。七是餐饮业创新能力不断提高。八是新的餐饮形式不断出现，网络餐饮、生态餐饮、绿色餐饮、体验餐饮等发展加快。九是餐饮业之间的竞争更加理智、成熟，且有从竞争向竞合方向发展的趋势。十是各种菜系、派别间的区别和特点越来越淡化、融合。

今后餐饮业市场预测包括以下几点：

(1) 随着 2008 奥运会的到来，中餐、中国菜将会在世界上进一步流行，影响也会越来越大，中餐的市场还会进一步扩大。与此同时，西餐在中国的发展速度会越来越快，中餐西化、中餐西吃现象会越来越多，中西餐的融合与发展将是中国餐饮发展一个值得关注的现象和趋势。

(2) 餐饮市场细分将会越来越明显，甚至出现专门针对某一细分人群的餐饮，如老人餐饮、女人餐饮；药膳、素食市场将会扩大。

(3) 餐饮业和食品业互相渗透、融合会更加明显。近几年不断出现餐饮向食品方向发展的案例（如西饮集团、全聚德、楼外楼），同时食品加工业也逐渐向餐饮业进军（如娃哈哈等）。

(4) 北京、上海、西安等地，私房菜都开在高档社区、写字楼，娃哈哈最近向北京高档社区发展餐饮，提出“社区餐饮”概念。

(5) 生态餐饮、真正的绿色餐饮、营养餐饮将会更受重视。

(6) 湘菜、鲁菜有可能崛起。

(7) 外卖可能成为餐饮业利润增长的新亮点。

(8) 陕菜在陕西市场有复苏和扩大的可能。

管理预测内容包括：

(1) 企业品牌管理、人才管理、战略管理、文化管理、信息化管理以及公关危机管理将会成为大中型餐饮企业管理研究的目标，特别是一些餐饮集团将会在这些方面更下工夫。其中，信息化管理、企业战略管理、企业文化管理将会为餐饮业高层人士所关注。

(2) 中餐管理不断向西餐管理模式学习，借鉴西方的餐厅管理经验，自然化、亲情化、人文化的管理将会受重视。

二、西餐的特点及发展方向

西餐素以“三高”著称——高热量、高糖、高脂肪。不过，也正是因为这些高营养的西餐，让人更容易患上冠心病、糖尿病、便秘等许多富贵病。近几年，营养学家对麦当劳、肯德基等西式快餐的批评不绝于耳，“垃圾食品”的概念常常与之挂钩，甚至有些学者认为炸鸡腿、炸薯条、汉堡包等是导致西方人肥胖的元凶，越来越多的西方营养学家开始重新审视自己国家的饮食结构。故而在西餐的经营上，未来有以下的发展趋势。

（一）慢餐

慢餐将是人们的饮食所需。就饮食而言，科学已多次证明，细嚼慢咽有利于各种消化液的分泌、小肠的蠕动，有助于防癌，有利于健康。从心理需要上讲，人类从来就没有停止过对美的追求，如今人们更讲究享受生活，享受美。倡导慢餐而形成的慢餐文化是一种健康的生活方式，甚至是一种人生哲学。它告诉人们如何在快节奏时代寻找生活的乐趣。

（二）风味

与中餐具有各大风味流派一样，西餐未来发展的趋势也将是更加多样化。需要说明的是，目前中国各地形形色色的西餐馆中，风味正宗、特色鲜明的尚是少数，相信随着中外烹饪交流的不断广泛深入，法国餐厅、意大利餐厅、日本料理等将因其菜品质量、餐厅布置、建筑风格以及服务方式的特殊之处，而取代没有任何风味、胡乱拼凑起来的西餐厅。

（三）特色

一个餐馆具备了风味还不够。虽然风味可以战胜对手，但并非长久之计，因为每一个有意投资餐饮业的法国商人都可以开法国餐厅。“花不鲜艳不美，店无特色不活”，由此可以看出“特色是取胜同类餐厅的秘密武器”。

（四）营养

经过长时间多方面的调查、研究、论证，西方营养学家认为，西方饮食结构确实存在营养过剩问题。调整的原则就是“三低二高”，即低脂肪、低盐、低糖、高纤维、高蛋白。具体途径是在原有的基础上增加水果、蔬菜的日摄入量，同时减少西点中的糖和各种添加剂的使用。如今，营养是老百姓在饮食上谈论较多的话题，西餐只有科学营养，才会被食客认同。那些紧跟时代潮流、注重消费健康、区别于传统“三高”的“新营养西餐”将会越来越受到青睐。

（五）创新

具备上述四个条件，西餐便可在市场立足，但尚不能保证顾客长久忠诚于你的餐厅。人，都是喜新厌旧的，只有常新才能常胜。任何一个企业，无论拥有多少制胜法宝，创新都是必须具备的，也可以说创新是永恒的主题，餐饮业更是如此。

综合以上分析，可见西餐经营的长久之道，即营养是基础，风味和特色是关键，慢餐是潮流，而创新是永恒的主题。

三、世界餐饮业发展趋势

（一）激烈竞争的局面仍将维持

通过竞争将继续对现有的餐饮网点进行优胜劣汰，市场的调剂与配置作用更加充分，对企业进一步整合与调整，不断推动行业的持续发展。

（二）创新经营、品牌营销力度加强

在行业由品种向品牌、数量向质量、单店经营向规模经营的方向转化中，企业要在市场中占据一定的地位就必须加强创新经营力度和文化品牌内涵，进一步突出个性化经营。加强创新、树立品牌、注重营销是广大企业面临的重要课题。

（三）传统餐饮向现代餐饮转换

传统餐饮的手工随意性生产、单店作坊式经营、人为经验型管理为主的表现特征，随着餐饮市场需求的不断扩大和社会化、国际化、工业化与产业化的推进，在继承传统饮食文化与烹饪技艺的基础上，逐步向标准化操作、工厂化生产、连锁规模化经营和现代科学化管理的方向转换，不断加快现代餐饮的步伐。

（四）假日消费和家庭私人消费继续看好

大众经营品种和餐饮食品开发不断加快，服务由以流动人口、工薪阶层为主，向家庭厨房和社区服务延伸，更好地满足了人民群众的基本生活需求。

（五）管理与人才的作用更加突出

科学管理和人才素质水平将成为企业今后发展的重要因素。只有技术优势已难以形成企业竞争与发展的保证，必须加强现代管理知识与管理手段的应用，加强人员素质水平的提高，才能更好地推动行业与企业的持续性发展。

（六）连锁经营加速发展，特色经营愈加突出

连锁经营作为一种新型的经营方式，在餐饮行业已快速发展，并形成了一定的规模。老字号企业和名店、特色店积极推广直营和特许连锁，成为行业连锁发展的骨干力量。一大批连锁企业在努力探索、大胆实践和积累完善中发展壮大。在市场竞争日趋激烈的形势下，广大餐饮企业更加注重个性化特色经营，烹饪技术更加开拓创新，厨房餐厅更趋现代化，服务更趋规模化，菜品质量更趋标准化，管理更趋科学化。同时企业科技含量不断增加，电子点菜、计算机管理、网络促销更加普及，企业文化建设也不断加强，行业发展水平明显提高，由重品种、重低价向重品牌、重质量方向转变，从价格品种竞争为主向品牌文化竞争为主转化。

世界餐饮业是随着人类经济活动的出现和文明程度的提高而产生、发展的。中外餐饮业在发展过程中既各自独立，又相互渗透：中餐向西餐借鉴了增加饮食蛋白质比重的经验，西餐向中餐借鉴了增加碳水化合物的比重的经验；有的中餐采用了西餐的烹饪方法，有的西餐采用了中餐的烹饪技艺；中餐供应西餐的咖啡、可可等饮料，而西餐也供应中餐的特有饮料——茶；中西餐的餐具和服务程序都在相互取长补短，相得益彰。中西餐饮业一方面要继承、发扬自己的优良传统，另一方面要横向大交流，相互促进，共同发展。

第三节　餐饮企业经营类型及特点

一、餐饮企业经营类型

（一）餐饮企业的构成

（1）宾馆、酒店、度假村、公寓、娱乐场所中的餐饮系统。包括各类风味的中餐厅和西餐厅、酒吧、咖啡厅、泳池茶座。

（2）各类独立经营的餐饮服务机构。包括餐厅、酒楼、餐馆、餐饮店、快餐店、小吃店、茶馆、酒吧、咖啡屋。

（3）企事业单位餐厅以及一些社会保障与服务部门的餐饮服务机构。包括企事业单位食堂、餐厅，学校、幼儿园的餐厅，监狱的餐厅，医院的餐厅，军营的伙食服务机构。

（二）饭店餐饮与社会餐饮

饭店餐饮是饭店内部自主设置的餐厅部门，一般以经营一种菜式为主，针对的顾客是饭店内住宿的客人和少部分外来进餐人员，厅内布局、格式都应配合饭店的档次及定位标准。

大众餐饮泛指社会餐饮，针对的顾客是社会各个阶层的群众，经营范围非常广泛，并且依照顾客的需要可随时进行更改，餐厅的定位、布局、选址等都由餐厅个体经营者来决定。

（三）我国星级饭店和社会餐饮常见餐厅的种类

餐厅是人们就餐的场所。餐饮行业中，餐厅的形式是很重要的，因为它不仅体现餐厅的规模、格调，而且体现餐厅经营特色和服务特色。在我国，餐厅大致可分为中式餐厅和西式餐厅两大类；根据餐厅服务内容，又可细分为宴会厅、快餐厅、零餐餐厅、自助餐厅等。

1. 中式餐厅

中式餐厅是提供中式菜式、饮料和服务的餐厅。我国是一个幅员辽阔、民族众多的国家，由于各地的地理、物产、气候、风俗习惯、民情、经济等因素及历史情况不同，长期以来逐渐塑造了多样的文化性格，形成了各种饮食习惯与奇妙的烹饪方法，有所谓的“南甜北咸，东辣西酸”之别。各地区均形成自己独特的菜系，且既有小吃，又有大菜，如川菜、鲁菜、浙菜、粤菜、皖菜、苏菜、湘菜、滇菜、京菜、东北风味等等，不一而足。因此，各地经营的中餐厅也颇具地方特色。近年来，随着各地饮食、文化相互交流，各种风味的中餐厅竞相开业，形成了一种百花齐放的局面。

2. 西式餐厅

西餐厅是向客人提供西式菜式、饮料及服务的餐厅。西餐大体上分为西欧和东欧两类。西欧以法国最为著名，此外还有英式、意式等等；东欧以捷克、俄罗斯为代表。扒房是饭店里最正规的高级西餐厅，也是反映饭店西餐水平的部门，它的位置、设计、装饰、色彩、灯光、食品、服务等都很讲究。扒房主要供应牛扒、羊扒、猪扒、西餐大菜、特餐，同时还可举办西餐宴会等。

在国内，为满足大量不谙西餐的消费者的需要，大部分的西餐厅都供应套餐，例如A餐和B餐，其顺序大致是汤、沙拉、主菜、甜点及最后的饮料。有些西餐厅为吸引更多的客人，甚至还供应排骨饭、鸡腿饭等中式菜让客人选用。因此现在吃西餐并非高层人士的专利，也没有特别讲究的餐饮礼仪，其休闲娱乐的性质大于正餐的性质。目前，除了大饭店和高级牛排馆还保持传统西餐的风味外，去一般的西餐厅得到的已是别样的情趣了。

3. 宴会厅

宴会厅是饭店或独立经营的社会餐饮企业为举行宴会准备的餐饮场所，大型的可以容纳数百上千名宾客。宴会厅既可以举办中式宴会，也可以举办西式宴会，还可以举办酒会、自助餐、鸡尾酒会、招待会等。目前，各类星级酒店的多功能厅常常作为宴会厅使用。宴会厅具有菜点品种多、消费标准高、就餐时间长、接待服务讲究、利润较高等特点。

4. 自助餐厅

这是一种方便餐厅，主要是方便希望迅速、简单就餐的客人。自助餐的宗旨是以低廉的价格快速供应营养丰富、菜式多样的饮食，供在外工作、上学的人食用。目前，自助式除了广泛运用于学校、机关等团体外，还为一般商业型餐厅普遍接受，已成为全世界流行的一种用餐方式。它的特点是客人可以自我服务，如菜肴不用服务员传递和分配，饮料也是自斟自饮。

自助式餐厅的雏形源自1891年美国密苏里州堪萨市的YWCA（基督教女青年会）。1893年汤姆逊在芝加哥购买了一家餐厅，并且成功地引进这种服务观念，由顾客到餐台自由选取所喜爱的食物。这是第一家自助式餐厅，同时也是第一家使用电动输送带及中心配给来控制食物供需的餐厅。1926年，汤姆逊在美国中西部及南部已拥有126家餐厅。其成功的关键，在于将人力成本降至销售额的15%，比其他餐饮业的人力成本（20%～30%）低很多。

自助餐可以分为两种形式。一种是客人自行至餐台取菜，而后按所取样数付账，英文称之为cafetering；另一种也是客人自行取菜，但是一次付费任你吃到饱，英文称为buffet。两种方式都是自助型或半自助型（食料由服务员供应），在人工费用昂贵的现今社会，这种服务方式的确是不可避免的餐饮潮流趋势。

以往自助式餐厅餐台的设计都采用一字型，顾客需从同一方向进入，拿到食物后，耐心等候结账。现在已有改良的自由流动型和锯齿型的餐台设计，使顾客能从所需食物点切入，极为灵活，也可减少排队的辛苦和时间的浪费，提高顾客的满意度，提高餐厅的使用率。

20世纪70年代开始推行的“吃到饱”的自助餐，对餐饮业的经营方式产生了极大的影响。消费者不再因为不谙点菜技巧而不敢上大饭店，也不用受套餐组合的约束，因此这种餐饮方式广受消费者的喜爱，尤其是最近两三年，更成为各大饭店的主要餐饮业务。自助餐有西式、中式，现在许多地方还出现了一种叫做海鲜火锅自助餐的餐厅。

5. 快餐厅

由于目前生活节奏加快，许多人不愿意在平时吃饭上花太多的时间，快餐厅就满足了这部分客人的需要。快餐厅的内部装潢简洁而明快，所提供的食品都是事先准备好的，以保证能向客人迅速吃到所需的食品。同时，质量稳定，清洁卫生，价格低廉，分量充足。

6. 街头餐厅

街头餐厅原指就餐形式不限于户内，可设在街头露天场所，提供简单、价廉的食品和服务，适应更广泛的普通消费人群的餐饮。随着现代文明程度和生活水平的不断提高，人们更愿意去接受这种亲近大自然，与自然交流的生活理念和方式。这种时尚的街头餐厅，提供户外美食、现场音乐和基本餐饮服务等。相对于菜品较为精致，费用较高，需事先订位，有些还需要穿着正式服装的正式餐厅，街头餐厅没有各种烦琐的规则，更加自由、自主、放松。

7. 主题餐厅

主题餐厅是以一个或多个主题为吸引标志的饮食场所。它以文化定位为基础，通过环境气氛的设计和娱乐活动的安排，创造出一种文化氛围，希望人们身临其中的时候，经过观察和联想，进入期望的主题情境，譬如“亲临”世界的另一端、重温某段历史、了解一种陌生的文化等。文化主题餐厅的菜肴极具时代特色，它拥有相对独立的客源市场。

在主题文化的开放上，借助特色的建筑设计和内部装饰来强化主题是非常必要的。例如上海老站餐厅就是通过老式家居布置和火车的改装，营造了老上海怀旧和名人专列两个主题；巴厘岛印尼餐厅是通过民俗文化的展示和当地物品的陈列，来表现巴厘岛的主题；橄榄树餐厅则大量运用特别的装饰材料，以突出地中海风情的主题。可以看出，作为主题餐厅，应该运用各种手段来凸显所表现的主题，建筑设计与内部装饰是其中的重要组成部分，因为客人就是通过对餐厅的环境装饰来认识其倡导的主题文化的，而进入主题餐厅所得到的特别享受，更多是来自餐厅的美妙环境。因此，挖掘主题文化的底蕴，主要就是做好主题餐厅环境设计，这样才会带来完美的效果。

8. 咖啡厅

这是饭店必须设立的一种方便宾客的餐厅。根据不同的设计形式，有的叫咖啡间、咖啡廊等，以供应西餐为主，在我国也可供应一点中式小吃，如粉、面、粥等。通常是客人即来即食，供应快捷，使客人感到很方便。菜单除了有常年供应品种外，还要有每日的特餐；供应品种可以少点，但质量要求要高。客人可以在这里吃正式西餐，也可以只喝咖啡、冷饮。咖啡厅营业时间较长，一般从早晨 6 时到次日凌晨 1 时。咖啡厅饮食价格相对便宜，但营业额却很大。

9. 酒吧

酒吧是主要为客人提供饮料及其服务的场所。在饭店中，这是专供客人饮酒小憩的地方，装修、家具设施一定要讲究，因为它也是反映饭店水平的场所。酒吧通常设在大堂附近。酒吧柜里陈列的各种酒水一定要充足，名酒、美酒要摆得琳琅满目，显得豪华、丰富。调酒和服务都要非常讲究，充分显示饭店水平。

10. 茶座

茶座又称茶室或茶馆，是一种比较高雅的餐厅，一般设在饭店正门大堂附近，也是反映饭店格调水准的餐厅。茶座可供客人约会、休息和社交，供应食品和咖啡厅略同，但不提供中式餐饮，营业时间比咖啡厅稍短一些。茶座早市可供应较高级的西式自助餐，早、晚安排钢琴或小乐队演奏。

茶座主要是提供各类茶品及点心，并为客人提供饮料及其服务的场所。

从装修格局看，茶座更注重空间的舒适感和隐秘性，似连非连、似断非断，轻纱帷幔、盆栽植物等搭配得错落有致。从氛围看，也不再像老茶馆一样，除了谈笑声就是打扑克的喊牌声；而是播放一些背景音乐，声音既不影响客人聊天，又能恰如其分地盖住邻桌的谈话声。更让人感觉舒适的是茶点，它不像自助茶楼那样需要提供一大堆食物，客人更像是去吃东西的；也不会像景区茶楼那样“吝啬”，只一杯清茶，其他零食都需自购。

都市茶馆可分为传统型、艺能型、复合型、时尚型四种。前两种需要有较长的历史品牌或精通的茶道做基础，普通投资者很难完成；复合型茶馆是指茶与饮食、茶与娱乐等相结合的形式，比如西湖天地内的“茶酒年代”，用餐时可品私房菜，下午或晚饭后可喝茶聚会；时尚型茶馆是把茶文化与时尚结合的格调高雅、富有文化情调和文化特色的茶馆，比如“高地春天”和将茶馆布置成居家书房的“维多利亚红茶馆”。

都市茶馆的构成要素包括文化、功能、服务、艺能、方式、模式，其总体发展趋势是多元化。比如在功能上，茶馆还具有休闲娱乐、知识传授、艺术熏陶、气质培养、美德教育等多种功能。茶馆还常常办节，办书画展，办邀请赛，开茶话会，开展各种社交和各种文化活动、艺能交流，越来越显示出其文化多功能的作用。

另外，商务洽谈也开始渗入到茶馆，针对商务客人的高档茶馆也是发展的方向。

二、餐饮企业经营的主要特点

（一）餐饮企业生产的特点

1. 产品品种多，难以贮存

我国餐饮产品品种繁多，八大菜系香、酥、甜、辣异彩纷呈，在世界饮食文化中享有崇高的威望。餐饮产品放置过久，营养成分会流失，维生素也会大受破坏。尽管厨房配有冰箱、冷库，但大多仅存放原料及半成品，其产品仍以现做现售、即刻食用为佳。只有如此，产品的质量才有保障，也才可以保证美味可口。

2. 产品生产时间短，见效快，属一次性消费品

客人所要食品品种确定后，通过厨师的生产劳动，烹制加工，原则上 20～40 分钟必须送到客人餐桌上，供客人食用。与其他工业产品相比，餐饮产品生产的时间相对较短，见效快，客人消费只是一次性的。它既不像客房的家具、床可以反复使用，又不比整瓶酒水的销售，客人付账后一次消费不完，可暂存留在日后继续饮用。中餐食品消费不仅是一次性的，而且时限性也很强，热菜、冷菜随着时间的延长、空气的侵蚀，会产生蚀化。因此，从食客对质量的感受来说，食品有很大的时限性。

3. 生产量难以预测

餐饮生产的产品，主要取决于客情，即一定时间内前来餐厅就餐的客人的多少。一般在烹调质量好而比较稳定的情况下，客情随着季节的变化而变化，不会有太大的反差。但特殊情况下，影响客情变化的因素有：烹调质量和服务质量不稳定，天气突然变化，政治和经济变革，客情临时变化等等。客情引发的餐饮生产需求变动虽然有一定规律，但仍难以预测。

4. 产品制作的手工性

餐饮生产，又可叫厨房餐饮制作，它是厨师的技术性操作的艺术展现，是饮食文化的主要成分。目前我国餐饮业由于制作过程的个人艺术灵活多变、品种多样、规格各异，生产的批量小，技术要求复杂；有的明火急烹，立即可取；有的则需腌煎熏烤，反复制作，方可成菜。因此，厨师劳动的手工性很强，质量难以控制。

5. 产品信息反馈快

随着饭店业市场竞争的加剧，以优质服务取胜，以特殊新颖的烹调技术争取客源的做法，使餐饮企业各出奇招，并且加快了产品的信息反馈速度，以及时了解客人的需求。为及时、准确掌握客人的意见，有些餐馆产品制作责任到人，厨师编号挂牌上岗。制作的每一道菜呈上客人餐桌时都标上厨师的编号，客人对产品有什么褒贬，通过服务员的传递即可反馈到产品制作人耳边；有时客人和产品制作人直接见面，对产品质量互相交换意见，从而促进产品的改良；客人也可以据此了解某某厨师餐饮技术的水平，选择适合自己口味的厨师制作产品，这种做法无形中提高了客人身份，同时也提高了厨师的责任感。

（二）餐饮企业销售的特点

1. 销售量受时间的限制

饮食产品受客人多少的限制，而销售量既受客人多少限制，又受时间限制。早、中、晚就餐时间一到，餐厅里客人来来往往，就餐时间一过，餐厅则空空如也，没有销售出去的产品就无法再销售，这就决定了饮食销售的时间集中性。

2. 销售量受餐厅规模的限制

餐厅面积大小、餐位的数量，限制了客人就餐的数量。餐厅小，销售量就小；餐厅大，销售量相对大。在用餐高峰时，厨房和餐厅要协调一致，要在提高餐位周转率上下工夫，做到领位快，及时为客人选择好食品，上菜快，服务技巧熟练，结账快，埋单准确，为客人提供周到的服务，从而提高销售量，提高赢利。

3. 销售量受餐厅环境影响

随着消费水平的提高，舒适优雅的就餐环境越来越被顾客所重视，客人享受美味佳肴的同时，也在享受环境。高雅、豪华的就餐环境，给客人以美的享受，在客人心理反应上，环境的印象甚至超过菜肴。因此，现代餐厅很注重环境投资，以吸引更多的客人。

4. 资金周转快

由于产品制作快，客人消费快，绝大多数用现金结账，因此资金周转快。用现金购买的原料当天就可收回现金，很快可将现金投入扩大再生产，以提高经济效益。

5. 毛利高，收入的可变性大

餐厅收入减去原料、调料成本，称为毛利。星级饭店一般都有较高的毛利。但是餐饮收入可变性大，这个可变性是指销售额波动幅度大。经营管理得好，可扩大销售量，增加收入；管理得不好，则浪费大，收入少，甚至亏损。因此，许多饭店常在饮食部门大动脑筋，降低成本，增加收入，提高经济效益。

（三）餐饮企业服务的特点

1. 无形性

无形性是餐饮服务的重要特征。餐饮服务包括凝结在食品和酒水上的厨师技艺、餐厅的环境、餐前及餐后的服务工作。餐饮服务不同于一般有形产品，如电视机、沙发等，仅从其色彩、性能、式样等方面就可初步判断其质量的高低；餐饮服务只能在就餐宾客购买并享用餐饮产品后凭生理和心理满足程度来评估其优劣。餐饮服务的无形性给餐饮带来了销售上的困难，而且餐饮服务质量的提高是无止境的，所以要想提高服务质量，增加餐饮部的销售额，关键在于餐饮工作人员，特别是厨师和餐厅服务人员的服务技能与服务态度。

2. 一次性

餐饮服务的一次性是指餐饮服务只能当次使用，当场享受，过时则不能再使用。这恰似饭店的客房一样，当天租不出去，那么饭店失去的是无法弥补的收入。所以，要注意接待好每一位宾客，给他们留下良好的印象，从而使宾客再次光顾，巩固原有客源市场，不断开拓新的客源市场。

3. 同步性

餐饮食品的生产、销售、消费在餐厅是同步进行的。餐饮产品的生产服务过程也即宾客的消费过程，即现生产、现销售。同步性决定了餐饮产品不宜贮存，也不宜外运。

4. 差异性

一方面，餐饮服务是由餐饮部工作人员通过手工劳动来提供的，而每位工作人员由于年龄、性别、性格、所受教育程度及职业培训程度等方面的不同，他们为宾客提供的服务也不尽相同；另一方面，同一服务员因场合、情绪、时间的不同，其服务方式、服务态度等也会有一定的差异。这就是餐饮服务的差异性。在餐饮管理中，要尽量减少这种差异性，使餐厅的服务质量趋于稳定。

[复习思考题]

1. 简述餐饮业的基本特征。
2. 简述我国西餐业的现状。
3. 酒吧的种类主要有哪几种？
4. 面对社会餐饮的严重挑战，饭店餐饮应如何应对？

第二章　餐饮企业投资管理

第一节　餐饮市场的调研

一、餐饮目标市场调研

（一）目标市场地理环境

（1）市场地理特点：区域的地貌、政治区域、城市的中心地带。

（2）市场气候特点：气候条件与消费者的饮食习惯有着紧密的关系。

（二）行业环境分析

1. 目标市场主要经济指标

（1）企业所在市场当年的国内生产总值，以及历年的数据。

（2）该市场的投资状况。

（3）对餐饮市场影响较大的旅游方面的数据，特别是一年来接待的游客数量，以及是呈发展趋势还是衰退趋势。

（4）把当地城镇居民人均可支配收入、全市职工平均工资、餐饮消费占收入的比重作为餐厅定价的参考依据。

（5）全市人口统计数量，包括非农业人口及农业人口数量，用来预测餐厅的客流量的大小及该地居民的消费水平和消费能力。

（6）消费者受教育程度。

（7）消费者生活方式、饮食偏好及习惯。

（8）消费者人均收入。

2. 产业环境

（1）商业繁盛情况。

（2）商业化的趋势与潜力。

（3）地方政府优惠、扶持政策，包括消防、治安、文化、工商、防疫等政策情况。

3. 社会环境

（1）当地风俗习惯。

（2）历史文化。

（3）民族结构。

（4）国际交往，主要食品原料生产流通。

（三）市场分析

1. 经济指标

当地餐饮企业经营状况、实力排列；所有制形式及所占的比重；营业网点数量；从业人员数量。

2. 分店所选市场的餐饮业经营现状

企业数量与竞争能力（是否已形成规模竞争）；经营管理水平高低；经营档次高低；菜系地位。

3. 竞争对手分析

(1) 传统型竞争者现状：数目、业绩水平、营业额、利润收入统计分析；成功原因：管理水平先进，服务优秀，社会环境条件优越；失败原因：菜品出问题，运行机制不完善。

(2) 传统型竞争者优势：传统优势；经营规模优势；位置优势；主打菜品优势。

(3) 新兴高档餐饮经营者：经营何种菜系，菜系取向，是否平民化、贵族化，经营地段，装修的风格特点及选用装饰物件，经营状况（营业额、营业利润、就餐人数、订餐数），经营规模（店的面积、可容纳客人数量、厅内面积分布等）。

并非所有的餐饮企业都是竞争对手，竞争对手是指那些地域位置接近，销售的食品及服务层次、档次相似或雷同，消费群体相近的餐饮企业。为了占领市场，各企业要将对手的各方面情况了解清楚并同时分析自身的优劣态势。

4. 消费者分析

(1) 该市场消费者饮食习惯、口味喜好、选择饮食偏好等。

(2) 该市场消费者的消费特点，包括消费者的消费意识、消费水平的高低等。

(3) 目标市场消费者分类：政府、军队、企业、家庭消费（含婚宴）、游客。

消费者状况调查表

(1) 消费者希望开设什么样的餐厅？（包括服务类型、餐厅环境服务方式、项目等）

(2) 菜单上应该设什么项目？希望现烧现卖，还是方便冷餐？或是外卖？或是可以带到客房饮食？

(3) 餐厅的营业时间如何适合于消费者？（这关系到餐厅的开门时间、厨房的准备工作）

(4) 消费者认为菜肴的分量多少才最适宜？菜肴是否合胃口？客人花费得是否妥当？

(5) 消费者认为价格多少合适？（这关系到菜肴及其他成本的投入）

(6) 客人偏爱什么样的装潢和颜色？

(7) 提供哪些饮料最受欢迎？

(8) 女士对于餐厅服务和菜肴品种、特色菜肴有哪些偏爱？男士有什么要求和嗜好？

(9) 年龄情况、购买力以及情趣、生活基调等。

(10) 娱乐方面有何要求？背景音乐怎么样？

5. 在该地开店的优势策略

竞争策略——市场最佳切入点；营销策略——宣传与客户认同；培育顾客偏爱；建立常客网络关系。

二、餐饮市场调研的范围

餐饮市场调研是餐饮经营管理的重要工作，它通过收集和分析各种信息资料，帮助餐饮经营人员作出正确的决策。

餐饮调研的范围包括市场需求和销售趋势。估计市场需求，主要是“量”的分析。

（一）可控因素

餐饮产品、价格、渠道、促销等可控因素对销售都会产生影响，饭店应分别对上述因素进行调查研究并结合销售成本和利润分析作出规划。

（二）竞争情况——不可控因素

(1) 市场占有率数据：通过比较本饭店的销售量和所有竞争对手的总销售量，计算本饭店的市场占有率。

(2) 对竞争对手的营销策略和实际做法，应着重了解以下四个方面的情况：本餐厅的竞争对手吸引哪些细分市场；竞争对手采取什么策略来树立市场的声誉；竞争对手使用哪些广告媒介或营销方法；竞争对手的营销方案是否成功。

(3) 分析各竞争对手餐厅的特点，包括有形特点和无形特点。通过分析，编制各竞争性餐厅比较表。

（三）其他不可控因素

指饭店无法控制的政治、法规、经济、文化、科学技术等因素，如消费者的收入以及收入分配趋势、消费者购买动向等。

（四）动机调研

动机可以看成是行为的推动力，它以后天经验和感性认识为指导，也受到团体和文化的影响。

动机调研广泛应用于分析客人为什么选择某一餐厅，而不选择别的餐厅。换句话说，要研究客人对各个餐厅所提供的产品和服务的看法，分析客人到某一餐厅而不到其他餐厅用餐的原因。

这种分析研究有助于判断餐厅的哪些特征对客人的选择产生决定性影响；有助于确定本餐厅选择的目标市场是否正确，以及是否向目标市场传递了适当的信息。

三、餐饮市场定位

餐饮市场定位是指为了让餐饮产品在目标市场顾客的心目中树立明确及深受欢迎的形象而进行的各种决策及活动。通过市场定位，使餐饮企业的经营者明白企业所处的位置，面对的顾客的类型和层次，据此设计餐饮企业产品，展开促销活动。总之，餐饮企业经营的成败取决于对目标市场的研究与分析，而关键又在于餐饮企业的市场定位是否准确与可行。

（一）餐饮企业市场定位的过程

餐饮企业市场定位的过程大致包括以下六个步骤。

1. 选择适合的客源层次

餐饮企业在进行市场定位时，要根据目标市场不同层次的顾客的不同需求进行有条件的挑选，明白不同层次的顾客的关键利益所在，有针对性地投其所好。

2. 树立起与众不同的市场形象

在选择了具体的目标市场之后，经营者就应考虑餐饮企业应树立什么样的形象来博取客人的好感与信赖。决策时要从客人的立场来思考问题，忧客人之忧，乐客人之乐。例如餐饮企业如果能反映出浓郁的民族风情和地方特色，就能引起客人的好奇与喜欢。

3. 宣传媒介的选择

餐饮企业的市场形象一经确定，就应通过宣传媒介向目标客源市场传递信息和做好宣传。宣传要注重简练、具体，强调特色和顾客能获取的好处；与此同时，挑选合适的媒介也是十分必要的。在选择时既要注意媒介在餐饮企业目标市场的影响力，又要注意节约广告开支。比如针对中青年女性，选择流行的时装杂志作为宣传媒介，就能收到较理想的效果。

4. 餐饮产品的设计

餐饮产品被顾客接受并使客人满意是餐饮企业经营质量的标准，也是进行市场定位需最终达到的目的。同时，通过产品的魅力又可巩固餐饮企业在顾客心中的地位和餐饮企业所树立起的信誉。

5. 价格定位

餐饮产品价格是营销组合中最为敏感的一个因素。餐饮企业应该根据消费者欲望程度的变化和平均消费水平而调整餐饮产品的价格。在不同市场需求的情况下，低价薄利多销与高价厚利少销都能帮助餐饮企业实现销售收入，从而达到销售利润最大化的目标。

6. 服务标准定位

即餐饮企业以优良的服务标准为消费者提供产品和服务。餐厅和酒吧等场所的服务，都涉及服务质量标准的决策问题。确定什么样的服务质量标准，完全应以目标市场以及餐饮企业所处的竞争地位而定。服务标准主要有服务态度标准、行为规范标准、服务技能标准、服务程度标准等。

（二）餐饮企业的市场定位策略

1.“避强就弱”定位法

餐饮企业应有意识地根据自身的接待能力而进行市场定位，切忌好高骛远。当然，这并不是指在确定市场定位时排斥一些消费能力强的客人，而是要把餐饮企业主要的精力放在具有相当规模、能给本餐饮企业创造经济效益的顾客群体上。

2.“避实就虚”定位法或“拾漏补缺”定位法

这是利用竞争对手市场定位的偏差或疏漏对餐饮企业目标市场进行定位。这种方法要求经营者必须了解市场竞争对手的主要定位方向，熟悉客源市场的构成，分析潜在市场的变化及变化的趋势，从而掌握定位的灵活性，做到既能吸引不同类型的顾客，又主次分明。

3.“顺风转舵”定位法

这里的“风”指的是影响市场的主客观因素，其中国家的产业政策对餐饮企业的发展影响最大。一些餐饮企业风险承受力较差，国家一些新的政策与措施可能会给其带来灾难性的后果。所以餐饮企业要利用自身经营的灵活性，根据国家政策的动向适时调整或转换市场定位的方向，在经营中掌握主动。

4.“由此及彼”定位法

这是以树立餐饮企业形象，确立知名度、美誉度为前提条件，也就是餐饮企业在确定了某一目标市场之后，期望由此目标市场给餐饮企业带来新的目标市场。从营销角度看，这是一种十分重要的销售策略，因为顾客的多次光顾表示餐饮企业信誉良好；另一方面，老顾客又是餐饮企业的“活广告”，可以带来更多的可靠客源。这种方法的关键在于服务质量和对常客提供的优惠措施。

（三）寻找目标市场

餐饮市场定位的最终目的是寻找和稳定客源，形成目标市场的客源结构。其寻求范围和方法如下：

1. 按地域寻找目标市场

从地域角度着眼，餐饮企业的目标市场有本地市场和异地市场两类。异地市场又可分为外地市场和国际市场。

(1) 本地市场。包括本地居民和流动人口。对一家在本地成长起来的餐饮企业来说，本地市场永远是主要的目标市场。本地市场又可细分为本地人和外地人。对于一家以本地菜为特色的餐饮企业来说，本地人市场可能比外地人更重要一些，因为本地人更习惯于本地菜。但是人的习惯是会改变的，本地居民中的外地人市场是不应忽视的。外地人为了在本地生存和发展，一般都具有较强的环境适应能力，其中包括餐饮习惯的适应能力。随着时间的推移，外地人对本地菜会逐渐习惯，外地人与本地人的差异会逐渐缩小。

(2) 异地市场。随着餐饮企业规模的扩大，国内外市场的开发，异地市场的机会愈来愈多。因此，异地市场迟早会进入餐饮企业的视野，成为新的目标市场。

2. 按年龄段寻找目标市场

餐饮业可从人口结构上寻找目标市场，即可考虑年龄、收入、家庭、职业、教育、民族、宗教、密度和流动等因素，其中年龄是最值得考虑的一个因素。不同年龄的顾客可以形成不同的目标市场。

(1) 儿童市场。儿童是一个有价值的目标市场。世界名店麦当劳的成功，就与它坚持以少年儿童为目标市场密切相关。

(2) 青年人市场。青年人是许多饭店、餐馆的目标市场，因为青年人喜欢赶时髦、赶潮流，追求高消费，虽然收入不是很高，但是攀比心理很强；同时，青年人好奇心也强，对没有见过的餐饮产品有着强烈的兴趣。这些特点使酒店、餐馆喜欢以青年人作为目标市场。

(3) 中年人市场。由于中年人的比例很大，且中年人平均收入也比较高，因此，中年人是一个非常有潜力的目标市场。

(4) 老年市场。老年人市场是一个值得开发的目标市场。现在老年人的数量不断增加，而且大多有一定的积蓄和离退休工资，有一定的购买力。大力发展的“银发产业”中，餐饮业应该是首要的。

3. 按收入和家庭因素寻找目标市场

从收入看，餐饮市场可以分为高、中、低不同的档次。现在，有的餐馆、酒店就是按照高、中、低不同的档次安排不同餐厅的不同目标市场。

从家庭因素看，餐饮市场可以分为大家庭市场、小家庭市场、单亲家庭市场、丁克家庭市场、结婚者和准结婚者市场、单身市场等。不同性质的家庭，对餐饮的需要和消费行为可能不同。从数量比例上看，我国城市的家庭餐饮市场主要是小家庭市场。小家庭数量大，而且人均收入比大家庭或单亲家庭高，是大众化市场的主体，是餐饮业值得考虑的目标市场。

4. 按消费性质和消费行为寻找目标市场

从消费性质上看，餐饮市场可以分为生活性消费和生产性消费两类市场。从消费行为来看，不同顾客具有不同需求，可以采取不同的营销策略。

四、市场调查的方法

市场调查的方法一般有询问法、观察法和资料调查法三种。

（一）询问法

询问法是通过询问的方式收集市场信息，也就是向被调查者提出询问，以获得所需的资料。这种调查方法分为走访调查、信访调查和电话调查三种。

1. 走访调查

它是由调查者走访被调查者，当面向被调查者提出有关问题以获取所需资料的一种方法。

优点：具有真实性、启发性、灵活性、直观性、激励性。

缺点：调查费用高，被调查者有时受调查者的态度、语气等影响产生偏见。

2. 信访调查

它是由调查者将所拟订的调查表通过邮局寄给被调查者，要求被调查填妥后回寄给调查者的一种方法。

优点：调查范围广泛；可以不受调查者的影响，没有偏见；调查费用较走访低；被调查者可有充分的时间考虑作答。

缺点：回收率低，时间花费较长；填写者可能不是目标市场预期调查对象，致使真实性差；回答问题较肤浅。

3. 电话调查

它是由调查者通过电话向被调查者提出有关问题以获取有关资料的一种方法。

优点：迅速及时；资料统一程度高；对有些不便面谈的问题，在电话调查中可能易得到回答。

缺点：调查面受到限制，对问题不能深入讨论分析。

（二）观察法

这是调查者去现场从旁观察被调查者行为的一种调查方法。此方法的特点在于被调查者没有察觉到自己正在被调查。调查者主要观察宾客动作、店貌等。例如，注意客人的表情神态、菜肴食用情况等，或观察其他竞争对手的设施、价格、菜肴设计、菜肴品质、陈设、灯光以及服务水准等，以了解竞争对手的优劣势，从而确定自己的经营方针。

（三）资料调查法

调研中至关重要的一步就是找到所需要的信息，并尽量确保其全面、翔实。营销信息主要有两个来源。

1. 二手资料

二手资料是指他人为其他目的所收集整理并存放于某处的信息资料。调查人员应首先从收集二手资料入手，因为收集二手资料所需时间短，经费少，并能初步确定调查方向或重点，有助于更精确、更有针对性地收集资料。二手资料不能满足调查要求时，再着手收集原始资料。

2. 原始资料

原始资料是指由调查人员为本次调查目的而直接从调查对象处收集的信息资料。

上述三种市场调查方法究竟采用哪一种或是否结合使用主要视调查的问题或所需资料而定。如果调查消费者的态度，以询问法为好；如果要介绍新产品或改变老产品的价格等，采用资料调查法为佳；如要了解客人对产品的注意程度，则可采用观察法。

第二节　餐饮企业的选址

一、餐厅选址的考虑因素

1. 政府拆迁风险防范

(1) 注意建筑物、街道拆迁与重建，避免盲目上马建店。

(2) 确定餐厅位置务必向当地政府部门咨询并获得政府书面承诺。

(3) 避免在有产权争议地段建店。

(4) 所有证照必须齐备并符合法律、政策手续。

2. 本地商业状况

注意收集和评估餐厅周围商业快速增长的相关数据，并做出客观准确的评估。

3. 竞争性质评估

(1) 提供同类食品、菜品、服务的餐厅可能会导致直接的恶性竞争。

(2) 建店营业初期避免直接的竞争。

4. 规模与外观

(1) 停车场与其他设施应给予足够规模容量。

(2) 餐厅以正方形或长方形最好，其他除非空间大，否则不可取。

(3) 要考虑未来消费者的可接受能力。

5. 地价

(1) 注意潜在价值与现实价值的综合评估。

(2) 不论市中心或城郊，关键看消费住户、流动人数规模大小。

(3) 考虑地价上涨是否对营业投入、产出产生较大影响。

6. 能源供应

(1) 所有选址必须具备“三通”标准，即水、电、气三通。

(2) 必须注意水的质量。

(3) 注意作经济核算。

7. 街道与交通

(1) 是否是居民社区街道？

（2）是否是商业街道？

（3）街道是否便于车辆来回通过和泊车？

（4）是否吸引和便利旅游者来就餐？

8. 旅游资源

根据旅游区域过往人数多少和类型选择适当的建店位置。

9. 商业与娱乐区关联

要考虑到购物中心、商业区、娱乐区的距离和方向。

10. 交通状况

（1）统计数据可从公路管理系统或政府机关获得。

（2）自己统计：以中午（周末）、晚上和周日为最佳时间作现场统计。

（3）注意考虑坐公共汽车的人进餐的因素。

（4）注意行人与车辆流动数据比较分析。

11. 餐厅可见度

餐厅的可见度是指餐厅位置的明显程度，也就是说，无论顾客从哪个角度看，都可以获得对餐厅的感知。餐厅可见度是由从各地往来的车辆和徒步旅行的人员的视角来进行评估的，这对于坐落于交通拥挤的高速公路旁的餐厅来说极为重要，餐厅的可见度往往会影响到餐厅的吸引力。同时，餐饮企业无论从经营内容、方式、菜品质量、服务、装潢等方面，还是在选址上，都应具有明显和突出的形象特征。这对坐落在拥挤的商业中心的连锁餐厅尤为重要，形象特征会增加整个连锁企业集团的吸引力。

12. 公共服务

（1）评估保安、防火、垃圾废物处理和其他所需的服务。

（2）同样要评估服务设施、费用及质量。

（3）公共服务信息情况可从政府取得。

13. 营业面积

（1）面积标准：800～5000 平方米。

（2）能充分满足就餐服务需要，具备充分容纳客人的吞吐能力。

（3）既不能拥挤，又不能空位太多，避免资源浪费。

二、餐厅选址的原则

餐厅的选址是一项复杂的工作，应遵循下列基本原则。

（一）目标市场原则

任何餐饮企业，都要根据目标市场选择适当的地点，建立相应的规模，选择相应的设施设备和相应的经营内容和服务档次。连锁餐厅的目标市场一般是高、中档的工薪收入阶层，地址宜选择在商业中心、居民社区和工薪阶层工作区域，经营方式可选择快餐、自助餐等。

（二）容易接近原则

连锁餐厅应选择在交通便利的商业区、经济区、文化区，要尽可能地设置规模相当的停车场，方便顾客来往；连锁餐厅应按所在地人们行进、停留的规律选址。总之，餐厅原则上应选择在顾客容易接近的地段和位置，因为顾客是以方便性来决定进入哪家餐饮企业的。

（三）具有可见度原则

一般而言，连锁餐厅宜紧靠某条主要街道、繁华的商业区或某个公寓区。

（四）投资预期目标原则

连锁餐厅在选址时，除考虑外部因素外，还应考虑自身的条件，如经营品种、方式等，要以能实现预期投资目标来衡量地理位置的优越程度。

除此之外，餐厅选址时还要从下述几点考虑：

(1) 餐厅不应设在餐馆成群的地方，更不要门对门地经营，这对营业收入必然造成影响。对于一般中小餐饮企业来说，尽量避免将店址选在产品和服务特色与自己相同或非常类似的已建餐厅附近。

(2) 不同经营类型的餐厅选址时应有不同的侧重点。比如，专门经营午餐的餐馆应设在顾客走几分钟或开几分钟车便可到达的地方，因为大多数在外面吃午饭的人都只有半小时或一小时的午餐时间。

(3) 在选址时应对各种因素分清主次，进行综合权衡。比如，主干公路旁的餐馆是为方便旅行者而开设的，因此必须设在旅行者很容易到达的地方，否则即使餐馆离公路不很远，对餐馆来说，也是不利的。

(4) 快餐馆最理想的位置是紧靠某条主要街道、繁华的商业区或某个公寓区。

(5) 在位置稍偏僻的地方选址并非没有成功的可能。对于那些以独特的气氛或特殊环境见长的餐馆来说，位置稍偏僻问题不大，因为顾客总会找到它们。就销售而言，世界上最成功的餐馆之一是波士顿的安东尼四码头餐馆。去这家餐馆并不方便，但它濒临港口的位置却为它增添了魅力。

(6) 在选址时还应考虑餐饮企业的发展方向。位于饮食娱乐区的餐馆总是能吸引大批顾客。例如洛杉矶附近的雷伊小船坞聚集了35家左右的餐馆，人们渐渐把该地区看做娱乐和上馆子的好去处。

(7) 选址时还要注意交通状况。餐厅面临交通繁华区，不仅可以增加销售量，也容易让顾客知晓。此外，还要注意餐厅附近是否有停车场。在交通繁华处，如果没有停车场，顾客也是无法就餐的。

三、餐厅选址的方法

为了方便准确地找到连锁餐厅选址的方法，当今世界上的餐饮行业都已开始利用计算机来建立选址数学模型，作为餐厅选址的辅助参考。用于餐厅选址的方法有很多，如雷里定律、哈福定律，这里介绍一种新的选址模型——CKE餐厅选址模型。

这是美国餐饮企业家卡尔·卡彻·恩廷（Carl. Karch. Ent）设计的一个选址模型。这一模型通过占有充分的市场资料，运用多元回归分析来预测和评估某一连锁餐厅的位置优劣。

对于某一餐厅位置来说，要进行评估，必须获得如下有关本区域的数据：

(1) 附近街道每天的车辆数。

(2) 本区域内所有餐厅的座位数。

(3) 本区域内蓝领工人所占的比例。

(4) 10 分钟以内即可到达餐厅的职工人数。

(5) 周围 10 分钟就可到达的单身人数。

(6) 本区域内人口的平均年龄。

(7) 营业区域内已有的连锁餐厅数。

(8) 本区域方圆 2.5 千米以内的人口总数。

由此可建立如下线性回归方程：

$$Y=a-X\,[,1]\,A+X\,[,2]\,B+X\,[,3]\,C+X\,[,4]\,D$$

其中：

Y——这家连锁餐厅的预计销售额。

A——本区域内所有餐厅的座位数。

B——工薪阶层人口在该地区人口中所占的比例。

C——该地区人口的平均年龄。

D——10 分钟内到达这家餐厅的职员人数。

a——经验系数。

$X\,[,i]$ ——用来衡量 A、B、C、D 四个因素权重的系数。

如果上述四项主要信息参数达到如下要求，则在该区域内经营连锁餐厅就具备了成功的条件：

(1) 本地区所有餐厅座位数 A 不少于 1200 个。

(2) 该地区约有 75% 的人口属于工薪阶层，即 $B\approx75\%$。

(3) 该地区人口的平均年龄 C 在 26～32 岁之间。

(4) 10 分钟内大约有 10000 名职员可到达这家餐厅，即 $D\approx10000$。

当然，任何一个模型都不可能十分全面地说明所有的问题，连锁餐厅的选址问题，还有待于进一步研究更先进的、切实可行的数学模型。这可以对我国餐饮行业连锁经营的发展起到较大的促进作用。

【案例】

肯德基的选址策略

地点是饭店经营的首要因素，餐饮连锁经营也是如此。连锁店的正确选址，不仅是其成功的先决条件，也是实现连锁经营标准化、简单化、专业化的前提条件和基础。因此，肯德基对快餐店选址是非常重视的。它的选址决策一般是两级审批制，通过两个委员会的同意，一个是地方企业，另一个是总部。其选址成功率几乎是百分之百，这是肯德基的核心竞争力之一。

肯德基选址按以下几个步骤进行。

一、商圈的划分与选择

1. 划分商圈

肯德基计划进入某城市，就先通过有关部门或专业调查企业收集这个地区的资料。有些资料是免费的，有些资料需要花钱去买。把资料收集齐了，就开始规划商圈。

商圈规划采取的是记分的方法。例如，这个地区有一个大型商场，商场营业额在 1000

万元算多少分，5000万元算多少分，有一条公交线路加多少分，有一条地铁线路加多少分。这些分值标准是多年平均下来的一个较准确的经验值。

通过打分可把商圈分成几大类，以北京为例，有市级商业型（西单、王府井等）、区级商业型、定点（目标）消费型，还有社区型、社区和商务两用型、旅游型等。

2. 选择商圈

即确定目前重点在哪个商圈开店，主要目标是哪些。在商圈选择的标准上，一方面要考虑餐馆自身的市场定位，另一方面要考虑商圈的稳定度和成熟度。餐馆的市场定位不同，吸引的顾客群不一样，商圈的选择也就不同。例如马兰拉面和肯德基的市场定位不同，顾客群不一样，是两个"相交"的圆，有人吃肯德基也吃马兰拉面，有人可能从来不吃肯德基专吃马兰拉面，也有的人不吃马兰拉面而专吃肯德基。马兰拉面的选址当然也与肯德基不同。

而肯德基与麦当劳市场定位相似，顾客群基本上重合，所以在商圈选择方面也是一样的。可以看到，有些地方同一条街的两边，一边是麦当劳，另一边是肯德基。

商圈的成熟度和稳定度也非常重要。比如规划局说某条路要开，在什么地方设立地址，将来这里有可能成为成熟商圈，但肯德基一定要等到商圈成熟稳定后才进入。例如说这家店三年以后效益会多好，但对现今没有帮助，这三年难道要亏损？肯德基投入一家店要花费好几百万，当然不冒这种险，一定会遵循比较稳健的原则，保证开一家成功一家。

二、聚客点的测算与选择

1. 要确定这个商圈内最主要的聚客点在哪里

例如，北京西单是很成熟的商圈，但不可能西单任何位置都是聚客点，肯定有最主要的聚集客人的位置。肯德基开店的原则是：努力争取在最聚客的地方和其附近开店。

过去古语说"一步差三成"，开店地址差一步就有可能差三成的买卖。这跟人流动线（人流活动的线路）有关，可能有人走到这里，该拐弯，则这个地方就是客人到不了的地方。即使是在同一个小胡同，但生意却可能差很多。这些在选址时都要考虑进去。

人流动线是怎么样的，在这个区域里，人从地铁出来后是往哪个方向走等等，这些都需派人去掐表、去测量，有一套完整的数据之后才能据此确定地址。

比如，店门前人流量的测定，是在计划开店的地点掐表记录经过的人流，测算单位时间内多少人经过该位置。除了该位置所在人行道上的人流外，还要测马路中间和马路对面的人流量。马路中间的只算骑自行车的，开车的不算。是否算马路对面的人流量要看马路宽度，路较窄就算，路宽超过一定标准，一般就是隔离带，顾客就不可能再过来消费，就不算对面的人流量。

肯德基选址人员将采集来的人流数据输入专用的计算机软件，就可以测算出在此地的投资额不能超过多少，超过多少这家店就不能开。

2. 选址时一定要考虑人流的主要动线会不会被竞争对手截住

人流是有一个主要动线的，如果竞争对手的聚客点比肯德基选址更好那就有影响；如果都一样，就无所谓。例如北京北太平庄十字路口有一家肯德基店，如果往西100米，竞争业者再开一家西式快餐店就不妥当了，因为主要客流是从东边过来的，大量客流已被肯德基截住了。

3. 聚客点选择影响商圈选择

聚客点的选择也影响到商圈的选择，因为一个商圈有没有主要聚客点是这个商圈成熟度的重要标志。比如北京某新兴的居民小区，居民非常多，人口素质也很高，但据调查显示，找不到该小区哪里是主要聚客点，这时就先不去开店，当什么时候这个社区成熟了或比较成熟了，知道其中某个地方确实是主要聚客点才开。

为了规划好商圈，肯德基开发部门投入了巨大的努力。以北京肯德基企业为例，其开发部人员常年跑遍北京各个角落，对这个每年建筑和道路变化极大，当地人都易迷路的地方了如指掌。经常发生这种情况，北京肯德基企业接到某顾客电话，建议肯德基在他所在地方设点，开发人员一听地址就能随口说出当地的商业环境特征是否适合开店。在北京，肯德基已经在根据自己的调查划分出的商圈，成功开出了几十家餐厅。

四、餐饮企业的筹建

通过可行性分析和市场调研，确定了目标市场和经营方向后，便进入餐饮企业的筹建阶段。在筹建阶段，应估算各项有关费用。开店前，投资者最好聘请有专业知识或经验丰富的餐饮投资、经营专家，在经过充分的市场调查后，评估最有投资价值的店址，确定经营定位，然后对筹建及开业费用进行预算。通常预算要有根有据，且显示在业务表上，通过预算，可以让投资者知道多长时间能收回自己的投资以及能赚取多大的利润。投资餐馆的预算主要分以下六个部分。

（一）对初期费用进行估算

初期费用包括用于会计核算、法律事务以及前期市场开发的费用，还有一些电话费、交通费之类的管理费用。贷款利息可根据银行的贷款利率进行估算。如果经营者是用自己的资金投资，也可按贷款计算其利息，据此反映筹建费用的全貌。

（二）土地和建筑物的费用的估算

对租赁场地费用进行预算，一般应聘请专业咨询师对房屋进行租赁估算；租赁场地费要考虑周全，包括公共设施、车位、垃圾台等都要预算清楚；租赁场地费估算最好按每平方米每日多少元计算，不要按月或按年统计算出；租赁场地费用估算要参照周围出租费用行情。

建筑费用包括建筑设备和工具费用，可以通过不同途径进行估算，如按每个餐座所占费用计算，或分析近期刚刚建好的同种类型的餐厅建筑费用等。餐厅建筑费用是经营者根据经营方针和规模进行的基本投资之一，可以采用投标的形式，通过竞争达到降低费用的目的。

（三）对装修费用、设备设施费用进行估算

餐饮店的装饰包括门面、厅面、厨房三个大的方面。若是中小饭馆餐饮店，门面和厅面装饰应以简洁、明亮、卫生、雅致为主；厨房装修应以卫生为主，方便厨师、工作人员操作，便于油烟、污水排放。在估算设备、设施费用时，还应考虑运输费和安装调试费。设施和设备包括厨房中的烹饪设备、储存设备以及冷藏设备、运输设备、加工设备、洗涤设备、空调通风设备、安全和防火设备等。

（四）家具和业务设备费用的估算

家具和业务设备的费用估算由经营者和室内设计师以及餐饮企业服务顾问共同研究决

定。这些费用主要由餐饮经营规模、提供的产品和服务方式等因素决定。

家具费用主要指办公家具、员工区域家具、客人区域家具等。业务设备费用主要包括经营所需的餐具类，如餐厅、厨房经营用的瓷器、玻璃器皿、银器；布草类，如台布、口布、员工制服；另外还包括菜单制作费用等。这些费用应先根据确定的饭馆餐饮店的服务方式和桌位数，计算出各种家具和器皿需要的数量，再根据市场价格进行估算。

（五）劳动力成本的估算

饭馆餐饮店劳动力成本由管理人员、服务人员及厨师的工资组成，可按不同人员的工资标准乘以人数来估算。各类人员的工资水平，在各劳动力市场都有平均工资标准可供参考。

（六）营运费用的估算

除了上述各项费用开支以外，企业必须有一定数量的营运费用，用以维持餐厅的开业和正常营业，如办理营业执照、卫生许可证等相关开业的手续费用，开业费用，广告推销费用，职工培训费用，采购食品原料的费用，前期的员工工资等。运营费用还应该考虑不可预见的准备金，一般为前几项总和的5%～30%。一般来讲，需要准备比上述资金预算更为宽裕的资金，才能在发生意外成本时从容不迫地应付。从资金筹备来说，如果你的资金有限，那么你就必须在资金的限度之内对餐馆的规模、档次及从筹建到正常运作的时间进行严格的控制，尽量避免浪费资金和时间。如果资金比较雄厚，还可以考虑餐馆的经营模式和各类附属功能，从一开始就可以着手制定比较长远的经营战略，开展餐馆的营销。

第三节 餐饮经营的投资决策分析

一、投资对餐饮企业的意义

从广义上来说，餐饮企业的投资包括固定资产投资及金融资产投资。企业引进先进设备、建设厂房属于固定资产投资，企业利用一部分资金购买股票、债券属于金融资产投资。投资的重要性体现在以下几个方面：

(1) 企业要壮大，没有投资不行。我国许多企业脱胎于家庭式的作坊生产，如果从企业建立之初就满足于一年几十万元的利润而不继续扩大生产规模，那企业的发展道路只有越来越窄。而企业要扩大生产，就必须进行固定资产投资。

(2) 企业要竞争就要不断投资。市场中已存在的和潜在的竞争者到处都是。很多企业迫于竞争的压力而不敢前进一步，怕一着走错，满盘皆输；而这种保守的做法只能保得一时但保不了一世，只有投资才是最终出路所在。企业不断投资，不断进行技术创新，才能站在时代的前列，独领风骚。

(3) 企业要发展，没有投资不行。无论是研究开发，还是做一个新的项目，不投资是不行的。企业在达到一定规模后要想更深入地发展、进一步提高企业的生产效率，没有新的投资是不行的。这时的投资不一定是把摊子铺得更大，而是一种企业内部管理的深化，如更新原有设备、建立流水线、把研究开发的成果运用于生产经营。据一项调查显示，美国大企业每年用于研究开发的经费占其利润的20%以上。我国的餐饮企业要发展，必须投资。

二、餐饮企业的投资决策

中国有句古话叫“民以食为天”，似乎人们只要找一个地方开个饭馆，就会“宾客盈门”、“高朋满座”。事实是这样吗？如果是这样，有些饭店的牌子也不用半年换一次了。餐饮业的老板经常面对的问题是：初期投资很多，房租、水电费很高，规格也定得很高，服务也是一流，就是不见客人来。没有现金进账，哪来的钱来弥补初期投资呢？因此，做餐饮业要研究市场，研究客户心理，投其所好。

（一）抓住餐饮经营机遇

市场中的机遇可谓稍纵即逝，有的人说现在市场中已没有什么投资热点了，去做别人的跟班，没什么好处。真的是这样吗？实际上说这种话的人并不善于捕捉市场中的各种信息，也就是说，不善于抓住机遇。那么，餐饮经营者应如何抓住机遇呢？

(1) 投资不能仅被理解为产品、生产线的投资，还可以理解为销售方式、经营方式的投资。餐饮企业首先要有宽阔的视野，了解市场中已有什么样的产品，这些产品对销售者起到什么样的作用；企业的销售方式、管理方式是什么样的，与目前产品的销售是否匹配。

(2) 在了解了市场“有什么”的基础上，还要了解市场上“缺什么”。对餐饮企业而言，了解到市场缺少什么样的产品也并非一件容易的事，需要具备一定的前瞻性。目前，产品市场营销存在一个新的理念：如果市场上没有需求，我们就生产出一种产品勾起人们的需求。因为人们的潜在需求有时自己也不太清楚，这就需要有洞察力、有远见的人及时发现。例如北京二元桥的“金二元”就率先在互联网上建立了自己的网站，介绍自己的产品，将高科技的产品与中国传统饮食行业巧妙结合起来。还有许多快餐企业，利用互联网进行网上订餐。这种销售方式正好适应了一些工作繁忙的上班族的需要。

(3) 在拥有了很好的构想之后，就需要周密地考虑一下如何将这些美好的构想化为现实。要知道，在市场中很可能同时有几个人都有这种构想，接下来就要看谁动手快，看谁能抢占市场了。当然，有时做第一是要背负很大风险的，而市场的竞争也往往是后来者居上。这时餐饮企业就要作一个判断：是做领头羊，还是做跟随者。

（二）树立餐饮企业投资理念

当完成了投资的第一步——抓住机遇后，应如何继续做好投资的决策呢？为什么有些私营企业抓住了机遇而投资又最终失败了呢？原因很简单，迈好了第一步不等于能迈好第二步，只有一步一个脚印踏踏实实地走下去，最终才能获得成功。因此，餐饮企业要做好投资决策，首先要树立几个理念：

(1) 今天的钱总是大于明天的钱。从理论上说，如果今天的钱留到明天花，就损失了今天花钱所带来的多出的那一部分效用，这是西方人的观点。比如彩电两年前买时大概要2000多元钱，而现在买只要1000多元。如果一个人两年前可以买，但就是要等到现在便宜了才买，实际上他损失了两年看彩电带给他的快乐。就实际而言，市场经济中是存在通货膨胀的，今年的1元钱到明年自然也会有所贬值。企业在投资的过程中当然要明白这个道理。“今天的钱总要大于明天的钱”告诉我们，能现在投资的项目不要放到以后再做。

如果一项投资在市场机遇、资金配置、管理上都是可行的，那么现在就做，过一两年谁又知道市场会变成什么样呢？

(2) 投资的回收期越短越好。如果有甲、乙两个项目，其他情况都一样，一个两年内能收回初始投资，一个三年内能收回初始投资，你会选择哪一项？你当然会本能地选择回收期短的，因为在第三年甲项目就会产生净现金流入，而乙项目还不会。

(3) 投资的过程也是管理的过程。投资的过程本身也是一个管理的过程，是集计划、决策、运行、评价为一体的过程。有的人认为投资有钱就行了，这是否片面呢？目前中国的投资现状是：很多企业在投资过程中不缺钱，也不缺项目，但缺乏的是好的管理。管理包含了销售、人事、财务、总务等各项管理。在投资中也是如此，人员安排、工程进度、财务收支、后勤辅助等，这都需要与各个单位统一协调。许多好的项目最终失败的原因可能就在于实际执行与当初设计的事与愿违。因此在投资决策时明确"投资的过程是管理的过程"是相当重要的，这可以使决策从一开始就与管理紧密挂钩，加强投资决策的科学性。

(4) 投资决策要与筹资计划紧密结合。有的企业在作投资决策时，筹资安排总是一笔带过，认为"车到山前必有路，船到桥头自然直"。而实际执行过程中，很多项目由于资金不足而在那里闲置，还有的投资项目由于资金不足而将企业拖得破产。

筹资的目的不完全是投资，但投资的过程绝对少不了筹资。因此，企业有必要在进行投资决策之时制作一份详细而周密的筹资计划。

(5) 树立正确的风险价值观念和机会成本观念。任何投资都是存在风险的，只是风险的大小有别罢了。一般规律是：风险越大，要求的收益也就越高；风险越小，要求的收益也就越低。餐饮企业的经营管理者追求什么样的风险价值观，取决于经营者自身的经营习惯与企业的管理理念。机会成本的概念早就引入了我国的企业管理之中。在进行投资项目决策时，你常会发现这样一种情况，不同的备选方案都能够带来不同的收益，当你选定一种方案而放弃其他方案时，其他方案所潜在的收益便被称为机会成本。我国很多餐饮企业缺乏这方面的认识，只看一处而不见其余。如果投资时多想想"除了这个项目，我还可以投入哪个领域，会有什么样的收益"，思路就会开阔许多，也会大大提高资金的使用效率。

三、餐饮企业如何防范投资风险

当你花 2 元钱买一张体育彩票时，你是否肯定自己一定能中奖呢？当然不能。你当然清楚购买彩票是存在风险的，你之所以欣然购买，是因为你认为这点儿风险你还是可以承受的。

什么是风险？某一种行为的结果具有多种可能而又不确定就叫做风险。有人片面地将风险理解成为损失，这是不正确的。风险的存在，可能会造成超出预期的损失，也可能获得超出预期的收益。后者在经济学中，往往被称为风险价值（即风险报酬）。

餐饮投资策划，对于即将进入餐饮产业的投资者来说，是极其重要的。因为它直接关系到投资者投资餐饮项目是否成功。特别是对于那些从未投资过餐饮行业的投资者，以及没有从事过餐饮管理的经营者来说，餐饮产业投资前的策划就显得更为重要。未经过投资前策划的餐饮企业，在经营中就如同在大海里航行的轮船缺少指南针，会迷失方向，徘徊不前，甚至触礁沉没。为了使想进入餐饮行业的投资者能做到投资更准确，经营更有把握，不造成投资者因不懂餐饮产业投资的规律，不懂餐饮行业的经营管理，不知道餐饮行业的经营现象，而导致投资的失败，给自己造成严重的经济损失，建议投资者参加餐饮行业投资前的培训，或请在餐饮行业中有过投资经历的、有经营管理经验的餐饮企业及餐饮行业专业策划企业，进行投资前的咨询，并邀请他们进行投资策划，从而提高餐饮投资、经营的成功率。

餐饮企业在投资时当然会面临风险，只是大小有别罢了。如果餐饮企业只是沿袭其一贯方式开设分店，就只存在选址与培养消费群的问题，那么企业面临的风险主要是经营风险；如果餐饮企业希望投资于其他领域，或者投资于金融市场，则面临的风险就会多种多样。

（一）投资于金融资产的风险分析

1. 违约风险

违约风险即债券发行人无法按期支付利息或偿还本金的风险。一般而言，政府发行的债券违约风险小，金融机构发行的债券次之，工商企业发行的债券风险较大。

2. 利率风险

由于利率的变动而引起证券价格波动，使投资人遭受损失的风险叫利率风险。我们知道，证券的价格是随着利率的变动而变动的。一般而言，银行的利率下降，证券价格上升；银行的利率上升，则证券价格下降。不同期限的证券，其利率风险也不一样，证券的期限越长，利率风险越大。举个例子，如果你现在买进 10 年期债券，假设利率是 5%，而 10 年后市场利率变为 15%，则这批债券对你而言，就是一种风险。

3. 购买力风险

由于发生通货膨胀而使证券到期或出售时所持有的资金购买力降低的风险称为购买力风险。在通货膨胀时期，购买力风险对投资者有着极为重要的影响。在通货膨胀发生时期，变动收益证券比固定收益证券要好很多。因此，普通股票被认为比企业债券和其他固定收入的证券能更好地避免购买力风险。

4. 流动性风险

流动性风险即投资人想出售有价证券获取现金而证券却不能立即出售的风险。如果一种资产在较短的时期内按市价大量出售，说明这种资产的流动性较高；反之，这种资产的流动性就较小。流动性高的资产风险小，流动性低的资产风险较大。比如企业面临偿还大量债务，而企业的资产都表现为非流动资产，变现能力很差，纵然有几亿资产，也有可能面临破产。

5. 期限性风险

由于证券期限而给投资人带来的风险，叫期限性风险。证券到期日越长，投资人遭受的不确定性因素就越多，承担的风险也就越大。例如，同一家企业的 10 年期债券的风险要远远大于 1 年期债券的风险，因为没有人能确切地预测到 10 年之后这家企业会变成什么样。

（二）如何防范这些风险

1. 分析被投资企业的财务状况

一个企业的经营风险有多大，可通过该企业收益率增长的稳定性来体现。如果企业收益率增长的稳定性越大，投资者预期的股息收益就会越准确，企业股票经营风险相对也越小。对企业财务状况进行分析，也是分析该企业可持续发展的潜力。有些上市企业虽然从短期看，股票价格上升很快，但长期运营下去，除非进行有效的资产重组，否则前景并不值得乐观。

此外，在分析财务状况时，还应注意其赢利结构的分析。如果该企业的赢利主要是由其他业务收入或投资收益获得的，并不能说明在今后几年中这种赢利状态还能保持。总之，对被投资企业财务状况的分析可以列为一个专门研究的领域。

2. 把握价格变动趋势

金融资产的价格不光受企业财务状况的影响，也受包括炒作在内的因素的影响。西方对于单纯股票价格变动规律研究得很多，如K线图、缺口理论等。通过研究这些理论把握价格运动的变化规律，对于餐饮企业投资金融资产有一定帮助。

3. 选择合理的投资期

企业的经营状况从总体上来说呈现一定的周期性。同样，在经济蓬勃发展之时，股市交易活跃；在经济趋于下滑时，股市较为冷清。而且股票市场和其他市场也呈一种反向变化。在中国，当股市繁荣时，大量资金涌入股市，而邮市相对冷清；股市清淡时，大量资金涌入邮市，于是邮市又火起来。餐饮企业要想进行金融资产的投资，首先要选择一个合适的投资时期。

4. 投资结构的合理化

俗话说“鸡蛋不要都放在一个篮子里”，股票投资亦是如此。在投资时应注意对投资的结构进行合理搭配，以有效降低风险。比如在购买高科技企业股票的同时，可以购买一些经营稳健、分红派息稳定的企业的股票，以防止前者暴跌时，企业没有其他赢利的金融资产。

（三）餐饮企业业务扩张与风险防范

据我国权威机构统计表明，目前我国餐饮产业的经营格局是“334”。什么是“334”？就是在餐饮产业的经营中出现的两个30%和一个40%的现象。第一类30%的餐饮企业是亏损，第二类30%的餐饮企业是持平和略有赢利，另外40%的餐饮企业是赢利。这40%是餐饮产业中最赚钱的企业。这40%的餐饮企业推动着人们投资餐饮产业的欲望和决心，同时滋生着餐饮产业容易操作、产出快的错误想法，使大家不分青红皂白，一拥而上，在投资过程中出现了轻者损失几万、几十万，重者损失几百万上千万的情况。

如果餐饮企业的投资目的是不断扩大企业自身规模，增加企业影响力，那么它的风险主要来自固定资产投资风险和经营风险。

1. 固定资产投资风险与防范

固定资产投资的风险当然不会像金融资产的风险一样变动频繁，但由于固定资产投资占用的资金量大，对企业而言，很可能“一着棋差，满盘皆输”。

固定资产投资的风险是多方面的，如政策风险、行业风险、融资风险、管理风险等，因此风险的防范也就更具复杂性。固定资产投资需要在制订投资计划时具有一定的前瞻性：要结合物资设备管理的内容，考虑该项资产对餐饮企业是否适用、能否有其他代替方式、选择该项固定资产的机会成本是什么等问题，再结合投资回收期、净现值计算，进行投资决策。尽可能在投资之初，就有效地防范风险。

2. 经营风险与防范

经营风险与餐饮企业的管理紧密结合，这里不仅涉及财务管理，还有组织、人事等管理。加强管理可以有效地防范经营风险。

【案例】

买商铺投资做餐饮，细节不容忽视

餐饮生意做得好的可以发财，于是买能做餐饮的商铺，然后出租给人家做餐饮或者干脆自己做，也就成了很多人的投资首选。可餐饮商铺毕竟不同于一般商铺，首先规划上要通得过，然后在水、电、煤、排风甚至还有油污处理等各个方面都得事先设计规划好。任何一个配套设施没到位，这餐馆就不能开张，投资的初衷就很难实现。

2006 年 4 月，周先生看中了上海静安区某社区推出的产权式商铺，觉得地段好、面积合适，特别适合出租做餐饮，于是就爽快地交了 10 万元定金，不久又签了预售合同，合同中对商铺的水、电、煤等各项配置作了约定。待 300 多万元房款付清后，周先生在同年 9 月拿到了所购买商铺的产权证，不久就有租客上门。

周先生与做餐饮的吴先生签订了租赁合同，租金每月两万元。到了装修快完毕的时候，吴先生发现该商铺设置的电容量仅为 5 千瓦，根本无法做餐饮，而且商铺内的煤气接头也没有到位，造成餐饮许可证批不下来。周先生认为，开发商在规划、建造物业时应具备专业水平，现在商铺设计有缺陷、配置不符合餐饮标准，违反了当初的承诺，他们应当承担责任；而开发商认为，合同约定的义务全都做到了。在双方无法协商的情况下，周先生不得不向法院提起了诉讼。

本案中周先生遇到的情况，在餐饮商铺投资中时有发生。其实，由于餐饮行业污染严重等因素，政府对经营餐饮设置了较多限制。在物业方面，商用房产如要做餐饮，规划需经有关部门专门批准；还有水、电、煤、排污等方面也都有行业要求。现在的问题是：一方面是开发商不负责任，规划、设计、配套都没有考虑周到，有的商铺项目是由烂尾楼改造的，内部设置还是好多年前的水平，根本不符合现在标准；另一方面是投资者不具备相应知识，缺乏风险意识，购买时只想到餐饮商铺是市场热门，租金比其他类型的商铺高，保值升值潜力也相对较大。因此，买房人在决定投资前应先请教一下业内人士，并向开发商问清有关情况后让其做出书面承诺，最好还要查验一下规划设计。

[复习思考题]

1. 简述餐饮企业市场定位的过程应分哪几个步骤进行。
2. 市场调查一般有几种方法？
3. 餐厅的选址应遵循哪些基本原则？
4. 谈谈你对餐饮企业投资理念的理解。
5. 餐饮企业应如何防范投资风险？

第三章　餐饮企业组织管理

第一节　餐饮企业的组织结构及职能

一、餐饮部门机构设置

（一）餐饮部员工的特点

1. 劳动者人数众多

餐饮业属于劳动密集型行业，其用工者的数量要高于社会上许多其他行业。用工多，人均产值、利润并不一定高，边际贡献有限。用工多，也意味着餐饮业的人力资源管理工作量较大、工作难度较大，这表现在员工招聘、培训、考核及管理的每一个环节上。

2. 劳动者文化程度普遍较低

餐饮业准入标准不高，劳动者的受教育程度普遍低下，就全国平均水平而言，餐饮业从业人员的受教育程度大约为初中文化水平。这不仅给餐饮业的工作服务质量的提高达标带来了许多问题，同时也给人力资源管理提出了众多的要求，如招聘如何满足工作岗位的需要、教育培训工作怎样加大力度才能符合消费者的要求等。

3. 劳动者年龄普遍较轻

餐饮业劳动者的年龄一般在 20 岁左右，大部分员工在 30 岁以下，有人将餐饮行业戏称为吃“青春饭”的行业。员工队伍年轻，富有朝气和热情，干劲十足，对搞好工作是十分有利的。但年轻人也面对每天 10 多个小时的劳动时间、一整天忙闲不均的劳动节奏、到了一定的年龄大部分劳动者会被行业淘汰等问题，这些都是管理者必须考虑的。

4. 劳动者因工作部门不同而性别特征明显

从总体上看，餐饮业的员工主要分布在两大部门工作，即前台的对客服务部门和后台的产品制作生产部门。在对客服务部门，几乎是清一色年轻貌美的女性；在产品制作、生产的厨房，员工又都是年轻力壮的男性。这种性别上的特征，首先对企业的人力资源管理提出了如何依据性别不同，进行针对性管理的问题；其次，对女性占绝大部分的服务部门，也提出了一系列需要妥善加以解决的矛盾和困难，如怎样根据女性的生理、心理特征合理地安排工作，调动其积极性，怎样处理好群体性的同时段的恋爱、婚姻、生育、哺乳等女性特有现象及劳动保障问题。

5. 劳动者的地域、文化背景差异较大

首先，随着中国日益融入国际社会大家庭以及国内地区间的交流日趋频繁，境外在国内开办的餐饮企业，如麦当劳、肯德基、必胜客等大批涌入，国内也有相当一批餐饮企业跨地区联号经营。这使得我国的餐饮业人力资源管理带有明显的地域跨越性特征，员工的招聘、培训、调配，都深深地打上了地域性的印记。

其次是文化背景的差异。国内境外品牌的餐饮业员工长期工作于两种不同文化交叉并存的环境之中，而且外来文化又处于主导地位，使员工容易心理失衡。上班时，他们的工作要符合企业制订的服务规程，言谈举止要符合企业规定的行为守则，一举一动必须随时留意，精神处于高度集中而紧张的状态之中；下班回家后，在自己的小天地中，没有任何拘束，高度集中和紧张的精神状态得到放松。长期生活在这种强烈反差的双重心理环境中，对一些缺乏自制能力的年轻人来说，会引起心理失衡而导致情绪不稳定，影响服务质量的提高，严重时会引起心理疾患，导致不安于工作，频繁调岗或“跳槽”，极大地影响了其他员工的士气。长此以往，将给餐饮业人力资源的管理工作造成混乱，致使企业的经济效益发挥不出来。“无功消耗”、“文化震荡”现象都是由于跨地区、跨文化而导致员工无法适应环境和工作的有力见证。现实的情况要求人力资源管理人员在招聘、培训、挑选、心理分析等具体工作方面，应注意因地制宜、因势利导，把培养锻炼员工的适应能力和应变能力放在餐饮企业人力资源管理工作的首位。

6. 劳动者流动性大

由于餐饮业的员工年龄较轻，而劳动强度较大，劳动技术含量较低，工作时间长，心理压力大，加之社会传统观念轻视服务工作，导致员工的流失率较高，这也增大了餐饮业人力资源管理的难度与工作量。

（二）餐饮部组织机构设置的原则

组织机构是为完成经营管理任务而结成集体力量，在人群分工和职能分化的基础上，运用不同职位的权力和职责来协调人们的行动，发挥集体优势的一种组织形式。餐饮组织机构是针对企业餐饮经营管理目标，为筹划和组织餐饮产品的供、产、销活动而设立的专业性业务管理机构。组织机构是有效开展业务经营活动的组织保证。

1. 精简与效率相统一的原则

精简的目的是减少内耗，提高效率。因此，精简和效率相统一的主要标志是：配备的人员数量与所承担的任务相适应，机构内部分工粗细得当，职责明确，每人有足够的工作量，工作效率高，应变能力强。

2. 专业化和自动调节相结合的原则

专业化和自动调节相结合的主要标志是：组织机构大小同企业等级规模相适应，内部专业分工程度同生产接待能力相协调，专业水平和业务能力同工作任务相适应，管理人员能够在不断变化的客观环境中主动处理问题，具有自动调节的功能。

3. 权力和责任相适应的原则

餐饮组织机构坚持责任和权力相适应的标志是：组织机构的等级层次合理，各级管理人员的责任明确，权力大小能够保证所承担任务的顺利完成，责权分配不影响各级管理人员之间的协调与配合。

（三）餐饮管理组织机构的设置依据

确定餐饮管理组织机构规模和机构形式的主要依据有以下几方面：

1. 餐厅类型的多少

餐厅类型越多，专业化分工越细，内部人员、部门越多，组织机构的规模越大。

2. 餐厅接待能力的大小

餐厅接待能力是由其座位多少决定的。餐厅座位越多，规模越大，用人越多；与此相适应，厨房规模也越大。

3. 企业餐饮经营的专业化程度

4. 餐饮经营市场环境

（四）餐饮部组织机构的一般模式

餐饮管理组织机构的具体形式主要受企业规模、接待能力、餐厅类型等因素的影响，其一般模式主要有以下几种。

1. 小型饭店模式

这种饭店餐厅数量少，类型单一，大多只经营中餐。其餐饮部的组织机构应比较简单，分工也不宜过细（见图 3-1）。

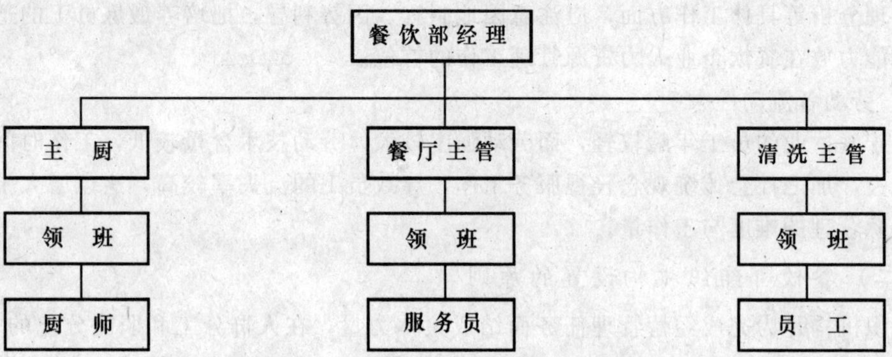

图 3-1　小型饭店餐饮部的组织结构图

2. 中型饭店模式

这种饭店有 300～500 间左右的客房，餐厅类型比较齐全，厨房与餐厅配套。相对于小型饭店来说，其餐饮部内部分工比较细致，餐饮管理组织机构比较复杂（见图 3-2）。

3. 大型饭店模式

有 5～8 个或更多的餐厅，中西餐、宴会、酒吧、客房送餐等各类餐厅齐全，厨房与各类型的餐厅配套。其餐饮部组织机构复杂，层次多，内部分工十分明确细致，组织机构专业化程度高（见图 3-3）。

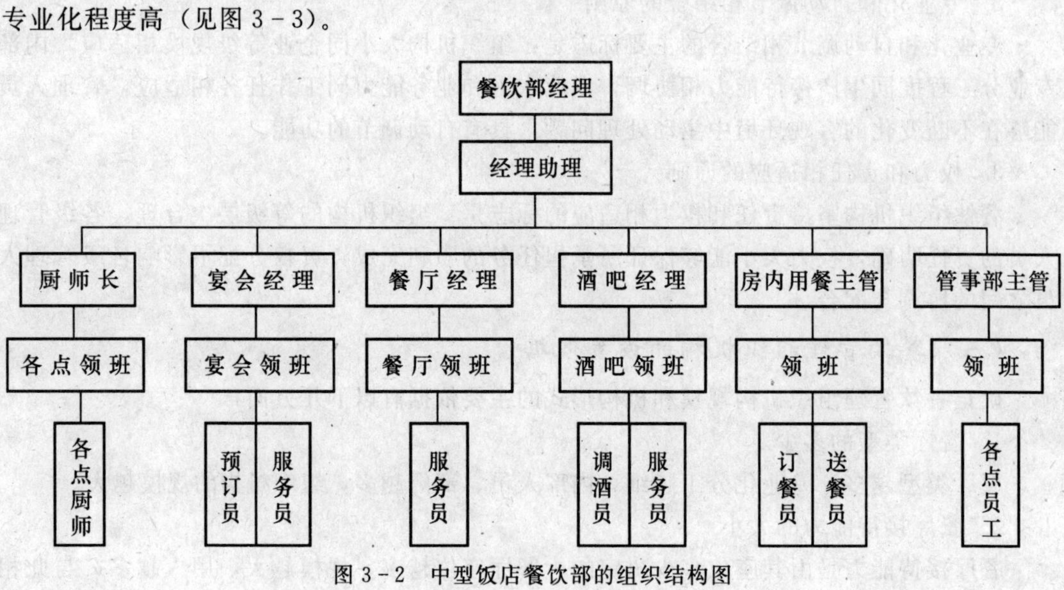

图 3-2　中型饭店餐饮部的组织结构图

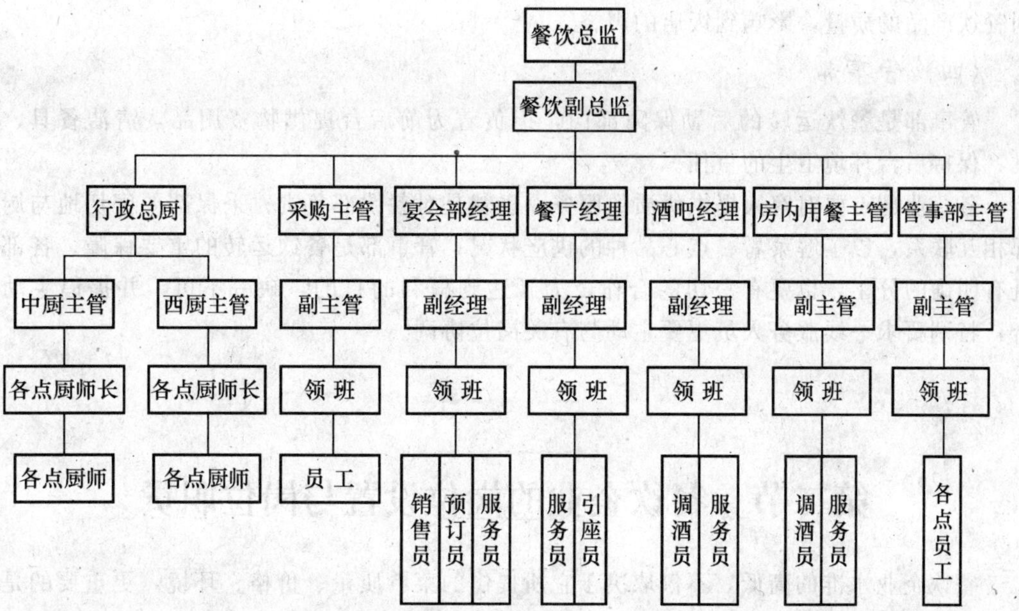

图 3-3 大型饭店餐饮部的组织结构图

二、餐饮部各部门的职能

前面我们按饭店的规模大小，列举了三种餐饮部组织机构图。其实，不管餐饮部的规模大小如何，其基本职能都是相同或相似的（见图 3-4）。

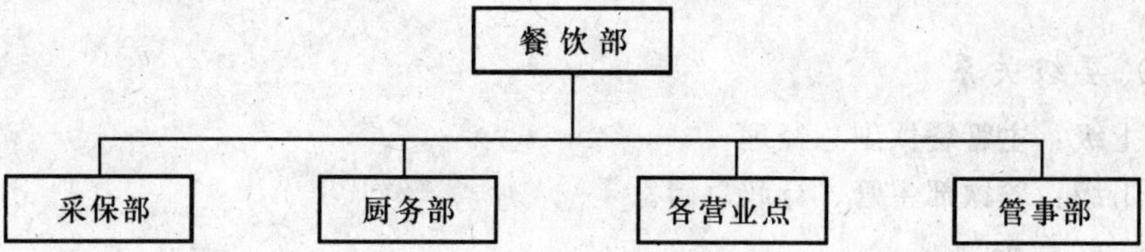

图 3-4 餐饮部职能机构图

（一）采保部

采保部是餐饮部的“龙头”部门，主要负责餐饮部生产原料的采购与保管工作。目前在国内，还有不少饭店的餐饮部采用这种原料采购与保管一体化的组织机制。

（二）厨务部

厨房部主要负责菜式、点心的制作，并根据市场需求、大众口味的变化而开拓新菜式、特色菜式来吸引宾客，同时，也需要搞好本部的日常卫生清理工作。从过程来看，从原料的粗加工到成品菜出品，都由厨务部完成；从产品质量方面看，厨务部依据不同的消费档次，制定并执行不同的制作质量标准。除此之外，厨务部还应加强对生产流程的管理，控制原料成本，减少费用的开支。

（三）各营业点

饭店餐饮部的各营业点，包括各类餐厅、宴会厅、酒吧、房内用餐服务部等，是餐饮部的直接对客服务部门。这些营业点的服务水平的高低，经营管理状况的好坏，直接关系到餐饮产品的质量，影响到饭店的声誉。

（四）管事部

管事部是餐饮运转的后勤保障部门，担负着为前后台提供物资用品，清洁餐具、厨具，保持后台环境卫生的重任。

各营业部点要对客人提供优质的服务，也就是对餐饮部负责；采保部要密切地与厨务部相互联系，以了解菜肴、点心品种的供应状况；管事部是餐饮运转的重要保障。各部门既有明确的分工，也要有密切的合作，为了达到赢利的目的，缺一不可，并提倡主动配合，特别要求一线服务人员更要主动与有关岗位协调。

第二节　餐饮企业的岗位设置与岗位职责

餐饮企业水准的高低，不仅取决于它所提供的菜肴质量、价格、环境，更重要的是餐饮服务人员的素质水平。作为餐饮服务人员，不仅要有丰富的专业知识和工作经验、良好的服务态度，还要有娴熟的服务技巧和灵活的应变能力。

餐饮部设有餐饮部经理、主管、领班、服务员、领位员、传菜员、吧台服务员、行政总厨、厨师长、厨师领班、砧板厨师、冰菜厨师、面点领班、面点厨师和洗碗工等岗位。

一、餐饮部经理

（一）层级关系

直接上级：主管餐饮副总经理。

直接下级：餐饮部主管、行政总厨。

（二）岗位职责

全面负责酒店的餐饮服务管理及食品供应的各项工作。

（1）制订并组织实施餐饮部的一切业务经营计划。

（2）监督、推行本部门的各项正规化管理制度。

（3）考核直接下级部门经理及主管的品行业绩并实施激励和培训。

（4）参加酒店部门经理协调工作会议。

（5）定期召开本部门的例会、成本控制会议和预算会议。

（6）检查所属部门的经营情况、信息反馈及一切安全、卫生和服务工作。

（7）制订和改进各项经营、管理的新计划、新措施。

（8）熟悉本酒店的主要目标市场，了解消费者的餐饮需求，并有针对性地开发和提供能满足他们需求的餐饮产品和服务。

（9）与厨师长一起，进行固定菜单和变动菜单的筹划与设计，不断推出新的菜肴品种。

（10）对餐饮采购、验收和储存进行管理与控制，降低成本，减少浪费。

（11）督促总厨对厨房生产进行科学管理，健全厨房组织，合理进行布局，保证菜肴质量，减少生产中的浪费，调动厨房工作人员的积极性。

(12) 加强餐厅的日常管理，提高对客服务质量，培养餐厅经理的管理督导能力。

(13) 促进宴会销售，加强宴会组织与管理，提高宴会服务质量。

(14) 每周与厨师长、采购员一起巡视市场，检查储藏室、冷库等，了解存货和市场行情。

(15) 每周召开餐饮成本分析会议，审查菜肴和酒水的成本情况。

(16) 制订餐饮推销、促销计划，扩大餐饮销售渠道，提高餐饮销售量。

(17) 发挥全体员工的积极性，监督本部门培训计划的实施，实施有效的激励手段。

二、餐饮部主管

(一) 层级关系

直接上级：餐饮部经理。

直接下级：领班。

(二) 岗位职责

在餐饮部经理的直接领导下，全面管理餐厅，确保为客人提供优质服务，完成当月营业指标。

(1) 负责每日召开餐前会，检查每位员工的仪容仪表，布置任务。

(2) 安排各领班班次，督导领班日常工作，并实施必要的培训。

(3) 控制餐厅的经营情况，确保对客服务质量。

(4) 负责餐厅的清洁卫生，保持环境卫生，抓好餐具、用具的清洁消毒。

(5) 与厨师长保持良好的合作关系，根据季节差异、客人情况研究制订特别菜单。

(6) 加强对餐厅的财产管理，掌握和控制好物品的使用情况。

(7) 参加餐饮部召开的各种有关会议，完成餐饮部经理下达的其他任务。

(8) 定期召开餐厅员工会议，检讨近期服务情况。

(9) 填写餐厅主管日报表，将餐厅经营情况及一切特殊情况汇报给餐饮总监或副总监。

(10) 完成上司交办的其他事宜。

三、餐饮部领班

(一) 层级关系

直接上级：餐饮部主管。

直接下级：服务员。

(二) 岗位职责

做好主管的助手，带领本班人员按质按量完成上级交办的各项任务。

(1) 开餐前检查餐厅摆台、清洁卫生、餐厅用具供应及设备设施的完好情况。

(2) 开餐期间督导服务员的工作，发挥带头作用，搞好现场培训。

(3) 协调、沟通餐厅、传菜部及厨房的工作。

(4) 对特殊客人及重要客人等给予关注，介绍菜单内容、推荐特色菜点，并回答客人问题。

(5) 注意观察宾客的用餐情况，对特殊情况及时处理，提高宾客的满意率；及时处理客人投诉，并加以妥善解决。

(6) 负责餐厅用具的补充。

(7) 落实每天卫生工作计划，保持餐厅整洁和服务员的个人卫生。

(8) 每日停止营业后，负责全面检查餐厅，并填写营业报告。

(9) 负责对属下进行评估，并有计划地组织本岗点培训工作。

四、服务员

(一) 层级关系

直接上级：餐饮部领班。

直接下级：无。

(二) 岗位职责

负责向就餐客人提供高质量服务。

(1) 做好开餐前的各项准备工作。

(2) 严格按照工作程序和标准为客人服务，处处为客人着想，尽量把服务做在客人开口之前。

(3) 熟悉菜牌和酒水牌，积极向客人进行推销，按规格填好客人的点菜单和酒水单。

(4) 认真做好自己所负责区域的卫生工作，保证提供优雅干净的就餐环境。

(5) 尽量帮助客人解决就餐过程中的各类问题，必要时将客人提出的问题和投诉及时反映给领班，寻求解决办法。

(6) 当班结束后，与下一班做好交接工作和收尾工作。

(7) 迅速补充餐具和台面用品，保证开餐的整洁和卫生。

(8) 做好餐厅、餐具、布草、杂项的补充替换。

(9) 积极参加培训，不断提高服务技巧技能，提高服务质量。

(10) 完成上级交办的其他事宜。

五、领位员

(一) 层级关系

直接上级：领班。

直接下级：无。

(二) 岗位职责

负责在外厅门口迎送客人、引领客人以及餐厅的对外联络。

(1) 主动问候客人，向客人介绍餐厅情况，熟悉酒店、餐厅的各项服务设施，以便解答客人的询问。

(2) 了解当天客情，掌握餐厅当天的餐桌安排情况，合理安排客人的餐位。

(3) 安排客人就餐，呈送菜牌、酒水牌、报纸等。

(4) 为客人保存衣物。

（5）接听电话。

（6）接受和安排预订，进行登记，并及时通知全体服务人员。

（7）熟记常客及 VIP 客人的姓名，编写就餐客人的资料，建立客人档案，尽量照顾客人的喜爱、习惯，让客人有宾至如归的感觉。

（8）完成上司交办的其他事宜。

六、传菜员

（一）层级关系

直接上级：领班。

直接下级：无。

（二）岗位职责

在领班的直接领导下，准确迅速地完成传菜任务。

（1）听从领班布置的开餐任务，熟知宴会的传菜注意事项。

（2）按照程序与标准做好开餐前的准备工作，并协助服务员布置餐厅和餐桌、摆台及补充各种物品，做好全面准备。

（3）通知餐厅领班当日厨师长推荐菜和不能供应的菜。

（4）根据订单和传菜领班的布置，将菜准确无误传递到餐厅内，同时向服务员报出菜名及台号。

（5）负责将值台服务员开出的并经过餐厅收银员盖章的饭菜单传送到厨房内。

（6）做好厨房和餐厅内的沟通工作。

（7）传菜过程中检查菜的质量、温度及分量，对于不符合标准的菜点有权拒绝餐厅传送。

（8）用餐结束后，关闭热水器、毛巾箱电源，将剩余的饭菜送回厨房，收回托盘，做好收尾工作，与下一班做好交接工作。

（9）负责传菜用具物品及传菜通道的清洁卫生工作。

（10）积极参加各种业务培训，提高服务水平。

（11）完成上司交办的其他任务。

七、吧台服务员

（一）层级关系

直接上级：领班。

直接下级：无。

（二）岗位职责

在领班的直接领导下，做好吧台客人的服务工作。

（1）严格按照服务程序为客人提供有针对性的服务。

（2）保持地面、服务餐具的清洁卫生。

（3）检查酒水、饮品的质量，发现问题及时报告。

（4）帮助客人开账单结账。

（5）完成上级交办的其他任务。

八、行政总厨

（一）层级关系

直接上级：餐饮部经理。

直接下级：厨师长、主管。

（二）岗位职责

全面负责中西厨房的管理工作，组织和指挥烹饪工作，确保出品质量均能达到标准。

（1）根据酒店各餐厅的特点和要求制订各餐厅的菜单和厨房菜谱。

（2）制定各厨房的操作规程及岗位责任制，确保厨房工作按计划正常进行。

（3）根据各厨房原料使用情况和库房存货数量，制订原料订购计划，控制原料的进货质量。

（4）负责签批原料出库单及填写厨房原料使用报表，经常检查原料情况，防止变质、短缺。

（5）确保合理使用原材料，控制菜品的装盘、规格和数量，把好质量关，减少损耗，降低成本。

（6）巡视检查各厨房工作情况，合理安排厨师技术力量，统筹各个工作环节。

（7）巡视检查各厨房设备运转情况和厨具、用具的使用情况，制订订购计划。

（8）根据不同季节和重要节日，组织特色食品节，推出季节菜，增加品种，促进销售。

（9）听取客人意见，了解菜肴销售情况，不断提高食品质量。

（10）每日检查厨房卫生，把好食品卫生关，贯彻食品卫生和厨房卫生制度。

（11）定期实施和开展厨师技术培训，对厨师技术水平进行考核、评估。

九、厨师长

（一）层级关系

直接上级：行政总厨。

直接下级：领班（厨师）。

（二）岗位职责

负责整个厨房的日常工作管理和全面技术管理，是行政总厨的得力助手。

（1）负责每天厨房生产量预测以及工作班次安排。

（2）组织保持高效率的厨房生产班子，参与制订厨房职工招聘计划。

（3）制定和实施控制措施，使食品质量、分量始终保持一致。

（4）负责每天厨房业务检查和监督，合理使用人力和分派任务。

（5）不断提高食品质量，改进菜肴外观，以出色的技艺启发、培养员工钻研学习厨艺的兴趣。

（6）负责控制食品成本，正确预测生产量和领料量。

（7）负责训练并保持精良可靠的厨师队伍，及时提拔有才能的职工。

(8) 协助行政总厨设计、改进菜单，使之更有吸引力，以助推销。

(9) 不断提出改进食品采购方法的建议，负责收集、修改、创新各种菜谱。

十、厨师领班

(一) 层级关系

直接上级：厨师长。

直接下级：厨师。

(二) 岗位职责

是厨师的管理人，既是管理者，也是工作中的主力。

(1) 全面掌握主要菜系的烹饪技术，对其他菜系有一定了解。

(2) 协助厨师长制作菜单，懂得成本核算。

(3) 检查厨师的仪容仪表及工作服，监督厨师按程序制作食品。

(4) 开餐前检查烹饪调料，做好岗位的准备工作。

(5) 检查零点菜单、宴会菜单、原料搭配、菜肴，对所有食品从原料到半成品都要严格把关，有权把不合格的菜品退回重做。

(6) 检查炉灶、冰箱、煤气、案台、电源等的运转情况和卫生情况，发现故障及时向厨师长汇报，并与工程部联系进行维修。

(7) 记录宾客对菜肴的意见和建议以便改进并加以提高；负责本组员工的出勤和考核工作，落实冷菜间的卫生责任制，并每天检查本组员工的个人卫生；决定本组员工的调配，指定重要宴会及重点宾客菜肴制作的人选并督促落实；组织培训，以提高本组员工的技术水平和业务能力，完成酒店交给的各项任务。

十一、砧板厨师

(一) 层级关系

直接上级：厨师领班。

直接下级：无。

(二) 岗位职责

主要负责配制宴会、酒会和零点食品的半制成品。

(1) 负责对肉类、禽类、水产品烹制前的刀工处理，如切片、切丝、剁馅、改花刀等。

(2) 负责对已进行刀工处理的各种不同原料加味酱制。

(3) 从传菜员处接到客人的点菜单后，按“先到先配”的原则配制。

(4) 服从厨师长、厨师领班的指挥，按照宴会菜单提前加工，处理好所需的各种原料。

(5) 如餐厅所提供的某种原料已用尽，应及时通知传菜员，再通知服务员告知客人，以免引起客人误会。

(6) 开餐完毕，负责将所用的肉类、禽类、水产品放入冰箱妥善保存。

(7) 负责本制作岗位的卫生，定期彻底清洗冰箱。

十二、冰菜厨师

（一）层级关系

直接上级：厨师领班。

直接下级：无。

（二）岗位职责

主要负责冷菜制作。

（1）负责卤水、冷菜、拼盘以及水果盘的制作，严格把好质量关，贯彻食品卫生制度。

（2）每天检查冷菜间所有的设备、冷藏柜、电冰箱运转是否正常，发现问题及时通知工程部维修。

（3）每天检查冰箱内的食品质量，应做到当天制作当天出售，变质食品绝对不能制作拼盘出售，生熟食品分开存放，每天对砧板、刀具及其他工具进行消毒。

（4）注意个人卫生，坚决做到“五四”制。

（5）根据每天任务的大小，提前一天开出食品原料、调料等日用品数量，上交厨师长订购或领料。

（6）当班结束后，做好交接班工作；营业结束后，做好收尾工作。

十三、面点领班

（一）层级关系

直接上级：厨师长。

直接下级：面点厨师。

（二）岗位职责

主要负责管理本组员工，完成厨师长交给的工作任务。

（1）负责食品成本核算，协助厨师长制定供应的面点品种和售价。

（2）制订面点原料的采购计划。

（3）负责各种面点及风味小吃的制作。

（4）根据季节变化及客人的口味特点给客人提供各式点心小吃。

（5）监督属下人员执行食品卫生法规，防止食品污染，避免浪费，绝对不向客人提供霉变过期的不合格食品。

（6）开餐完毕后，检查本工作区域内设备开关是否关好，工具是否清洁、摆放整齐。

十四、面点厨师

（一）层级关系

直接上级：面点领班。

直接下级：无。

（二）岗位职责

主要负责各种面点及风味小吃的制作。

(1) 负责各种面点及风味小吃的制作。

(2) 按比例配制食品，控制食品成本。

(3) 从领班处接受提货单，提取每天制作面点所需原料。

(4) 严格执行食品卫生法规，把好食品卫生质量关。

(5) 把当日所剩面点制品按要求放入冰箱或指定地方；下班后关闭工作区域内设备的开关。

十五、洗碗工

(一) 层级关系

直接上级：领班。

直接下级：无。

(二) 岗位职责

负责清洗各种餐饮器皿，保持厨房洗碗间的清洁卫生。

(1) 接收、收集、清洗、保养各种器皿。

(2) 清洗洗碗用具和保持工作区域的清洁卫生。

第三节　餐饮企业员工培训与激励

一、餐饮企业员工培训

餐饮业的竞争是多方面的，表现为服务质量的竞争、管理水平的竞争、价格的竞争、客源市场的竞争、服务设施与服务项目的竞争，以及餐饮企业经营特色、经营风格的竞争。然而，最本质的还是餐饮企业管理和服务人员素质的竞争。因此，为了在国际、国内市场竞争中取胜，培养一支高水平、高素质的餐饮企业管理与服务人员队伍，是当前刻不容缓的任务。它包括对新招聘员工的培训，对已在餐饮企业服务多年的全体员工的再培训，对各类、各层次人员的培训。既需正规的、有计划的、有系统的培训，也需要短期的、突击性的、有针对性的培训。可以采取多渠道、多层次、多种形式的办学形式。因此，要因时制宜地培训，使餐饮企业从业人员的个体素质和整体素质都得到不断提高，以更好地适应和参与市场竞争。

餐饮企业在招聘员工时，虽然经过了职业适合性的考虑，但这些员工毕竟还缺乏完成规定工作所必需的意识、作风、业务知识和技能。因此，要使员工能很好地胜任工作，餐饮企业还必须对员工进行各方面的培训。

(一) 培训对餐饮企业及员工的特殊意义

餐饮企业的工作大多要和公众发生直接或间接的接触。菜汤里有一根头发，餐厅台布、口布很脏，就会立即引起顾客的注意。这就是说，餐饮企业的员工与客人的关系是面对面的，员工只要有一点失误或不称职都可能永远失去顾客。所以，无论是餐厅服务员，还是领班或迎宾员，不仅受上级的领导，而且处于客人监督之下。他们应该懂得做什么、怎么做，未经训练的员工都不能上岗工作。

餐饮企业的另一个重要特征是人员的流动性大。当然，一些经营良好的餐饮企业由于认真挑选员工，管理严格，情况稍好一些。但总的趋势仍然是人员不稳定，尤其是像洗碗工、清洁工、厨房杂工等，他们文化水平不高，就业思想很不稳定。服务员及其他人员的流动性也很大。

1. 培训对餐饮企业的意义

(1) 增进员工对企业的了解。入职培训，可使员工工作更快地走上良好轨道，员工更快地胜任自己的工作，避免因为环境的陌生而与餐饮企业的要求产生距离。

(2) 加强学习速度，养成良好的职业习惯。新员工通过培训与自己摸索对比，可加快学习速度，减轻紧张情绪，更快地适应工作。教师的谆谆教诲能鼓舞学员更快地适应工作。同样，培训可使员工了解仪容仪表、言行举止、职业道德的要求，敬业乐业，养成良好的职业习惯。

(3) 提高工作质量与服务质量。培训和教学就是把工作、服务实践中证明是最好的方法教给学员。所以，通过培训，可以使员工掌握正确的工作与服务方法，避免差错。

(4) 减少耗费。大多数工作都有损耗浪费，包括清洁、洗碗等工作。但很多损耗是由于未经训练和没有经验所造成的。通过培训，使职工掌握正确的操作方法，就可以避免这些损耗。对美国纽约州餐饮企业的调查表明，培训可使餐饮企业损耗浪费减少73%，等于该餐饮企业获得损耗保险的赔偿。明智的经理是舍得付这笔培训费的。

(5) 减少事故的发生。一些餐饮企业调查表明，未经训练的员工的事故发生率差不多是经过培训的员工的3倍，特别是操作有危险的机器设备。前者除了不懂机器的操作规范外，因不懂技术而思想紧张也是造成事故的一个重要原因。所以，让未经培训的员工去操作空调设备或让他去干剖牡蛎的工作无疑是件蠢事。餐饮企业与餐馆的不安全因素与工厂虽有所不同，但也有许多机电设备需要运作和维护保养，每一件工作也都有一定的危险性。

(6) 增强员工的纪律性。通过培训，员工能了解自己的工作与其他工作环节的联系，增强遵守纪律的自觉性，如能够按时上下班、主动配合工作等。

(7) 提高劳动效率。实践证明，经过培训的服务员可比未经培训的服务员多照管几张餐桌。许多工作的培训结果虽然难以直接用数量表示，但可以从顾客的满意程度来反映。同样，一个和蔼可亲的领班与顾客的多少好像没有多大关系，但她对餐饮企业的重要作用是十分明显的。

2. 培训对员工的意义

培训不仅对餐饮企业有利，而且对员工本身也是极有好处的，主要表现在以下三个方面：

(1) 增加收入。经过培训，新员工可立即进行工作，老员工则可学到更好的工作方法，提高工作成效，进而增加薪金。所以，新老员工都能通过学习增加收入。

(2) 为晋升创造条件。培训能使员工学会做好本职工作，并开始学习上一层次的工作。如果有能力，就有机会晋升为管理人员。

(3) 提高自信心，增加安全感。受过培训的人对工作有自豪感，能相对独立和自由地做出决策，并有工作安全感。有水平的厨师是餐饮企业的骨干力量，有技术的电工也是一个餐饮企业必不可少的。总之，培训能提高员工的自尊心和自信心，增强其职业安全感。

（二）餐饮企业员工培训的内容

培训可被理解为提高人的三种技能：概念技能、人际关系技能和技术技能。概念技能是指与观念、概念有关的技能，通常是指在大学里所受的教育。概念都是抽象的，有些概念，如数学符号，同人的行为的关系，看上去比正义、和平、和睦等概念更疏远。人际关系技能是指左右别人情绪的技能，这一技能对于餐饮业特别重要。技术技能是指需要反复操作的技能，如打字、算账和斟酒、餐巾折花等。一个人从服务员晋升为一般管理人员时，人际关系技能就占主要地位。到了经理这一阶层，计划、决策和其他抽象推理等概念技能就显得更为重要。

然而，不论是一般员工，还是管理人员，以下四项是必不可少的培训内容，也可以称之为餐饮企业的基础培训。

1. 法律知识培训

餐馆和酒吧服务员应拒绝再给快要醉的客人售酒。在一些诉讼案件中，酒吧、餐馆成为被告，是由于客人醉酒后离开酒吧，发生了汽车交通事故，这叫第三者责任。出售含酒精饮料的餐馆服务员应懂得，在什么情况下不应再给顾客售酒了。按照法律规定，酒类经营者不得向明显醉酒的顾客再出售酒精饮料，或鼓励顾客过度饮酒。由此可见，为了维护餐饮企业正常经营，必须对餐饮企业员工进行有关法律知识的培训。

2. 礼貌培训

这对餐饮企业十分重要。希尔顿酒店企业集团每年在员工培训上要花费几十万美元，这说明他们特别重视员工的资产价值。他们的广告主题是：每三个客人有两个希尔顿服务员。根据希尔顿的培训计划，企业管理的成功，93%靠礼貌，7%靠知识和技能。

总经理每天都应去各个部门查看，以表示对员工、对工作的关心，起到鼓励员工的作用。希尔顿的培训计划认为，礼貌不是经理要求出来的，而应出自内心。换言之，总经理应以身作则，成为礼貌的表率。

希尔顿的每家企业都设立了一个礼貌委员会，由总经理、副经理和人事部长等成员组成。在部门会议上常以客人关系进行讨论，示范说明如何处理，并放映有关电影，告诉员工如何有效地使用电话，如何通过个人行为体现公司形象，以及如何同心协力做好本部门工作，加强部门间的配合。餐饮企业要求员工机智灵活，如有时要主动询问客人需要，有时应完全按客人要求去做，使他们得到最大满足。

3. 保安培训

餐饮企业管理部门现已特别强调保安培训，它已同安全培训结合起来，成为一门独立的培训项目。在20世纪70年代，安全因素是餐饮企业竞争的第一要素，各餐饮企业都建立起公司级的安全委员会来制订安全规则，协调安全工作。加强保安工作，固然需要改善设施，但更主要的是增强员工的保安意识，掌握保安的基本技能和方法。

如对餐厅服务员的要求是：服务员遇到麻烦的客人时，要避免同客人争吵；当受到威胁时，应尽量忍耐，别充好汉；事故如发生在餐饮企业其他地方，可以退却并通知保安人员，避免事态的发展，万不得已才能自卫。所有这些，都应该通过保安培训，使员工全面理解和掌握。

4. 食品卫生培训

据有关部门统计，75%以上的食物中毒是由两类细菌引起的，其中近55%是葡萄球菌，21%是沙门氏杆菌。这两种菌都是通过不卫生条件传播的，如操作者手不干净，又同食品接触，就易导致细菌感染。

一些大餐饮企业与连锁餐馆对此非常重视，并以卫生清洁作为招徕顾客的手段。为了保证餐饮企业的清洁卫生，餐饮企业经理应随时检查卫生状况，不允许任何不符合卫生的情况存在，如制服脏了，身体有异味，指甲有污垢，未戴工作帽，抓头皮，在厨房抽烟，捂着嘴打喷嚏，重感冒仍在工作，等等。一家大餐饮企业的创始人霍华德·约翰逊曾在停车场和餐厅亲自拣起碎纸和烟蒂，这实际上是给他的下属树立了榜样，起到了现场培训的效果。卫生工作要从经理做起，经理应是卫生工作的榜样。有些地区，特别是发展中国家，员工家中无浴室，餐馆就应为员工提供淋浴、洗衣等设施。

二、员工激励

餐饮企业经营要服务好两类客户，一是内部客户即员工，一是外部客户。只有先服务好内部客户，使员工满意，才能让他们更愉快地为外部客户服务，使外部客户更满意，最终为企业带来良好的经济效益。

那么要让员工满意，就离不开高明的管理。管理的核心是激励。激励，就是通过满足员工的需要而使之努力工作，从而实现组织目标的过程。也就是说，通过激发员工动力，使他们看到自己的需要与组织目标之间的联系，使之处于一种驱动状态。在这种驱动状态下，他们所付出的努力不仅满足个人需要，同时通过达成工作绩效而实现组织目标。通过激励，可以挖掘人的潜能，调动人的积极性和创造性，并且吸引更多的人为实现组织目标而不断提高工作绩效，使符合企业目标的行为得到强化。

（一）激励理论

激励理论的研究与发展，为员工激励机制提供了理论基础。

1. 需求层次论

人的需求从低到高分为五种类型：生理需求（衣食住行）、安全需求（老有所养、病有所医）、社交需求（亲情、友情与归属）、尊重需求、自我实现的需求（成就感）。不同人在不同情况下，主导需求不同，强烈程度不同。未满足的需求是主要激励源，已满足的需求不再具有激励作用；低层次需求满足后，才会追求高层次需求。人的行为是由主导需求决定的。

2. 需要理论

人的需要分为成就需要、权力需要、亲和需要。出色的经理，往往都有较高的权力需要，成就需要和亲和需要相对较低。因为成就需要高的人只关注自己的工作业绩，而不关心如何影响他人干出优秀的业绩；而过分强调良好关系会干扰正常的工作程序。

3. 公平理论

员工倾向于将自己的所得、投入比率与他人（可以是本单位的，也可以是其他组织的）的所得、投入比率横向比较，或与自己过去（在同一组织或不同组织）的所得、投入纵向比较。投入包括员工认为贡献给工作的——教育背景、资历、经验、忠诚、时间、努力、创造力、业绩等；所得包括工资、奖金、福利、荣誉、职位等。而且员工往往会过高地估计自己的投入和他人的所得，低估自己的所得和他人的投入。一旦觉得不公平，就会改变自己的投入或产出（降低努力或要求加薪），改变参照对象甚或辞职。所以，外资企业一般都对薪资讳莫如深，反对员工打探，减少内部横向比较。

4. 期望理论

激励力＝效价×期望。效价是指某项工作或目标对于满足个人需要的价值。期望是指员工判断努力达到这个目标的可能性，这一判断包括两个方面：努力转换为业绩的可能性，业绩转换为预期报酬的可能性。所以，一项目标如果对于员工具有高价值，而且实现目标的可能性很大，且一旦实现目标就可以满足需要，其激励效果最佳。这就启示我们：言必行，行必果，及时兑现奖励；低调承诺，超值兑现，使之喜出望外；抓住效价最大的激励措施；适当控制期望值和实际概率，期望值不是越大越好，也不是越小越好；薪资设计既要考虑外部竞争，又要考虑内部公平。

5. 双因素理论

满意感是激励员工努力工作的重要力量，而导致满意和不满意的因素是完全不同的。“保健因素”包括工资福利、工作环境、劳动保护等，这些方面满足了只能消除“不满意”，而不能令员工“满意”，只能安抚员工，而不能激励员工；也就是说，员工不会去投诉，但也不会感激你。“激励因素”主要涉及工作内容和工作本身带来的成就感、责任感和尊重感，这些方面具备了就可以产生“满意”，发挥激励作用；反之，如果不具备也不会“不满意”，只是“没有满意”。“保健因素”可以吸引员工走进公司，“激励因素”才能保证员工尽职尽责。这就解释了为什么有些企业薪资福利好，仍然有人抱怨，有员工外流。所以不能一味加薪，还要丰富工作内容，扩大工作范围，委以重任，增加工作的自豪感、成就感、责任感。

6. 鲶鱼理论

挪威渔民通过一条充满活力的鲶鱼激活了一船死气沉沉的沙丁鱼。同样，企业可以把一个潜力很强的人放在普通员工中间，同时规定每年淘汰5%～10%的员工，增强员工的危机感。

（二）员工激励的原则

员工激励要取得最佳效果，必须遵循以下原则：

1. 物质激励与精神激励相结合

只有物质激励是害人，只有精神激励是愚人。金钱是短期而最有效、长期而最无效的激励方法，低金钱价值、高名誉价值的奖励往往更能激励人。

2. 内激和外激相结合

内激是工作本身的挑战性与成功感，外激是工作之外的回报、奖赏、赞扬。

3. 正激与负激相结合

正激指奖励符合组织目标的行为，使之强化和重复；负激是指约束和惩罚违背组织目标的行为，使之消退。正激应保持间断性，时间和数量尽量不固定；负激则要坚持连续性，及时予以惩罚，消除员工的侥幸心理，而且惩罚的刺激比奖励更易见效。

4. 按需激励

把握不同员工不同时期的不同主导需要，进行正确引导和满足，可以开展需求调查或制作“需求菜单”让员工选择。

5. 公开、公平、公正原则

（三）激励措施

在激励理论与激励原则的指导下，激励措施异彩纷呈，殊途同归。

激励的原则是固定不变的，激励的形式和方法却千变万化、意趣无穷，任何企业都可结合经营管理的实际需要和特点，采取独具特色的激励办法，点燃团队激情。推荐以下几种激励方法和措施：

1. 提升绩效管理水平

年初定下员工工作绩效目标、度量标准、预期价值，增强其工作动机；平时提供资源，减少障碍，年终进行评估。一个振奋人心、切实可行的目标可以鼓舞士气，激励员工去努力拼搏；一个期望值低（可望而不可即）的目标，只会适得其反。人只有了解自己努力达到的目标是什么，并且真正愿意实现它，才有可能受到激励。在绩效考评水平提升的情况下，可以对关键的中高层管理岗位实行与企业效益部分相关的年薪制。

可以说，绩效管理是纲，纲举目张，科学公正的绩效管理可以为薪酬激励、职业生涯规划、岗位轮换、岗位晋升、继任计划、末位淘汰、奖励等激励措施打下良好的基础，否则很多激励措施都难以实施。所以，绩效考核力量要加强，彻底解决目前“多做多错，完不成的任务越多，工资也扣得越多”的问题。

2. 薪酬激励

这是企业激励机制中最易采用也是最重要的激励手段，也较容易控制，但操作技巧很有讲究。薪酬总额相同，支付方式不同，激励效果也截然不同，并不是越多越好。收入越多，边际效用越低；工作越多，边际成本越高。也就是说，工资水平必须随工作量增加而递增，收入越高激励成本越高；确定的收入和不确定的风险收入不是等价的，承担风险越大的人需要的补偿越多；应该把害怕风险的人放在薪水固定的位置，把愿意承担风险的人放在收入波动大的位置，这样可以使平均工资水平下降。但目前我们的企业几乎没有高风险的岗位，而且企业比较成熟，风险更小，销售经理一年几百块钱的利息损失根本不构成风险，这种几乎没有风险的年薪制对销售经理有一定激励作用，但对其他非相关的管理人员则会抵消其积极性，这可能也是我们的企业目前管理思想和管理水平落后的一个重要原因。

薪酬既是对员工过去工作的肯定和补偿，也是员工对未来工作得到报酬的预期，不仅仅是劳动所得，也代表着员工自身价值、企业的认同，所以在薪酬设计上既要具有市场竞争力，又要保证内部岗位价值的相对公平，还必须与工作绩效挂钩；同时，与职位等级设计相配套多设计一些层次，让员工在努力工作中得到薪酬层次的提升，体验到提升所带来的自我价值实现感和被尊重、被认可的喜悦，从而激发创造性。每年根据绩效评出20%的优秀员工给予加薪，10%的员工予以淘汰、减薪或换岗，70%的员工在普遍加薪的情况下给予考虑。加薪和减薪要谨慎，因为人们最在乎自己已经得到的东西，而且占有时间越长，失去的痛苦越大，所以在加薪时可以使用浮动工资。

推出持股计划，让技术、经营、管理的关键骨干认购股票期权，也可以让技术、管理成果入股，增强员工对企业的忠诚度，调动其积极性。既可以长期保留和吸引优秀人才，为他们提供比较优惠的税率积累资本，同时也将企业支付给高级人才的现金水平控制在最低水平。股票的期权性质，使企业牢牢控制高级人才日益积累的庞大资产，使其在“金手铐”下努力工作。反之，年薪支付现金越多，企业长久安全性越受威胁；长期奖励占报酬比重越高，高级人才自身跳槽风险越高。

3. 因人设岗，巧中取胜

基于能者多劳也多得的人力资源高效配置观点，将合适的人（或兼职）放到合适的位置，既可以实现人力资源利用的最大化，降低人力资源成本，也利于充分发挥员工能力，实现工作内容丰富化、工作范围扩大化的激励效应，也利于人力资源的积累与发展。当然，因人设岗并不是在没有工作内容的情况下人为照顾所设计的空闲岗位，而是必须以因事设岗为前提。同时在布置任务时尽量让某个部门或个人担任整个任务，并给予充分信任和授权，这样可以提高效率，增强工作动机。还可以通过内部跳槽制度，实行岗位轮换，丰富工作内容，防止职业疲劳和怠惰，也有利于培养综合型人才。在此过程中要注意任人唯贤，因为用对一人，鼓舞一片，用错一人，冷落一群。

4. 建立企业共同愿景与个人目标

让全体员工共同参与和提议，全方位建立、完善企业共同愿景，并在建立共同愿景过程中找到自身发展的坐标，从而实现企业大我与员工小我的统一。在此基础上抓好职业管理，打造两条晋升通道，让每个员工行有方向，干有盼头。管理类分八个级别：初级职员、中级职员、高级职员、主任职员（主管）、三级经理、二级经理、一级经理、高级经理等；专业类分七个级别：初级工程师、助理工程师、三级工程师、二级工程师、一级工程师、高级工程师、专家。每一职位等级享受相应待遇，每年年终考核后，根据企业总体战略和一定条件，确定晋升比例和名额。同时，帮助员工进行职业生涯规划，每季与员工开展一次职业发展对话，为他们提供指导和建议，进行赞扬和批评，开展针对性培训，及时有效地输送高素质人力资源。

在各级管理岗位推行继任计划，要求各级主管都要做好接班人的培训，作为关键绩效指标纳入年度绩效考核。事实上，一个不能培养接班人而使部门永远离不开他的经理，绝对不是一个称职的经理（而传统观点恰恰相反，认为部门离不开的经理才是优秀的）。通过推行继任计划，既可以培养人才，让员工看到成长的希望，保证人力资源素质的持续提升，同时也能增强在岗人员的危机感，并保证在关键岗位人员突然离职情况下工作不受影响。

5. 根据活力曲线进行末位淘汰

根据活力曲线原理，一个组织总有20%的人是优秀的，70%的人是基本称职的，10%的人是应该被淘汰的。末位淘汰是对优秀员工的激励，年初要在全体人员大会上宣布这个规定，并通过各种载体让所有员工清楚了解——这是为了企业生存与发展，可以增强企业竞争力。这一做法可以有效使员工明白企业不是养人的地方，可以有效地在每年裁掉一些能力差、责任心不强的人员，还可以避免因裁员而引起与员工的矛盾，因为这是制度裁人，而且早已有言在先。为了不被裁掉，员工们会暗自努力，设法提高自己的能力和工作质量。最差的人努力了，中间那部分人就会有压力，行动起来；中间的人行动了，最前面的人也会有触动，他们也不能坐以待毙。这样一来，整个企业就会活起来。

那么我们应该怎样操作呢？一是通过绩效考核结果，排出比例；二是规定20条违规条件，违反18条以上的自动进入辞退行列，违反12～17条的可有可无。

6. 奖励激励

除每年年底的表彰外，不定期地开展一事一奖，可以保证奖励的及时性、针对性和多样性。根据事情大小，经自我申报、部门审核、总经理审批等程序，设鼓励、记功、记大功、嘉奖、特别嘉奖等，并给予相应物质奖励。具体奖励名称可以多样化，如销售特别奖、培养人才奖、装修奖、管理成果奖、技术成果奖，最好能巧立名目，保证奖励的新颖性；奖励方法也要不断创新，可以制作奖励菜单，让受奖者自己“点菜”，奖励时间也不要固定。同时要注意：奖励过频，刺激作用也会减少。

7. 知识员工激励

知识员工激励的四个主要因素为职业发展与个体成长、工作独立自主性、工作成就、利润分享。员工希望以自己认为有效的方式开展工作，企业应提供施展才华的舞台，提供宽松的工作环境，不指手画脚，同时善于倾听他们的心声。一般应以长期激励为主。

8. 参与激励

创造各种机会与员工沟通，让员工发表意见，增进了解，让员工感受到关怀。平时注意情绪调节，学习和运用一些心理暗示技巧来影响员工。如果管理者情绪低落，你的手下也将受到影响变得缺乏动力；相反，如果管理者满腔热情，你的手下也必然会充满活力。

要善于支持创造性建议，充分挖掘员工的聪明才智，使大家都想事，想干事，都创新。不要轻易否定员工的建议，一旦受到否定，员工可能再也不敢提意见了，而且积极性也会受到挫伤。谁提出的建议可以让谁负责去落实，委以重任，如果有创意，有实效，还可以用他的姓名来命名，如海尔的“云燕镜子”、“伍雷操作法”等。

9. 开展满意度调查

“激励从不满意开始”，只有了解员工不满意什么，才知道员工需要什么，激励措施才能有的放矢，同时通过满意度调查也可以表明企业关心员工需求和意见。管理者最好能对员工做到“9个了解”（姓名、生日、籍贯、出身、家庭、经历、特长、个性、表现）和“9个有数”（工作状况、住房条件、身体状况、学习情况、思想品德、经济状况、家庭成员、兴趣爱好、社会交往），关心员工家属，解决其后顾之忧。还可通过建立各类兴趣小组和体育娱乐活动，提高组织和谐度和凝聚力，增加社交的机会，满足员工追求快乐和社交的需求。

激励方法千变万化，能否奏效，在于管理者如何在平时的工作与生活中点点滴滴地运用起来，既要注意针对性、实效性，又要注意多样性、经常性和突然性。通过各种激励举措，团结一切可以团结的力量，让所有人愿意把力量“借”给企业，那么企业的发展必将波澜壮阔，无往不胜。

[复习思考题]

1. 简述餐饮部在饭店中的地位及任务。
2. 简述饭店餐饮部的主要特点。
3. 餐饮部员工有哪些主要特点？饭店餐饮部门的人员素质要求主要包括哪些？

第四章　菜单管理

第一节　菜单的含义及作用

一、菜单的含义

菜单是餐饮企业为便于顾客点菜订餐而准备的介绍该企业产品、服务与价格等内容的各种印刷品。菜单是餐饮工作唯一的计划书，是餐饮业出售的食品、饮料名称和价格等的一览表，也是宾客到一家餐厅中挑选、品尝佳肴的最主要依据。它一般以书面形式出现，而且印刷与装帧都很考究。

"菜单"一词来自拉丁语，原意为"指示的备忘录"，本是厨师为了备忘的记录单子。现代餐厅的菜单，不仅要给厨师看，还要给客人看。菜单是餐厅提供的商品目录和介绍书。它是餐厅的消费指南，也是餐厅最重要的名片。法语也把菜单称为"Bill of Fare"，"Bill"是项目单，"Fare"是食品的意思，所以菜单又称"食品的项目单"。在欧洲，保存最早的菜单是为宴会和聚餐备餐用的食品单，它主要用于厨房备餐，一般不给宾客看。法国大革命后，法国人把从墙上挂的菜单发展成提供给宾客的单独的菜单。后来，在菜单的装潢和吸引力方面作了很多努力，菜单的形式也随之发生了很大的变化。我国历代出版的有关书籍，像《随园食单》、《食经》等多侧重阐述菜肴食品的配料、制作方法、火候以及烹饪时间等。近年来，随着人们生活水平的提高，菜肴种类越来越丰富，餐饮企业为了经营需要，逐渐重视使用菜单。

菜单设计是一种创造性的劳动，如同工程师绘制蓝图，作曲家谱写曲谱，需要通盘筹划，巧适其情，曲尽其妙。这是因为在原料、价格等条件相近的情况下，一份好的菜单可增加顾客的平均消费金额，有助于销售利润较高的菜肴。

菜单必须符合宾客的期望，并体现餐厅经营管理水平，促使餐饮销售，有助于达到各项质量标准；同时，其风格、特色还要与餐厅整体装饰相协调。菜单应成为饮食成本管理的工具，菜单内容必须精确。

二、菜单的作用

菜单是餐饮企业餐饮部向宾客推销食品、饮料的工具，在餐饮经营和销售中起着重要的作用。对餐厅来说，菜单的制定是非常重要的。菜单决定了餐厅服务设施和食品原料品种、数量的采购、菜肴烹制技艺和餐厅服务的特色，它是餐饮经营活动的重要依据和环节。菜单也是餐饮企业餐饮服务最重要的推销媒介，它既是餐厅的质量水准与经营特色的标志，又紧密联系着顾客的需求，是餐饮企业餐厅员工推销菜点的重要依据。所以，餐饮经营活动都特别重视菜单的作用。

在现今社会，菜单可以说是餐饮经营的精髓所在，在餐厅经营中起着重要的作用。甚至有人把餐厅经营管理的成功归结为餐厅菜单设计的成功，由此可见菜单的作用之大。

（一）菜单是沟通的渠道

百货商店是通过橱窗把商品陈列出来，向顾客展现商场想出售的商品，商品的形象、颜色、大小、造型都能直接引起顾客的注意。因此可以说商店是通过橱窗展示，鼓励顾客购买他们的商品。对于餐饮业来说，由于餐饮产品在生产、销售以及顾客消费上所具有的特殊性，即采购、生产、购买、消费差不多同时进行，而且餐饮产品易腐烂、变质，所以餐饮业难以用橱窗展示这种方式来向顾客介绍、推销餐饮产品。从这个意义上讲，菜单可以说是餐饮业的“橱窗”。餐厅通过菜单向顾客介绍、推销它的餐饮产品，顾客通过菜单认识、了解餐厅的餐饮产品，并据此作出选择。

所以说，菜单是经营者和消费者之间相互了解的桥梁。经营者通过观察客人点菜、统计点菜率，可以了解菜单设计是否合理；消费者通过菜单可以了解餐厅的经营风格、菜品特色。菜单也可以反作用于餐厅，指导餐厅的经营和管理工作。通过客人点菜反馈出的信息，餐厅就可以及时地调整自己的经营和管理行为。菜单是沟通经营者与消费者之间的渠道和工具。“上帝”落座餐厅后，第一步就是要点菜，根据菜单选购自己所喜欢的菜肴和饮品；经营者则根据菜单向客人推荐。经营者和消费者通过菜单开始交谈，信息通过菜单开始沟通。所以说，菜单是沟通双方的渠道，是连接餐厅和顾客的链条。为客人喜欢的菜单，像一针兴奋剂，能激发客人的食欲，既可满足客人的饮食需要，又能扩大销售额，增加餐厅的收入。

（二）菜单是艺术品和宣传品

一份精心设计的菜单，装潢精美、雅致动人、色调得体、洁净闪亮，不仅读起来赏心悦目，而且能增进顾客的舒畅心情。这样一份菜单映入顾客的眼帘之后，顾客立刻就会对餐厅的经营和烹调产生一种好感。单凭这份菜单，就能使顾客欣然解囊，乐于点上几道佳肴，体会那种由菜单的艺术设计而产生的独特情调。不仅如此，客人还可以将这份精美的艺术享受带回去与亲朋好友共享。这个过程实际上就是一个广告、宣传的过程。而一份污斑点点、印制粗劣且读起来又艰难费劲的菜单，给人的第一印象就是不堪入目，给人的第一感觉就是难受。这样的感觉和印象一旦产生和形成，客人怎么会对餐厅的服务产生兴趣呢？

菜单的装帧艺术、风格以及它透露出的文化气息可以起到宣传餐厅的作用。有家餐饮企业的菜单由于反映出了很强的菜品特色，招牌菜品的照片也很精美，引起了众多食客的关注。许多客人索要菜单或出钱买菜单，但这家餐饮企业为了保守商业秘密都拒绝了。由于菜单不断地丢失，于是这家餐饮企业就决定公开卖菜单，从开始的80元一本到后来的380元一本，尽管价格不菲，但仍有很多人购买。有的人是为了将菜单留作纪念，有的人是为了研究它的菜品。由此可见，菜单设计得成功可以带来很好的市场效果。

（三）菜单是餐厅菜肴的特色、水准和标志

每一家餐厅都有自己的特色、等级和水平，一家餐厅所供应的饮食特色等也要在品种、质量、价格等方面反映出来。所以，常常是从菜单上就能知道一家餐厅的特色和水平。菜单是传送信息的印刷品，它配有文字，饰有图案、图画，套有色彩，附有容器和菜肴的图例。所以菜单应能体现餐厅的高雅服务和经营风格，并能反映出餐厅的整体风貌。

只有这样，才能使顾客产生深刻的印象。

北京大董烤鸭店的菜单很有特点，每个菜品都有中、英、日三种文字对照，完全做成了一种艺术品。这样的菜单单本制作成本高达1000元，但是却很好地配合了该店的精品战略，满足了高端食客的消费心理。北京眉州东坡酒楼是以东坡文化取胜的，因而他们的菜单做得古色古香，文化含量较高。很多食客拿着菜单点菜的时候，不但为东坡系列菜品所吸引，而且引发了他们思古之幽情，多了一些情趣，多了一些享受。

（四）菜单是最大的信息源和无声的广告

餐厅的布置和装修告诉客人的是餐厅的外部信息，而一张小小的菜单提供给客人的是餐厅的内部信息，使人一眼便知餐厅的可餐之食。此外，一张设计优秀的菜单还具有其他几个方面信息。首先是告知性信息。它包括餐饮企业及餐厅名称、特色风味、营业时间、加收费用、信用卡支付、电话号码、地址方位等。经有关人士调查，国内多数餐饮企业的菜单上标明的信息不够全面，特别是餐厅的电话号码的遗漏，很可惜地放弃了一个绝佳的推销机会；而国外的餐饮企业菜单，无一例外地均以黑体大一号字体在首页或封底注明餐厅的电话号码。小小的电话号码，恰恰表明了促销观念的巨大差异。其次是信任性信息。由于一些经营者的观念误导或只重眼前利益，这类信息常被忽视或扭曲。比如有些菜名过于离奇，虽能先发制人，过后反而给人以受骗上当的感觉；又如注明准确的菜品份额、大小盘尺寸，尤其是名贵菜品按重量、个数计价，能给人以货真价实之感；再比如在菜单上公布企业信条，也是对顾客的郑重承诺。风靡世界的麦当劳快餐在其菜单上标明了“质量可靠、服务快捷、清洁卫生、价格合理”（QXCV）四项承诺，从而征服了亿万消费者的心。再次，一份菜单还应包括一些荣誉性信息，它有助于树立餐饮企业的形象。如餐厅历史背景、特色、知名人士对餐厅的光顾及赞语、权威性宣传媒介对餐厅的报道中的妙语选粹等，可简明美观地列在菜单首页。

有些餐厅菜单的设计还增加了与客人交流的语言。这样，客人在点菜时，就会产生一些情感的互动。例如四川省成都市石磨豆花庄在菜单上写道：“石磨豆花最细腻，价位亦有吸引力。几页菜谱传真情，新朋旧友皆欢喜。”吉林省长春市的天香苑在菜谱上写道：“我的菜不好，请君对我说；我的菜好，请君对朋友说。”浙江省杭州市太子楼大酒家一楼的菜单除了写有菜名、菜价外，还别出心裁地在左上方和右上方画了两张幽默画，让人看了忍俊不禁。这里二楼、三楼的喜宴菜单也别具一格，上面写有一副对联，上联是：“酒菜飘香来”，下联是：“喜鹊唱枝头”。既庄重典雅，又具喜庆特色。如逢儿童节，他们的菜单上会配一些卡通画和儿歌；春节前后则书写一些迎春、赞春的诗词。杭州市的老店楼外楼的专用菜单以古朴典雅为食客所称道。它的宴会菜单都是请书法家用毛笔书写的，书卷气浓厚，很有收藏价值。总之，菜单艺术能对经营产生良好的推动作用。著名的宴席菜单还具有一定的收藏价值。在沉没了近百年的“泰坦尼克号”上找到的西式宴席菜单竟然价值数万美元。现在故宫博物院里保留着许多御膳单，它们也都具有重要的文物价值。

（五）菜单是信息反馈渠道

菜单不仅能发出信息，而且能反馈信息，是信息反馈的渠道。客人点菜的种类、多寡，某道菜被点的频率，都反映了客人的嗜好。餐饮企业可根据客人点菜的情况，了解客人的口味、爱好，以及客人对本餐厅菜点的欢迎程度等，从而不断改进菜肴和服务质量，以迎合顾客心理，使餐厅赢利。

（六）菜单是餐厅业务活动的总纲

菜单是餐饮服务设施的基础，是餐厅服务工作的依据。它在很多方面，以多种形式影响和支配着餐厅的服务系统。

（1）餐饮企业选择购置设备、炊具、工具和餐具，无论是它们的种类、规格还是质量、数量，都取决于菜单的菜式品种、水平和特色。炒勺难以烹制出地道的牛排，烤板不适宜炒青菜；制作北京烤鸭需要使用挂炉，烤乳猪和烤羊肉串却常用明烤炉；上龙虾需配夹和叉，上蜗牛需配钳和签。显而易见，每种菜式都有相应的加工烹制设备和服务餐具。菜式品种越丰富，所需设备种类就越多；菜式水平愈高愈珍奇，制作工艺愈复杂，所需的设备、餐具就愈特殊。总之，菜单在一定程度上决定了餐饮企业的设备成本。

（2）菜单决定了餐饮企业员工的技术水平、工种和人数。菜单标志着餐饮企业服务的水准和特色，而要实现这些水准和特色，还必须通过厨师烹调和餐厅服务。烹饪和服务是一门艺术，既是艺术，必有水平高低之分。所以，餐饮企业必须根据菜式制作和服务的要求，配置具有相应技术水平的厨师和服务人员。

（3）菜单的内容规定了仪器原料采购和贮藏工作的对象，菜单类型在一定程度上决定着采购和贮藏活动的规模、方法和要求。比如，使用固定菜单的餐饮企业，由于菜式品种在一定时期内保持不变，它所需要的仪器原料和品种、规格等也便相应固定不变，这就使得餐饮企业在原料采购方法、采购规格标准、货源、原料贮藏方法、贮藏要求、仓库条件等方面能保持相对稳定；如果餐饮企业使用循环菜单或变换菜单，则会产生不同的情况，食品原料的采购和贮藏活动会变得烦琐复杂。

（4）菜单也决定了餐饮成本的高低。菜单在体现餐饮服务规格、水平、风格、特色的同时，也决定了餐饮成本的高低。用料珍稀、原料昂贵的菜式过多，必然会导致较高的仪器原料成本；而精雕细刻、煞费匠心的菜式过多，又会无端增加劳力成本。所以说，菜单制定是否合理，各种不同成本的菜式的数量之间的比例是否恰当，直接影响着餐饮企业的赢利能力。

（5）菜单影响着厨房的布局和餐厅的装饰。厨房是加工制作餐饮食物的场所，厨房内各业务操作中心的选址，各种设备、器械、加工工具的定位，应当以适合既定菜单内容的加工制作需要为准则。中餐与西餐厨房的布局安排大相径庭，这是因为它们烹制的内容不同，过程不同，所用的设备和工具也不同。即使同是中餐厨房或是西餐厨房，也会因各家菜单在菜肴特色、加工制作方法、品种数量比例等方面的差异而产生各自的特定布局。

餐厅装饰的目的是形成餐饮产品的理想的销售环境，因此，装饰的主题立意、风格情调以及饰物陈设、灯光色彩等，都应与菜单内容的特点相协调，以达到环境体现餐饮风格、气氛烘托餐饮特色的效果。

由此可见，菜单不仅是连贯餐厅服务各个环节的链条，而且起到了广告和推销作用。所以聪明的餐饮企业无不在菜单上大做文章，以加深客人对自己餐厅的印象和了解，并通过信息的广泛传递，招徕更多的客人。

美国有一家名为“沙斯卡”的餐饮企业，其菜单上记有一首“膳颂”，其文字妙不可言。

膳　颂

生活中可以没有诗歌，没有音乐，没有艺术；
生活中可以没有良知，没有心肠；
生活中可以没有书刊，没有亲朋；
没有厨师，可有人活在世上？
没有书刊，我们依然生活，知识只是忧伤；
没有希望，我们依然生活，希望只是欺骗；
没有情爱，我们依然生活，情爱只是渴望；
不吃不喝，可有人活在世上？

短短数语，就道出了饮食在生活中的必不可少。这样的菜单不但别具一番情趣，而且起到了促销的作用。

第二节　菜单的种类

从不同的角度，可以将菜单划分为若干种类别，不同的类别产生不同的表现形式。

一、根据餐饮形式和服务项目分类

针对餐饮场所的功能和所提供的服务方式，菜单可以分成以下几类。

（一）中餐菜单

中餐菜单包括早餐菜单、广式早茶菜单、午餐菜单、晚餐菜单、宵夜菜单等。中餐菜单以中国十大菜系和具有代表性的地方风味为核心内容，在组织上兼收并蓄。中餐菜单具有中国传统文化的本土气息，是我国餐饮企业主要的菜单种类。

（二）西餐菜单

西餐菜单包括早餐菜单、正餐菜单、下午茶点菜单等。西餐菜单围绕法国、意大利、美国、德国、英国、俄国等欧美餐饮风格，以法式餐厅的菜单为代表，咖啡厅菜单以欧美简单、快捷的西餐为主要内容，注重餐饮风味的多元化和流行时尚。

（三）宴会菜单

宴会菜单是根据宾客的国籍、宗教信仰、生活习惯、口味特点、宴会标准和个人的要求制定的。它是指导宴会策划设计和组织实施的纲领，反映了中餐宴会、西餐宴会等的规格标准。菜单设计的针对性、及时性、内容的完整性、菜品编排的规律性和协调性，集中体现了餐饮企业的技术水平和个性特点。

许多餐饮企业采用普通确认的宴会菜单，有时候，这些菜单不需改动就可以“出售”给期待之中的顾客。另一些时候，则需要加以改动，或设计完全崭新的菜单以满足某一团体宾客的特定需要，因为有些宾客因喜庆而办豪华宴席并要把自己的餐饮喜好体现在宴会菜单中。

宴会菜单是送给宴会宾客的一种留念菜单，它能为餐厅创造声誉，并给宾客留下美好的回忆。菜名要有艺术色彩，一般不印价格。

（四）自助餐菜单

自助餐，不管是在自助餐厅供应，还是在宴会上供应，其特色是花色品种多，布置讲究，冰雕摆件、黄油雕刻件、鲜花水果或其他装饰常常使自助食品色彩缤纷、富丽堂皇。如果每天供应自助餐，消费者又是常客，必须经常改变菜单内容。由于自助餐厅提供的菜点范围很广，所以要变换花色品种是不难做到的。

自助餐形式的菜单多种多样，有的以美食广告的形式宣传促销，更多的是与自助餐台的布置装饰设计相结合，餐台以同样的规格和巧妙的布局标示菜点饮品，所以可以把自助餐形式的菜单看做一份“立体菜单”。确定自助餐销售价格要比其他餐饮形式更为困难，因为在其他餐饮形式中餐饮企业较能控制宾客的选择。我国旅游餐饮企业的自助餐菜单一般既有中菜点，又有西菜点，且菜点有冷有热，颇具特色。

常见的自助餐形式的菜单有：自助餐宴会菜单、冷餐会菜单、鸡尾酒会菜单、花园烧烤等户外自助餐餐饮活动的菜单。

（五）促销菜单

促销菜单广泛用于餐饮企业各类美食节和节假日餐饮推广活动的广告宣传和餐饮服务中，除具有一般菜单的共性外，还有自己独特的个性色彩，即使用时间的短暂性、主题内容的独特性、装帧设计的精美性、餐饮产品的促销性、菜单收集的纪念性和菜单功能的展示性等。

促销菜单的常见类型有：美食节菜单、主题庆祝活动菜单、外卖菜单、儿童菜单、名厨名菜名点回顾及创新菜推广活动菜单。

（六）客房送餐菜单

有些宾客由于某种原因不能或不愿到餐厅就餐，而要求在客房中用餐。为满足宾客这方面的要求，餐饮企业大都提供客房送餐服务，并制定了客房送餐菜单。客房送餐菜单常见的形式有门把手早餐菜单、客房送餐菜单、客房送餐饮料单等，后两种是饭店服务指南中的重要组成部分，一般通过电话预定。

客房送餐菜单可包罗万象，也可简单明了。各类菜的选料质量高，做工精细，价格略高于餐厅的菜价。

（七）团体包餐菜单

团体包餐菜单是根据旅行社或会议主办单位规定的用餐标准来制定的，因此在安排菜点时，既要让宾客吃得满意，又要保证餐饮部的利润。

团体包餐要注意以下问题：

(1) 根据订餐标准，制定团队标准菜单。团队标准菜单要根据不同地区、不同风俗习惯做到有针对性、多样性，能体现各地饮食特点，一菜一卡，明确规格、数量、质量，并配以彩色照片。

(2) 对不同的订餐标准要在用餐数量、质量以及上灶的厨师力量上区别对待，以保证质价相符。

(3) 中西餐结合，高低档菜配搭，避免正餐菜品雷同，做到天天不一样，餐餐不重复，多安排地方风味菜点。

(4) 形式与内容相结合，利用菜点的色、香、味、形等，既为宾客提供美味佳肴，又向宾客表达餐饮员工对宾客的欢迎之情。

(八) 酒水单

酒水单的类型和内容也是依据餐饮场所的功能和提供的服务项目设置的，其表现形式和菜单相似。

(1) 高级西餐厅、咖啡厅——餐前酒单、葡萄酒单、餐后甜酒单。

(2) 中餐厅——酒水饮料单。以中国酒品为主，以西洋酒为辅，蒸馏酒、酿造酒、软饮料等品种齐全。

(3) 酒吧、酒廊、娱乐中心等场所——酒水饮料单、鸡尾酒单、咖啡单、特饮单、冰淇淋单等，种类丰富多彩，酒品各具特色。

二、根据市场特点分类

(一) 固定菜单

固定菜单是餐饮企业为满足餐饮消费者对餐饮产品的日常消费需要而制定的一种在特定时间段内所列出的品种、价格等内容不发生变动的菜单。固定菜单必须具备两个基本特征：这种菜单是针对就餐者的日常消费需要而制定的；菜单上所列示的品种、价格在某一特定时间段内不应该发生变动。

固定菜单并不是绝对固定、一成不变的菜单，经营特色定势、客源市场定位、餐饮质量定规是固定菜单的核心内容。其菜品不管是传统的还是创新的，只要在餐饮企业长期经营的实践中受到广大宾客的好评，就会成为品牌，这就是通常所说的名店名厨名菜名点；而不适应餐饮市场需求的菜品，则会被市场淘汰，不再反映在菜单中。所以，反馈、评估、修订成为固定菜单确立过程中的一系列动态环节。

固定菜单的特点和优势在于：

(1) 其形式和使用必须经过反复的实践论证，使用周期具有相对的稳定性。

(2) 饭店、餐厅的优良传统，浓郁的饮食文化氛围和严格的畜产品质量监控系统是固定菜单实施的基础和保证。

(3) 促进餐饮生产、服务和管理的规范化、程序化、标准化，在此基础上形成独具特色的管理制度和模式。

固定菜单适合于拥有稳定客源市场的饭店、餐厅。在其实施过程中，也有明显的缺点和不足：

(1) 固定菜单过于强调理性消费，过于标榜餐厅菜品的传统、正宗，菜单上总是一副老面孔，缺乏新鲜感。而大多数消费者属于感性的一类，猎奇、求新的餐饮消费心理和菜单的固定性是一对矛盾。

(2) 固定菜单最大的缺点在于无法适应市场的突变，表现为其菜式品种不能随着季节的交替、原材料价格波动、市场需求变化等因素而调整，因而常常处于被动之中，难以适应餐饮市场的变化。

(3) 固定菜单的长期使用形成重复的机械操作，直接影响员工创新能力的发展，并进而导致餐饮质量的降低。

所以，在固定菜单实施的过程中必须处理好基本固定和灵活应变两者之间的关系，综合分析研究和评估各种菜式品种的获利能力和受欢迎程度，在继承本店传统精品的基础上，深入进行餐饮市场需求的调查，积极创新，以市场和宾客为中心，实施菜单工程。

（二）循环菜单

循环菜单是按一定天数、周数或月数的周期循环使用的菜单，适用于旅游饭店团体包餐、长住型商务客人以及公司单位员工的工作餐安排等。

循环菜单使用的周期长短不一，从数日到数月各不相同，其实施主要考虑到宾客预订的需求和饭店餐饮经营的需要（表 4-1）。一种形式是季节性菜单，以春、夏、秋、冬一年四季或季节的交替为循环周期，每一个季节周期里又会以典型的时令、节日为重点，并兼顾餐饮市场淡季和旺季生产、服务、销售的特点，在此前提下决定循环菜单使用的周期和更换的频率。另一种形式是针对团体和长期客户餐饮消费的循环菜单。此类循环菜单由一系列不同规格、标准的菜单组成，我们称之为 Menu Package。客户可以自由选择、合理组合，也可以由饭店销售人员根据客户的标准为客户拟定菜单，安排用餐。此类循环菜单使用周期较短，一般在数日之内。而对于长住的商务客人餐饮的安排，则更应注意常变常新，提高菜单循环的频率和效率。

和固定菜单相比，循环菜单使用的优势较为明显，它以市场变化为导向，以宾客需要为中心，具有餐饮经营的活力。但循环菜单的使用也增添了餐饮管理过程中的难度和复杂性，使用循环菜单一般比使用固定菜单需要投入更多的直接经营成本、劳动力成本、营销成本和管理费用，对饭店员工的技术、技能和管理水平提出了更高的要求。

表 4-1 循环菜单的使用

星期	一	二	三	四	五	六	日	一	二	三	四	五	六	日	……
日期	1	2	3	4	5	6	7	8	9	10	11	12	13	14	……
菜单	A	B	C	D	E	F	G	A	B	C	D	E	F	G	……

（三）即时性菜单

即时性菜单既不固定也不循环，是仅供限定的天数内或某一餐饮活动中使用的菜单，使用时间的即时性、短暂性是它的基本特征。即时性菜单的推出具有明确的目的性并受到使用范围的制约，它的表现形式一般为：美食节等餐饮促销活动菜单、每日精选菜单、宴会菜单、自助餐饮形式菜单。

使用即时性菜单可提高餐饮管理和营销人员的主观能动性，促进创新意识、成本意识、服务意识和销售意识的不断增强。实施即时性菜单，必须加强餐饮作业时效的计划、组织和管理，只有这样，即时性菜单的诉求才会有重点。

（四）综合性菜单

所谓综合性菜单，就是将固定性菜单、循环性菜单和即时性菜单依据饭店经营的宗旨和餐饮市场的需求，切合实际有机地结合在一起，共性和个性相结合，局部和整体相结合，形成完整的菜单工程体系，充分发挥菜单的作用。

三、根据就餐时间分类

不同的餐饮营业点，供餐时间不一样；即使是同一个餐饮营业点，依据每天的不同时间，其经营服务的内容也存在差异，不同时间使用的菜单也不尽相同。

（一）早餐菜单

早餐菜单分中、西式两种。外国旅游者希望吃西式早餐，本国人则希望吃中式早餐。早餐菜单突出一个“快”字，供应菜点的品种简单，便于烹制。

（二）午、晚菜单

午、晚餐是一天中主要的两餐，宾客要求吃得舒服一些，尤其对晚餐，无论是菜点品种还是餐厅服务，都要求具有高质量。这类菜单品种要多，并富有特色，以便客人选择。除固定菜肴外，每天应有一道特别菜更换，给客人一种不断更新之感。

（三）午、晚早餐（早中餐）菜单

随着夜生活的丰富，人们习惯于在周末早晨睡懒觉，待起床梳洗后赶到餐厅往往早已过了早餐服务时间。为了适应这些人的特别要求，餐厅开辟了晚早餐服务，供应菜点有别于正常早餐，但也有别于正常中餐。如有不少蛋禽类食品，饮料除一般果汁饮料外，还含有酒精饮料。

（四）宵夜菜单

宵夜菜单中餐厅使用得较为普遍。它主要为习惯于夜生活的人设计，使用时间通常是子夜前后。

四、根据服务方式分类

（一）点菜菜单

点菜菜单也叫零点菜单。针对流动性较大的客源市场，零点菜单常使用固定菜单，在相当一段时间内大部分菜品基本不变。零点菜单针对的顾客群较广，为兼顾客人的不同口味与层次需求，菜单品种较多，菜品价格高、中、低档搭配适度，尤其是正餐零点菜单，从而使顾客有充分的选择余地。每道菜品都标明价格，许多餐厅的零点菜单还将每道菜品按大、中、小份分别定价，让顾客有更大的选择余地。零点菜单反映餐厅经营特色与等级水平，突出主菜与特色菜。零点菜单主要包括：

(1) 中式早餐零点菜单：粥、面食点心、小菜、饮料。

(2) 西式早餐零点菜单：果汁与水果、面包与黄油、谷物、禽蛋菜肴、饮料。

(3) 中式正餐零点菜单：冷盘，江、河、海鲜，肉类，禽类，蔬菜类，主食，汤，饮料。

(4) 西式正餐零点菜单：前菜、汤、主菜与配菜、色拉、甜品、盘肠面包。

除此以外，酒水饮料点菜菜单在餐厅是最常见、使用最广的一种菜单形式。这种菜单分别标出价格，顾客可自由点菜，并按价付款。

点菜菜单的价格档次宽泛，能迎合不同层次的宾客的需求，适合于正餐厅、风味餐厅、咖啡餐厅等，不适合于餐饮企业团队用餐、自助餐厅，当然也不适合宴会和酒会服务之用。点菜菜单可分为早、午、晚餐菜单和客房送餐菜单等。

（二）套菜菜单

套菜菜单亦称定食菜单、公司菜单，其一次用餐的所有菜用一个固定的菜价格付款。

对于一个顾客来说，套菜菜单提供一次用餐的菜价格可能太贵了，热量也比宾客需要的要多，所以设计套菜菜单时，可适当减少菜肴及其饮料的成分。这样，虽然用一种价格标出，但由于分量少，价格低，顾客较满意。这种菜单的特点是经济实惠、品种大众化、组合简单、可以循环使用、适用特殊场合。

值得注意的是，中西式套菜菜单在价格形式上有细微的差别。西餐中每组菜点的价格由其中的主菜决定，即主菜的价格就是该组菜食的价格。西餐套菜菜单的售价通常列在各种主菜的后边。中餐套菜菜单的价格形式比较简单，一般多按餐饮规格及就餐人数而定。我国旅游餐饮企业的团体餐厅和陪同餐厅等使用的菜单皆属此类，只是有不少餐饮企业还未习惯将其制作成册。与西餐套菜菜单相比，使用中餐套菜菜单的宾客对菜式的选择余地较小；因为餐饮内容完全由餐厅组合，其中很可能有宾客不喜欢的菜式。

套菜菜单因菜肴和饮料内容组合固定、价格固定，顾客选择余地较小，不大容易使顾客满意，所以了解顾客爱好，合理地设计菜单更具有特殊意义。套菜菜单也分早、中、晚餐菜单。

西式早餐套菜菜单有两种：一种是欧洲大陆式，供应面包、黄油、果酱、咖啡加热奶、凉奶或水果汁。另一种是美国式，在欧洲大陆式早餐的基础上增加肉类食物和蛋类食品。西餐午、晚餐套菜菜单通常列有规定的菜肴，如头盘、面包黄油、汤菜、鱼、肉、色拉、甜品、咖啡等。

五、根据服务对象分类

餐饮企业在经营服务中，接待对象的档次、口味、身份、消费要求各异，餐厅应根据不同的接待对象，提供不同类型的菜单。

（一）快餐厅菜单

快餐厅的宾客普遍要求经济、实惠、快捷，有自我服务的习惯。这种菜单可采用固定放置的方法，放在餐台的玻璃板下，或挂在便于宾客看到的固定位置。

（二）家庭式餐厅菜单

家庭旅游虽有老年人、中年人、青少年等多层次不同需求，但也有一定的共同点——消费标准要求适中。因家庭成员的饮食需求有差异，他们选择菜肴的时间较长，许多家庭旅游单位在就餐时，手拿菜单却无从下手，你推我让。餐饮企业在制作菜单上应考虑到这些问题，可在菜单上开设家庭菜组专栏，并提供选择，用短小的文字引导顾客消费，也可采用一揽子收费服务。

（三）风味餐厅菜单

进入风味餐厅的宾客都有“一饱美食”的心理要求，他们品尝认真，喜欢谈论食品，并在品尝中获得享受和知识。因此在菜单中应该有热烈的餐景图片、独特的菜式介绍、有趣的文字说明，并在服务中穿插一些有趣的饮食小故事，尽可能地激发宾客的饮食兴趣，增进宾客食欲。

（四）帐篷式菜单

帐篷式菜单菜式可以多样、新奇，但要突出“一”字：一个特色菜、一组菜、一种饮料、一种水果等。其作用是引起宾客的特别注意，并加速推销某一种菜肴。

（五）奉送菜单

奉送菜单用于地方特色小食的餐厅。宾客入座后，每人发一张，宾客可根据自己偏爱的品种点用，用餐完毕后可把菜单带走。奉送菜单源于小食店，因为宾客有可能再次光顾消费，奉送给宾客的菜单，实质也是一张广告宣传单，能经常地引起宾客的回忆，并再次光临。

菜单的形式多种多样。如，根据菜别、餐别可以分为中式菜单、西式菜单和早餐菜单、早中餐菜单、午餐菜单、晚餐菜单、宵夜菜单等；根据用餐形式可以分为冷餐酒会菜单、自助餐菜单、宴会菜单、客房服务菜单、团体菜单等；根据菜单内容变化可分为点菜菜单、定食菜单、混合菜单等。此外，还有特种菜单，如旅行菜单（如航空菜单等）、特殊人群菜单（如儿童、病人、老人菜单、减肥食品菜单等）、结合零点和套菜菜单的长处的混合式菜单等。

第三节 菜单内容编排与设计

一、菜单的内容

从整体上看，一份完整的菜单，就专业的角度评价，应该有四个方面的内容。

（一）菜肴的名称和价格

菜肴的名称直接影响就餐者对菜肴品种的挑选。宾客对于那些从未用过的菜肴，往往会凭菜肴的品名去挑选，菜单上的品名会在就餐者的脑海里产生一种联想。消费者对某一餐厅是否满意，很大程度上取决于阅读了菜单之后对菜肴产生的期望值。更重要的是，餐厅提供的菜肴能否满足消费者的期望。

根据国际上通行的做法，菜单上菜肴的名称和价格必须具有真实性。这些真实性应该包括如下几个方面的因素：

1. 菜肴的名称必须真实可信

菜肴的名称应该好听，但更应该真实，不能太离奇。国际餐饮协会对就餐者进行调查发现，故弄玄虚而名称离奇的菜名、顾客不熟悉或名不副实的菜名不容易被顾客接受。以前曾流行过充满想象力、离奇古怪但华而不实的菜名，如广东、香港等地就十分流行起名时要“讨口彩”，讲究吉利的做法，就餐者拿着一份充满想象力的菜单，如坠入云雾之中，不知道这些菜名所指的真实含义。只有那些经过时代流传，约定俗成的传统菜、经典菜的菜名可以沿用世代相传的富有传奇色彩的菜肴的名称，如粤菜中的“龙虎斗”，川菜中的“麻婆豆腐”、“宫保鸡丁”，淮扬菜中的“炝虎尾”，闽菜中的“佛跳墙”等。向大众开放的餐厅，应该采用切合实际并为顾客所熟悉的菜名。当然，有些餐厅采用的独特菜名也有不少成功的例子，但这些名称刚刚进入市场时一般都配有一些辅助说明。

2. 菜肴的质量应该真实可靠

菜肴的质量真实可靠指原料的质量和价格要与菜单的介绍相一致。如菜肴说的是炸里脊肉，餐厅就不应该用其他的肉如猪腿肉来做此菜的原料；原料的产地也应该真实，菜单上说的是进口牛肉，就不应该用国产的来代替；菜肴的分量同样应该真实，菜单上注明的分量应该是多少，就应该足量供应，中餐中例盘的份额必须保证在通常的情况下，足够3～4个人食用；原料的新鲜程度也应该保证真实，如菜单上注明的是新鲜蔬菜，就不应该使用罐头或速冻食品来替代。

3. 菜肴的收费应该童叟无欺

菜肴的收费应该与实际供应的相符。有些餐饮企业加收服务费、特种行业的经营管理费、包间费、开瓶费等，必须在菜单上注明，若有价格变动要立即作出相应的处理。

4. 外文名字必须准确无误

菜单是餐厅管理服务质量的一种标志。如果西餐厅菜单的英文或法文名称搞错或拼写错误，说明西餐厅对西餐的烹调不熟悉或对质量控制不严；如果中餐厅菜单上的英文名称译错或书写错误，就会使得外国客人茫然不知所措。

5. 菜单上所列的产品应该保证供应

（二）菜肴的介绍

菜单是一种广告，它的任务是告示宾客餐厅能向他们提供的菜肴品种以及这些菜肴的价格。餐饮企业厨师应根据菜单品种进行原料准备和加工、生产菜肴。菜单应对某些产品进行介绍，这些介绍往往可以代替服务员站立向客人介绍这一环节，帮助顾客在斟酌之后下定决心挑选菜肴，并能减少顾客的选菜时间。菜单上应该有如下介绍内容：

（1）主要配料以及一些独特的浇汁和调料。有些调料要注明规格；有些采用“讨口彩”的方法起名的菜肴，应该说明其主料、辅料的确切名称。

（2）菜肴的烹调过程和服务方式。某些具有独特烹调和服务方式的菜肴应着重予以说明，而其他的普通加工和服务方式则不用介绍。

（3）菜肴的份额。许多菜肴要注上每份的量。西餐的分量要加注重量，如牛排重200克；中餐则应该标注是否是例盘、大盘等。

（4）菜肴的烹调等候时间。某些特殊菜肴，由于加工时间较长，应该在菜单上注明烹调等候的时间，以免销售者与消费者之间产生误会。

（5）重点促销的菜肴。菜单上的介绍要注意引导顾客去订那些餐厅希望重点促销的菜肴，因此要着重介绍高价菜、名牌菜、看家菜、滞销菜等。

（三）告示性信息

除了菜肴的名称、价格等这些菜单必不可少的核心内容以外，菜单还应该提供一些告示性信息。告示性信息必须十分简单明了，一般包括以下内容：

（1）餐饮企业及其餐厅的名称。通常在封面上。

（2）餐饮企业及其餐厅的特色和风味。如果餐厅具备某些特色风味而餐厅名字本身又反映不出来的，最好在菜单封面、餐厅的全名下列出其风味。

（3）餐饮企业及其餐厅的地址及位置。一般列在菜单的封底下方，有的菜单还列出餐厅在城市中的地理位置。

（4）餐饮企业及其餐厅的营业时间、电话号码等。在菜单的封面或封底列出。

（5）餐饮企业及其餐厅加收的费用。如果餐厅加收服务费，通常在菜单每一张内页的底部标明，如所有价目均加收15%的服务费。

除此以外，还有其他特殊信息，如特殊推销信息和财务信息。

（四）机构性信息

有些菜单上还介绍餐厅的历史背景和餐厅特点。许多餐厅需要推销自己的特点，而菜单是推销的最佳途径。例如肯德基刚刚进入中国市场时，其各分号的餐馆利用菜单介绍了这个国际集团的规模、历史背景、企业的发展历程以及其食物的烹调方式。

二、菜单内容的编排

（一）内容编排的总原则

菜单的内容一般按就餐顺序排列。顾客一般按照就餐顺序点菜，所以希望按照就餐顺序编排。这既符合人们正常的思维步骤，又能很快找到菜肴的类别，不至于漏掉某些菜肴。如西餐菜单的排列顺序一般是开胃品、汤、色拉、主菜、三明治、甜点、饮品；中餐的排列顺序则为冷菜、热炒、汤、主食、饮料等。

随着社会饮食文明的进一步发展，菜单的编排方式出现了多元化，有的按烹饪技法分类排列，有的按原材料类别排列，有的按价格档次排列。但是无论怎么排列，以下几个问题都是值得我们重视的：

(1) 必须突出招牌菜的地位。餐厅应该将自己最有特色、最拿手的几道菜品放在菜谱的首页，并用彩照和简练的文字予以着力的推荐。

(2) 菜单上的菜品一般为80～100道（包括小吃、凉菜），太多了反而不利于客人点菜，也不利于厨师的加工制作。如果是快餐厅，菜单上的菜品还会大大减少，因为快餐是在卖时间，品种复杂了肯定是快不起来的。

(3) 菜名既要做到艺术化，又应该通俗易懂。像“早生贵子”、“老少平安”、“年年有余”、“推纱望月”等菜名虽然艺术，但是很难让顾客明白其菜品的用料、制作方法和味道。因此，可以采取加注的办法使之明朗化。例如“推纱望月”，可以在其后面加上“竹荪烧鸽蛋”作为注释。

(4) 注意例份、大份、小份的标注。许多餐厅的菜谱都不太注意通过分量标准来满足不同数量食客的点菜需要，因此妨碍了经营。例如2～3个人到餐厅用餐，如果餐厅菜谱上的菜品全部是供10个人吃的例份，真是不知道怎么个点法。如果有了小份的安排，客人就能多点几个菜了。

（二）西餐菜单的表现形式以及主菜相应的位置

西餐菜单的表现形式通常有如下几种：单页式菜单、双页式菜单（对折式菜单）、三页式菜单（三折式菜单）、四页式菜单（四折式菜单）。

在西餐菜单中，主菜的地位举足轻重，分量很大，应该尽量排在显要的位置。根据人们的阅读习惯和餐饮同行们的经验总结，单页式菜单上主菜应列在菜单的中间位置；双页式菜单上的主菜应该放在右页的上半部分；三页式菜单中的主菜需安排在中页的中间；四页式菜单里主菜通常被放置在第二页和第三页上。具体安排见图4-1、4-2、4-3、4-4，各类菜单中阴影部分均为主菜的理想位置。

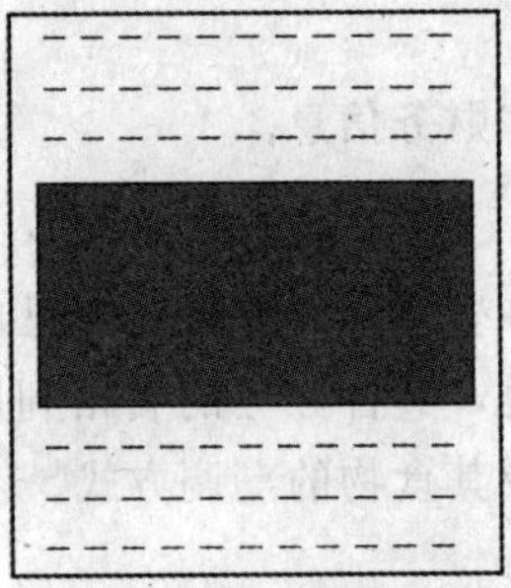

图 4-1　单页式菜单

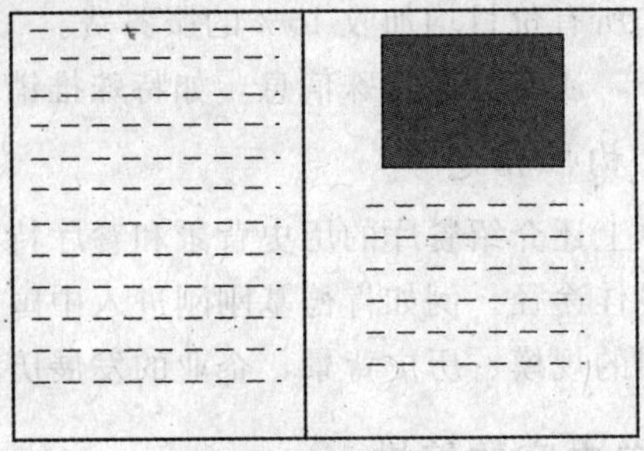

图 4-2　双页式菜单

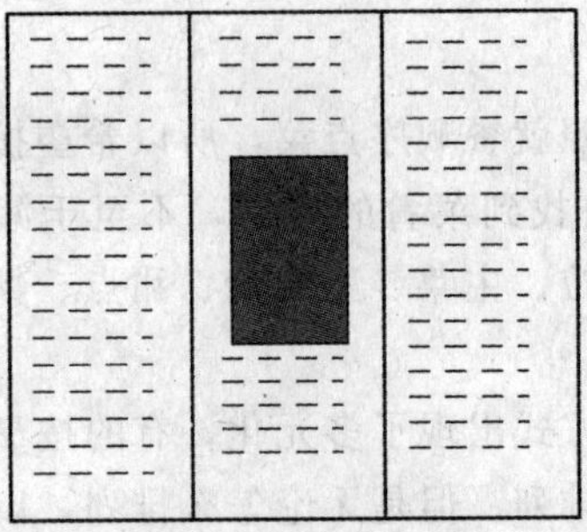

图 4-3　三页式菜单

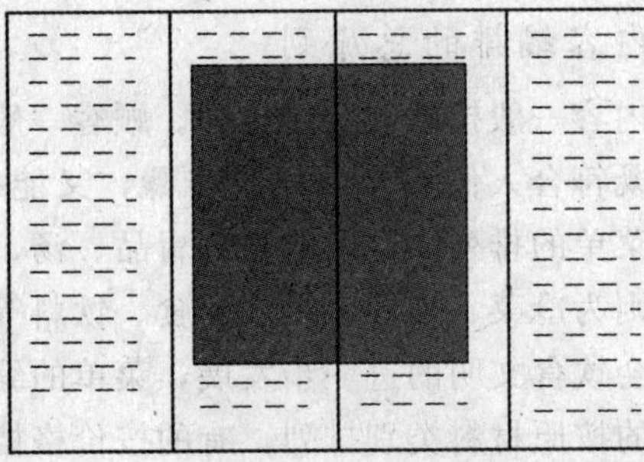

图 4-4　四页式菜单

（三）中餐菜单的表现形式

中餐菜单的创新改造起步较晚，目前还有不少专业人士对中餐菜单的表现形式加以关注。中餐菜单最常见的表现形式仍然停留在书面杂志上，一份中餐菜单形同一本薄薄的杂志，打开之后，菜名、菜价平铺直叙，无重点、无起伏，这就是中餐菜单需要改进的地方。

（四）重点促销菜肴的位置安排

重点促销菜肴可以是时令菜、特色菜、厨师拿手绝活菜，也可以是滞销、积压的原料经过精心加工包装之后制成的特别推荐菜。总之，是餐饮企业希望尽快介绍、推销给就餐者的菜肴。

既然是重点促销菜肴，就应该将这些菜肴安排在醒目的地方。促销菜肴在菜单上的位置对于此类菜肴的推销有很大的影响。要使推销效果明显，必须遵循两大原则：首部和尾部，也就是将重点促销菜肴放在菜单的开始处和结尾处。根据心理学上首因效应的原则，第一印象和最后印象的形成对人的态度和情绪起到了重要作用，故此菜单上这两个位置往往最能吸引人们阅读的注意力，并在人们的头脑中留下深刻的印象。据此，有些饭店就将赢利最大的菜肴放在客人第一眼和最后一眼注意到的地方。据统计，顾客几乎总是能注意到同类产品的第一个和最后一个菜肴。菜单上有些重点促销菜肴、名牌菜、高价菜和特色菜或套菜可以采用插页、夹页、台卡的形式单独进行推销。另外，不同表现形式的菜单，其重点推销的区域是不同的。

如用横线将单页菜单对分，菜单的上半部就是重点推销的区域，如图 4-5 所示。

双页菜单的右上角为重点推销的区域。该区域是以上边及右边的 3/4 作出一个三角形的部分，见图 4-6 所示。

图 4-5　重点推销菜肴位置安排

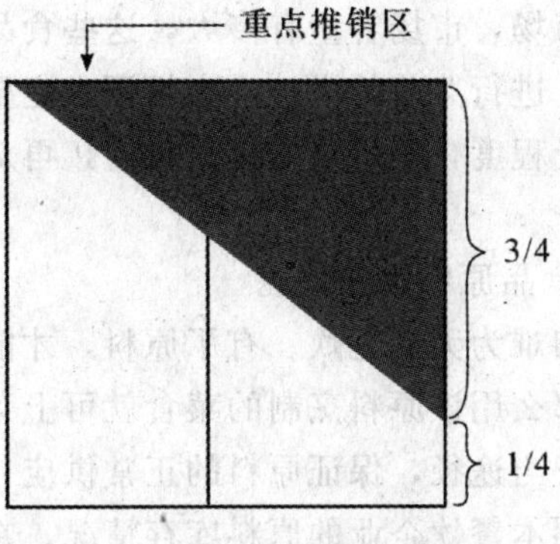

图 4-6　重点推销菜肴位置安排

三页式菜单对菜肴的推销很有利。使用三页菜单，人们首先注意正中的位置，然后移至右上角，接着移至左上角，再到左下角，最后又回到正中。对人们眼睛注意力研究的结果表明，人们对正中部分的注视程度是对全部菜单注视程度的 7 倍。因此，中页的中部应该放上餐厅最需要推销的菜肴。阅读三页式菜单的先后顺序如图 4-7 所示。

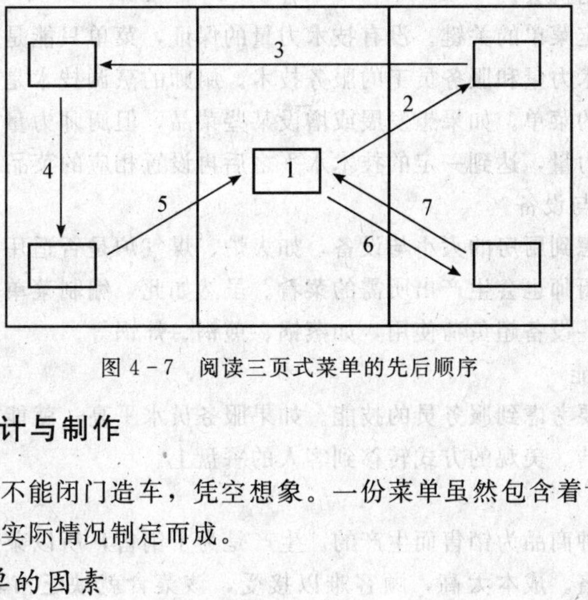

图 4-7　阅读三页式菜单的先后顺序

三、菜单的设计与制作

设计、筹划菜单不能闭门造车，凭空想象。一份菜单虽然包含着设计者的创造成分，但更多是依据餐厅的实际情况制定而成。

（一）影响菜单的因素

1. 地方特色

饮食是人们最基本的生活需要，同时也是民族的地方传统文化、风俗习惯及艺术的反映，这就是所谓的饮食文化。所以，菜单的设计要首先考虑地方特色。很多餐饮企业、餐厅就是靠这种地方特色吸引顾客。地方特色主要表现在菜食原料、烹调过程、色香味形、食用方式甚至餐厅环境等方面。此外，还要考虑不同餐厅的不同特色，如北京的餐厅要突出京菜特色，湖南餐厅要突出湘菜特色，法国餐厅要有法国特色等。

2. 市场需求和顾客爱好

开餐厅就是为了赚钱，而要赚钱，就必须要有顾客，你的产品必须要有市场，这样，你才有生意可做，才有钱可赚。

餐厅里的一切餐食都是为宾客而制作的。要让顾客喜爱、接受餐厅的餐食，就必须进行市场调研，制定出符合市场需求的菜单。市场调研的目的是了解市场，确定哪些菜点、食品有市场，市场容量有多大，这些食品的市场寿命周期如何，从而弄清楚各种餐食的市场情况，进行菜单的设计。市场调查主要要了解宾客对各大菜系的爱好情况，对本地特色菜的喜爱程度，对价格的接受程度，再对同行业的市场情报等进行分析，作为设计菜单的依据。

3. 食品原料供应情况

巧妇难为无米之炊。有了原料，才能烹制菜食。如果原料的数量能保证供应，价格也合理，那么用该原料烹制的菜食就可上菜单，否则就不能列入菜单。在原料供应上，要考虑通过正当途径，保证原料的正常供应；要考虑食品原料的季节性、储藏的难易程度；还要考虑到本餐饮企业的原料库存情况。在编制菜单时还要考虑到食品的时令性，应时的食品通常很丰富且质量高。在订购食品前先还要查看仓库是否有大量存货，以免浪费。

4. 厨师的技能与技术水平

编制菜单要考虑到厨师的技能。许多优秀厨师虽然受过培训能烹调出多种菜肴，但若烹调较高级的外国菜，却不知所措。另一方面，对受过良好培训、烹饪技能较高的厨师，应给他们表现技能的机会。

技术水平是制定菜单的关键。没有技术力量的保证，菜单只能是空中楼阁。技术力量包括厨师的烹调技术力量和服务员工的服务技术。厨师的烹调技术是主要的，有什么样的厨师，就有什么样的菜单。如果想发展或增设某些菜品，但厨师力量又不够，那么要先培养厨师。有了技术力量，达到一定的技术水平之后再设置相应的菜品。

5. 厨房的大小与设备

编制菜单要考虑到厨房的大小与设备，如火炉、煤气炉是否适用。在厨房设备短缺的情况下，一名好的厨师也会生产出所需的菜肴。虽然如此，编制菜单者应考虑烹调设备的承受能力，以免某些设备超负荷使用，如蒸锅、煎锅、炸锅等。

6. 服务员的技能

在编制菜单时要考虑到服务员的技能。如果服务员水平高，就能确保把菜肴正确地呈现给客人，并以整洁、美观的方式转移到客人的餐盘上。

7. 成本与价格

菜食是作为一种商品为销售而生产的。生产是为了销售，所以菜食的产与销都要考虑到菜食的成本与价格。成本太高，顾客难以接受，该菜食就缺乏市场，餐厅就会门可罗雀；如果压低价格，就会影响毛利，甚至会亏本。因此，制定菜单，必须考虑成本与价格这两个因素。从成本角度来说，虽然在食品制作时，已确定了标准的成本率，但并不是每道菜都符合标准成本率。因为对于有些高成本的菜肴，不能一味提高其价格来获取毛利率。所以，在制定菜单时，既要注意一道菜中高低成本的原料搭配，也要注意在一张菜单中高低成本菜肴的搭配，以便制定有利于竞争和市场推销的价格，并保证在总体上达到规定的毛利率。

8. 花色品种与季节的因素

由于天气变化的原因，某些菜人们喜爱在天热时吃，在天气冷时吃则不习惯，反之亦然。在编制菜单时要考虑到食品的时令，时令菜一般供应充足、质量好、价格合理，应体现在菜单上；要考虑到一年中某一节日或某一段时间的特别菜肴，例如螃蟹、粽子等。

一张菜单的设计，要注意各类花色品种的调配，既要保持传统风味、地方特色，又要不断研制新花色、新品种，在食品的色彩、形状、香味等方面下工夫，增加食品的吸引力。同时也要考虑季节因素，配合上市的时鲜菜，安排适合时令的菜肴。

（二）菜单的设计和制作原则

因为菜单对餐厅的经营管理具有重要的意义和作用，所以餐厅在设计和制定菜单时不能马虎了事，而应精心设计，制作出一份精美、科学合理的菜单。菜单的设计和制作原则主要有六点。

1. 以顾客需求为导向

餐厅要以顾客需求为导向，顾客喜欢吃什么菜，吃什么档次的菜必须清楚，因为满足顾客需求是餐厅经营制胜的法宝。所以，菜单设计也必须体现顾客的需求，顾客的需求不同，菜单的设计是完全不同的。

2. 体现出自己的特色

餐厅首先要根据自己的经营方针来决定提供什么样的菜单。菜单设计要尽量选择反映本店特色的菜肴列于其上，进行重点推销。即使大众化的餐厅，往往也有几道拿手菜、看家菜。因为如果你没有几道稳得住、立得牢的看家菜，便很难吸引老主顾、新客源。因此，设计菜单一定要突出自己的特色，突出自己的“拿手好菜”和“拳头产品”，把它们放在菜单的醒目位置，单列介绍。只有体现了自己的特色，才能给顾客留下深刻的印象。

3. 不断创新以适应新形势

变是世间万物存在的根本，循规蹈矩只会走向失败。社会不断发展，顾客的口味和餐饮的形势也在不断变化，所以菜单也要推陈出新。在设计菜单时要考虑菜式的营养成分及各菜式之间的数量比例，讲究饮食的科学；最好是一个季度或半年更换一次，以吸引顾客。菜单长期不换，会影响菜肴的正常供应，因为有些原料受季节的影响，季节过后，会出现菜单上有菜，而实际上无货供应的局面，从而影响餐厅的信誉；长期不换菜单也不利于厨师烹调技艺的提高。菜单变更除了考虑季节因素以外，还要注意顾客饮食习惯的变化，例如在营养、健康和健美等方面的要求。

4. 形式美观大方

菜单不仅是餐厅的宣传工具，也是艺术品，所以菜单的式样、大小、颜色、字体、纸质、版面安排需要与餐厅的等级和气氛相协调，与餐厅的陈设、布置、餐具、服务人员的服装相适应。大众化的餐厅尽管无须装饰精美的菜单，但美观大方的菜单对增加菜品的销售是有帮助的。除此以外，设计菜单时还要考虑菜单与酒水的丰富多彩，并与餐饮企业、餐厅的经营特色相符。

5. 能创造经济效益

餐厅经营的最终目的是赚钱赢利，所以设计菜单时不仅要考虑到菜品的销售情况，更要考虑其赢利能力。如果菜的价格过高，顾客可能接受不了；如果菜的价格过低，又会影响毛利，甚至可能出现亏损。因此，设计菜单时，应考虑菜式的成本率和获利能力，分析菜式可能的销售量和对同一菜单上其他菜式的影响；考虑同一或相近菜式的价格、服务方式的市场竞争能力；考虑菜单的装帧、文字、菜单程序编排等因素，是否有益于菜式与酒水的销售，并成为餐饮企业与餐厅的宣传媒介；应适当降低高成本菜的毛利而提高低成本菜的毛利，以保证在总体上达到规定的毛利率。

6. 量力而行，确有把握

以自己的能力为依据设计菜单，才能确保其发挥最佳的效用。所以，菜单设计者应对餐厅的生产能力做到心中有数，且具备过硬的生产服务技艺，保证所选择的菜品质量能达到预期的效果。这就要求在策划菜品时应考虑各菜式间的比例是否有利于厨房的设施设备与人力的利用与分工，考虑厨房生产人员的技术水平，考虑菜式食品原料供应情况，分析菜式的季节性特征，根据市场供求关系、运输与贮藏条件等选择合适的菜式；同时要配有生产许多菜品的专用设备。

总之，在设计菜单时，要综合考虑上述几项原则和依据，只有如此，才能制定出较为科学合理的菜单。而且对于新制定的菜单，餐厅还必须对其进行测试，经过分析完善后正式投入使用。

四、菜单设计、制作以及使用中常见的问题

我国一些餐饮企业在菜单制作设计上往往存在不同的问题。我们或许都有这样的经验：进入一家著名的餐饮企业，在高级装潢的围绕下，却看到服务员送上来破旧不堪、支离破碎的菜单，或者是菜单毫无特色，于是立刻食欲大减，消费的兴致全无。我国餐饮企业在菜单设计制作方面易出现的问题归纳起来有以下几点：

（一）菜单内容与形式方面的问题

1. 制作材料选择不当，造成菜单的永续性与可读性差

纸张是制作菜单的主要原料，有的餐饮企业选用不当的纸品制作菜单会造成各种问题，如不易保存，易破损，刻印、压塑成本过高等。有的餐厅为了节省成本，就采用各色簿册制品，其中有文件夹、讲义夹，也有用信邮册和影集本来充当菜单的，而不是专门设计的菜单。这样的菜单不但不能起到点缀餐厅环境、烘托餐厅气氛的效果，反而与餐厅的风格格格不入，显得不伦不类。也有的企业为了设计精美菜单不惜血本，造成资金浪费。选择哪种纸张并配以合适的色彩制作菜单，能做到既精美又适用，既耐用又可读，已经成为菜单设计制作工作中的基本问题之一。

2. 菜单版面内容乏味

这是我国餐饮企业菜单普遍存在的一个问题。大部分菜单的内容仅仅是菜名和价格的罗列，平淡无味，缺乏菜品的图片、制作方法及用料的介绍。这样的菜单增加了阅读的难度，也不利于客人对菜品的了解，无论于经营者还是消费者都是没有益处的，大大损害了餐厅在消费者心目中的形象。

3. 规格和装帧不当

很多小餐厅的菜单正文都是以 16 开普通纸张制作的，这个尺寸无疑过小，造成菜单上菜肴名称等内容排列过于紧密，主次难分；有的菜单甚至只有练习本大小，但竟有几十页，无异于一本小杂志。绝大部分菜单纸张单薄，印刷质量差，无插图，无色彩，加上保管使用不善，显得极其简陋，肮脏不堪。

4. 字体选择不当

不少菜单是打字油印本，即使是铅印本，也大都使用 1 号铅字。坐在餐厅不甚明亮的灯光下，阅读 3 毫米大小的铅字菜单，其感觉会很不轻松，况且油印本的字迹容易被擦得模糊不清。同时，大多数菜单字体单一，忽视了使用不同大小、不同字体等手法来突出、

宣传重要菜肴。

5. 随意涂改菜单价格

随意涂改菜单是菜单使用中最常见的弊端之一。涂改的方法主要有：用钢笔、圆珠笔直接涂改菜品、价格及其他信息，或用电脑打印纸、胶布遮贴。菜单上被涂改最多的部分是价格。所有这些，使菜单显得极不严肃，很不雅观，引起顾客的极大反感。

许多中小餐厅的菜单除了有上述常见问题外，有时还会出现文字介绍过于简单、菜单与菜品不符、人为省略或粗心遗漏某些信息等问题。这些对餐厅的经营都带来了不大不小的影响，所以餐厅的管理者或经营者一定要注意对其查缺补漏，避免上述问题的出现，使菜单的设计和制作做到尽善尽美。

菜品的成本和需求发生变化必然导致菜品价格的变化，在这种情况下，大多数餐饮企业不愿选择重新制作菜单，因为很多经营者认为这样做无论是在成本上还是时间上都是得不偿失的，他们通常的做法是在菜单原有的价格上进行涂改。这个时候，菜单就成为了“有瑕疵的玉”。在服务行业中“100－1＝0”是广为人知的，涂改的价格在这里不可避免地成为了那个1，因为明显的更改痕迹让客人产生了不信任感。如果说菜单的字体和大小使用不当会有碍美观，那么随意在菜单上涂改价格就是服务不周了。

6. 缺少描述性的说明

每一位厨师长或餐饮经理都能把菜单菜肴的配料、烹调方法、风味特点、有关菜肴的掌故和传说讲得头头是道，然而一旦用菜单介绍时就大为逊色。尤其是中餐中的那些传统经典菜和创新菜，不少菜名虽然雅致形象、引人入胜，但绝大多数就餐者却很少知道其由来，更不用说来自异国他乡的国际旅游者。即使许多菜单附有英译菜名，但缺乏描述性的说明，外国游客在点菜的时候仍然觉得不便。

7. 不应该的省略和遗漏

有些菜单居然未列价格，读来就像一本汉英对照的菜肴名称集；有的菜单未把应列的菜肴印上，而代之以“请询问餐厅服务员”。

还有许多菜单上没有注明饭店地址、电话号码、餐厅营业时间、餐厅经营特色、服务项目、预订方法等内容。显而易见，为了使菜单更好地发挥宣传广告的作用，许多重要的信息是不能省略和遗漏的。

8. 菜单“形象”与餐厅风格不相适应

菜单体现着餐厅的风格，也影响着餐厅的风格，它应与整个餐厅的气氛、特色相辅相成。不能突显餐厅主题的菜单，打破了整个餐厅和谐的美感，无法起到锦上添花的作用。

9. 菜单“徒有虚名”并缺乏个性

有些餐厅的管理人员认为自己餐厅能制作的菜品应该全部列在菜单上，多给客人选择的余地，但是由于许多菜品的原料因为季节、价格等多种因素不能保证供应，致使客人点菜时许多菜品无货，显得菜单不可靠、不严肃，给客人留下不好的印象，损害了餐厅的整体形象。有一点更加值得注意，那就是大部分餐厅菜单个性缺失，给人以“千佛一面”的感觉。

（二）菜单执行方面的问题

(1) 涂改菜单。

(2) 口头推销过多或过少。

(3) 菜品份额与价格不符。

（4）菜单更换频繁。

（5）菜单肮脏破旧。

（6）无特色菜品或品牌菜品。

虽然大部分餐厅的经营者或管理者都花费了很大心思和精力去设计菜单，但还是有很多餐厅的菜单不尽如人意，以至于出现这样那样的问题，给餐厅经营造成很大的影响。

第四节　菜单的管理

一、菜单筹划管理

（一）菜单筹划的基本原则

传统上，一些饭店和餐厅在筹划菜单时，都尽量扩大营业范围，以吸引各种类型的顾客。而在现代的餐饮经营中，为了避免食品和劳力成本的浪费及降低经营管理费用，管理人员改变了过去的筹划原则，而把菜单的内容限制在一定的范围内，这样可最大限度地满足本企业的目标客人。现代中西餐与传统的菜肴相比，已经有了很大变化。现代菜肴口味正朝着清淡、制作程序简化、富有营养的方向发展。多年来，厨师们挖掘了传统菜肴的优势，学习了其他地区的特色，结合了现代人的饮食习惯，创作出许多优秀的现代中西菜肴。菜单筹划已经成为显示厨师才华的重要领域。筹划菜单是一项既复杂又细致的工作，它对餐饮产品的推销起着关键作用。因此，菜单筹划人员在菜单筹划前，一定要了解目标顾客的需求，了解饭店的设备和技术情况，设计出更容易被顾客接受而又能为企业获得理想利润的菜单。综上所述，我们可以总结出菜单筹划的三大原则：

（1）菜单中的菜肴必须适应市场需求。

（2）菜单必须反映饭店与餐厅的形象和特色。

（3）菜单必须为企业带来最佳经济效益。

（二）菜单筹划的步骤

为了保证菜单筹划的质量，菜单筹划人员应当制定一个合理的筹划计划和筹划步骤，并且严格按照筹划计划和步骤筹划菜单。通常，菜单的筹划步骤包括以下内容：

（1）明确饭店和餐厅的经营策略和经营方针。

（2）明确餐厅经营方式，是零点、套餐还是自助餐。

（3）明确菜肴的品种、数量、质量标准及风味特点。

（4）明确食品原料的品种和规格，是否使用半成品原料或方便型原料。

（5）明确菜肴的生产设施、生产设备和生产时间要求。

（6）掌握食品原料和燃料的价格及一切经营费用，计算出菜肴的成本。

（7）根据市场需求、企业的经营策略、食品原料和设施情况、菜肴的成本以及顾客对价格的承受能力设计菜单。

（8）依照菜肴的销售记录、食品成本及企业获得的利润对菜单进行评估和改进。

（9）征求顾客和职工对菜单的意见。

（三）菜单筹划的内容

菜单筹划的内容常常包括菜肴品种的筹划、菜肴名称的筹划、菜肴中的食品原料结构的筹划、菜肴味道的筹划、菜肴价格的筹划等。一份优秀的菜单，它的菜肴品种是紧跟市场需求的，它的菜肴名称是人们喜爱的，菜肴中的原料结构是符合人们对营养成分的需求的，菜肴的味道是有特色并容易被人们接受的，菜肴的价格是符合餐厅特色且符合目标顾客的消费水平的。综上所述，菜单的内容必须包括：餐厅的名称、菜肴的种类、菜肴的名称、菜肴的解释、菜肴的价格、服务的费用、饭店的名称、其他经营信息。

（四）菜单筹划者及其任职条件

通常，餐厅的菜单筹划工作由总厨师长担任，也可以由餐厅经理或有菜单筹划能力的厨师担任。但是，无论谁负责筹划菜单，他都应具备以下条件：

（1）具备广泛的中西餐食品原料知识，熟悉原料的品种、规格、品质、出产地、上市季节及其价格等。

（2）有深厚的中西餐烹调知识和较长的工作经历，熟悉中菜和西菜制作的各种方法、时间和需用的设备，掌握中西菜的色、香、味、形、质地、质量、规格、装饰、包装（使用的餐具）和营养成分。

（3）了解本饭店和餐厅的生产与服务设施、工作人员的业务水平。

（4）了解顾客需求、中西菜发展的趋势，善于结合传统菜肴的优点和现代餐饮习惯，有创新意识和构思技巧。

（5）有一定的美学和艺术修养，善于调配菜肴的颜色，善于菜肴的造型。

（6）善于沟通和集体工作，虚心听取有关人员的建议，具备筹划有竞争力的菜单的能力。

二、选择菜肴

（一）菜肴选择的原则

选择菜肴，就是将那些顾客喜欢的同时又能使餐饮企业获得利润的菜肴经过筛选，呈现在餐厅的菜单上。菜肴的选择相当重要，一般应遵循以下几条原则：

1. 菜肴要有独特性

现在的餐厅若能创造出其他餐厅没有或赶不上的某类或某个菜品、某种烹调方法、某种服务等，就能大大突出餐厅的形象，使人们提起某种菜就会想到此家餐厅。当然，做到这一点需要餐厅的全体工作人员共同努力，切忌创造的新菜式缺乏应有的美感，不能增加人的食欲。

无论菜单上的菜色设计得多么有特色，都千万不能忽略了菜肴的创造者——厨师。在设计菜式时要考虑到厨师的烹调技术和特长，要尽量选择厨师所擅长的那类菜，避免出现厨师根本没操作过的菜式，这样的选择对餐厅的声誉有着至关重要的意义。

2. 菜肴种类要平衡

为满足不同口味的顾客的需求，菜单所选的品种不能太窄。选择菜品时要考虑以下因素：

（1）每类菜品的价格要平衡。因为顾客的消费水平不同，每类菜的价格应尽量在一定范围内有高、中、低的搭配。

（2）原料搭配要平衡。每类菜的原料不同，每个顾客的口味不同，有的顾客不吃肉，有的顾客不吃鸡蛋，而原料搭配好就可使更多的顾客选择自己喜欢的品种。

（3）烹调方法要平衡。各类菜的烹调方法不同，如炸、炒、煮、蒸、炖。成品的质地要生、老、嫩、脆搭配，口味要咸、甜、清淡、辛辣搭配。

（4）营养要平衡。

3. 选择毛利较大的品种

餐厅经营者最关心的还是自己的成本和利润，没有哪一个经营者愿意辛辛苦苦之后无利可图。有些菜式虽然出售的价格高，但除去其成本后所得利润并不可观；而有些价格低廉的菜品，因成本较低，除去成本后的毛利还可能比高价销售的菜品要大。由此可见，在选择菜式时，不能只看到眼前出售的高价，而要从成本的角度来分析利润的高低；对于那些毛利大的品种要多选一些，适当地舍弃那些毛利小的菜式，使各种菜式互相弥补，使利润最大化。

4. 品种不宜过多

菜单上的菜式过多，对餐厅和顾客都会形成障碍。菜式过多，客人拿到菜单点菜时，对形形色色的菜肴都得一一过目。因为品种多，客人点菜时就显得困难和犹豫不决，这样既占用了厨师做菜的时间，又因占据了座位而降低了座位的周转率，影响餐厅的收入。品种过多还会增加采购和贮藏成本，餐厅也无法把握各种菜品每天的销售量，有可能在某种菜价贵的时候采购了它，而放了几天还没客人来消费。在贮藏方面，又得花费大量的资金来保鲜，这样既占用了贮藏空间，还会给厨师的操作带来麻烦。

5. 与整体经营相协调

餐厅的装潢环境反映了餐厅的消费水准，在一定程度上也是餐厅的“隐形价值”。一家大型的餐厅和一家小快餐厅的消费水平肯定是有区别的。如果一家装潢简陋质朴的餐厅专提供高档的菜肴给顾客，顾客就会既觉得享受不到舒适的用餐环境，又觉得价格不值。同理，如果一家设计美观、豪华的餐厅里提供的菜式只是一些毫无特色的普通菜，顾客也会觉得亏，对餐厅大失所望。所以，选择菜式不是越精致越好，菜式的档次和价格要与整体经营风格一致。

6. 迎合顾客的需求

顾客是检验餐厅是否成功的关键。因此，餐厅的经营宗旨就是要竭力迎合不同顾客的需求。每一家餐厅都必须在经营过程中分析来餐厅的客人中具有代表性的那一类，因为这一类客人的特征，可以让餐厅经营者看到一个目标消费群体，这也就等于在作一种市场调查。餐厅所做的菜肴要深受客人的喜爱，就要了解这一类客人对各大菜系的偏爱、他们的收入及他们的消费档次和消费习惯。

（二）掌握菜肴的销售趋势

一份好的菜单应能适应菜肴销售的发展趋势。在选择菜肴时，应密切注意有关菜肴的销售状况，阅读各种有关餐饮的专业杂志和报刊。同时，还要定期访问各类餐饮同行，通过亲自品尝，了解他们的经营品种、烹饪特色和销售、服务状况，了解哪些菜尤其受顾客欢迎，哪些菜销售不佳、问津者无几，从而修订或制定自己餐厅的菜单，并使经营使用的菜单能反映以下特点：

（1）当时菜肴流行、发展的潮流。

（2）中国国内销量最大的菜系。

（3）当地人最喜欢的菜肴品种。

（4）一定数量的西餐菜肴（适用于低星级的涉外饭店餐厅）。

餐厅的菜单不能一成不变，必须定期进行销售动态的调查、研究，并辅之以菜单分析，确定本餐厅各种菜肴的销售情况。

（三）菜肴销售状况的定量分析

菜肴销售状况的定量分析是菜肴选择的一项十分重要的工作。菜肴销售状况的定量分析就是对菜单上各种菜肴的销售情况进行调查，分析哪些菜肴最受顾客欢迎，用顾客欢迎指数表示；分析哪些菜肴赢利最大，用销售额指数表示。

菜肴销售状况定量分析的第一步就是对分析对象——菜肴进行分类。菜单一般分几类列出菜肴，各类菜肴间内部会相互竞争。例如人们点了“铁板牛肉”，一般就不会再点“青椒牛肉片”；点了“白菜豆腐汤”，就不会再点“新鲜蔬菜汤”。这表明，在同类菜肴中，一道菜的畅销会夺取其他菜的销售额。所以在分析时，先要将菜单的菜肴按不同类别划分，对相互竞争的同类菜肴进行分析。

例如，某中餐厅菜单上的鱼类品种共有五个，某统计期各菜的销售份数、顾客欢迎指数和销售额指数如表 4-2 所示。

表 4-2　**菜肴销售状况定量分析**

菜名	销售份数	销售数百分比	顾客欢迎指数	价格（元）	销售额	销售额百分比	销售额指数	评论
红烧鲜鱼	300	30%	1.5	18	5400	14.3%	0.7	畅销；低利润
豆豉鳕鱼	200	20%	1	48	9600	25.4%	1.3	畅销，高利润
港式总统鱼	80	8%	0.4	58	4640	12.3%	0.6	不畅销，低利润
蒸鳟鱼	160	16%	0.8	68	10880	28.8%	1.4	不畅销，高利润
葱油尼罗鱼	260	16%	1.3	28	7280	19.2%	1	畅销，高利润
总计/平均值	1000	20%	1	——	37800	20%	1	——

菜肴销售状况定量分析的原始数据来自菜单，汇总账单以及各种菜的销售份数和价格，便可算出顾客欢迎指数和销售额指数。由于电脑的普及，这些统计与计算工作均由电脑处理，既准确又快捷。

顾客欢迎指数表示顾客对某种菜的喜欢程度，以顾客对该菜购买的相对数量表示。顾客欢迎指数的计算公式如下：

$$顾客欢迎指数=\frac{某种菜销售百分比}{各菜应售百分比}$$

各菜应售百分比的计算公式为：

$$各菜应售百分比=\frac{100\%}{被分析项目数}$$

在上表中，红烧鲜鱼的销售数百分比为 30%，共有 5 个鱼类菜肴，因此红烧鲜鱼的顾客欢迎指数为：

$$\frac{30\%}{100\% \div 5}=1.5$$

仅仅分析菜肴的顾客欢迎指数还不够，还要进行菜肴的赢利分析。我们将价格高销售额指数大的菜肴作为高利润的菜肴，销售额指数的计算公式如下：

$$销售额指数=\frac{某种菜肴销售额百分比}{各菜应售百分比}$$

表 4－2 中，红烧鲜鱼的销售数百分比为 14.3%，其销售额指数为：

$$\frac{14.3\%}{100\% \div 5}\approx 0.7$$

不管分析的菜肴项目有多少，任何一类菜的顾客欢迎指数和销售额指数的平均值总是 1，顾客欢迎指数超过 1 的菜一定是顾客欢迎的菜，超过越多，表示越受欢迎。因而，顾客欢迎指数较菜肴销售数百分比更科学、更直观。菜肴销售数百分比只能比较同类菜肴的受欢迎程度，但与其他类的菜肴比较时，或当菜肴分析项目数发生变化时，就难以比较。而顾客欢迎指数却不受其影响。同理，销售额指数超过 1 的菜一定是销售额、利润状况良好的菜，超过越多，销售额与利润状况越佳。

根据对顾客欢迎指数和销售额指数的计算分析，我们可以将被分析的菜肴划分成 *n* 类，并根据不同的状况，制定出相应的政策。我们用表 4－3 表示这种对应关系。

表 4－3　　菜肴定量分析对策表

菜名	销售特点	相应的产品政策
红烧鲜鱼	畅销，低利润	作为诱饵或取消
豆豉鳕鱼	畅销，高利润	保留
港式总统鱼	不畅销，低利润	取消
蒸鳟鱼	不畅销，高利润	吸引高档客人或取消
葱油尼罗鱼	畅销，高利润	保留

畅销、高利润菜既受顾客欢迎又有赢利，在调整菜单时，理应保留。

不畅销、低利润的菜一般应取消，但有的菜如果顾客欢迎指数和销售额指数都不是很低，接近 0.7 左右，又是原料平衡、营养平衡、价格平衡方面所需要的，仍应保留。

畅销、低利润菜一般可用于薄利多销的低档餐厅中，如果价格和赢利不是太低而顾客又较欢迎，可以保留，使之起到吸引顾客到餐厅来就餐的诱饵作用。餐饮消费是一种典型的组合消费，就餐者一般至少点上三个或三个以上的菜肴就餐，所以虽然低利润的畅销菜有时会赔一点，但就整体而言，它能带动其他菜的销售。但有时赢利很低而又十分畅销的菜，也可能会转移消费者的注意力，挤掉那些赢利大的菜肴的生意。如果这些菜肴已明显地影响赢利高的菜肴的销售，那么就应果断地取消这些菜肴。

不畅销、高利润的菜肴，可以用来迎合一些愿意支付高价的客人。高价菜毛利额大，如果不是极不畅销仍可以保留。但如果销量太小，会使菜单失去吸引力，因而，长时期销量一直很小的菜就应予以取消。

三、菜单的定价及策略

菜单定价指制定菜单中的各个菜肴价格的过程。菜单的定价是菜单设计的重要环节，价格是否适当，往往影响市场的需求变化，影响整个餐厅的竞争地位和能力。菜单的价格不论对于顾客选择餐厅和饭店，还是对饭店和餐厅的经营效果都是十分重要的。菜单价格过高，顾客不接受，不能为企业带来利润；菜单价格过低，饭店、餐饮企业得不到应有的利润，造成企业亏损。因此，餐饮管理人员一定要重视菜单的定价。

（一）定价原则

制定菜单的价格要遵循一定的原则，否则，该菜单会起不到营销作用而造成企业亏损。菜单的定价工作常常遵循以下原则：

1. 价格反映产品的价值

菜单上食品、饮料的价格是以其价值为主要依据制定的。其价值包括三部分：一是饮食原材料消耗的价值，生产设备、服务设施和家具用品等耗费的价值；二是以工资、奖金等形式支付给劳动者的报酬；三是以利润和税金的形式向企业和国家提供的积累。

菜单中的任何一个菜肴的价格都应当依照它的食品成本为中心制定，高价格的菜肴必须能够反映它高规格的食品原料，反映出它精细的制作工艺，反映出它的高食品成本，否则，该菜单将不会取得顾客信任。某些高星级饭店的菜单价格参照了声望定价法或心理定价法，将菜单的价格随意上调，而忽视或偏离食品的成本，使菜单失去它应有的营销作用。

2. 菜单价格应突出餐厅的级别

菜单价格必须突出餐厅的级别。一般的中餐厅和咖啡厅属于大众餐厅，菜单的价格也必须是大众可以接受的，否则，没有任何意义。扒房和风味中餐厅属于高级餐厅或传统餐厅，其菜肴都是经过精心制作的，其原料的质量要求也较高，这些餐厅的菜单价格可以高一些，这样，顾客更乐于接受。

3. 价格必须适应市场需求

菜单定价不仅要能反映产品的价值，还应反映供求关系。档次高的餐厅，其定价可适当高些，因为该餐厅不仅满足客人对饮食的需要，还给客人一种饮食之外的舒适感。旺季时，价格可比平、淡季略高一些，牌子老、声誉好的餐厅的价格自然比一般餐厅要高。但价格的制定必须适应市场的需求能力，价格不合理，定得过高，超过了消费者的承受能力，或“价非所值”，必然会引起客人的不满意，减少消费量。菜单的价格除了以食品成本为主导以外，还要考虑市场对价格的接受能力。某些四星级和五星级饭店中的扒房经营不善，其原因不仅因为中国顾客不习惯吃西餐，更重要的是扒房菜单的价格很难被中国顾客接受。经过调查，许多光临过这些饭店的顾客认为这些饭店的扒房的菜肴的价格严重脱离了市场。

4. 制定价格既要相对灵活，又要相对稳定

菜单定价应根据供求关系的变化而采用适当的灵活价，如优惠价、季节价、浮动价等，根据市场需求的变化有升有降，调节市场需求以增加销售，提高经济效益。但是菜单价格过于频繁地变动，会给潜在的消费者带来心理上的压力和不稳定感，甚至挫伤消费者的购买积极性。因此，菜单定价要有相对的稳定性。这并不是说在三五年内冻结价格，而是菜单价格不宜变化太频繁，更不能随意调价。有时，食品原料的价格上调，菜单价格当然也应当上调，但是，根据对顾客的调查和有经验的餐饮经营人士的建议，菜肴价格上调的幅度最好不要超过10%。同时，应当尽力控制人力成本和其他经营费用，尽量不上调或

少上调菜肴的价格，保持菜单价格的稳定性。降低质量的低价出售以维持销量的方法亦是不足取的。只要保持菜点的高质量并适销对路，其价格自然能得到客人的认可和接受。

5. 制定价格要服从国家政策，接受物价部门指导

要根据国家的物价政策制定菜单价格，在规定的范围内确定本餐厅的毛利率。定价人员要贯彻按质论价、分等论价、时菜时价的原则，按合理成本、费用和税金加合理利润的原则来制定菜单价格。在制定菜单价格时，定价人员要接受当地物价部门的定价指导。此外，关于价格与产品政策之间的关系、价格与广告推销策略之间的关系、价格与销售渠道策略之间的关系，也都要认真加以考虑。

（二）定价策略

餐厅的市场指向性决定了餐厅要获取利润的主要方法是提高销售额，而提高销售额的关键因素之一就是要有正确的定价策略。

1. 以成本为中心的定价策略

多数餐厅主要是根据成本来确定食品的定价策略。这种以成本为中心的定价策略包括：

（1）成本加成定价法。即按成本再加上一定的百分比定价，不同餐厅会采用不同的百分比。这是最简单的方法。

（2）目标收益率定价法。即先定一个目标收益率，作为核定价格的标准，根据目标收益率计算出目标利润率、目标利润额。在达到预计的销售量时，能实现预定的收益目标。

根据成本制定的价格，是餐厅必须达到的价格，如果低于这个价格，餐厅经济效益会受损。另一方面，运用以成本为中心的定价策略，只考虑成本单方面因素，忽略了市场需求和客人心理，不能全面反映餐厅经营效果。

2. 以需求为中心的定价策略

这是根据消费者对商品价值的认识程度和需求程度来决定价格的一种策略。它亦有两种不同方法：

（1）理解价值定价法。餐厅所提供的食品、饮料的质量、作用以及服务、广告推销等“非价格因素”，使客人对该餐厅的产品形成一种观念，根据这种观念制定相应的、符合消费者价值观的价格。

（2）区分需求定价法。餐厅在定价时，按照不同的客人（目标市场），不同的地点、时间，不同的消费水平、方式区别定价。这种定价策略容易取得客人的信任，但不容易掌握好。

以需求为中心的定价策略是根据市场需求来制定价格。如果说以成本为中心的定价策略决定了餐厅产品的最低价格，那么以需求为中心的定价策略则决定了餐厅产品的最高价格。在具体实践中，根据市场情况，可采取以高质量高价格取胜的高价策略，也可采取以薄利多销来扩大市场，增加市场占有率的低价策略，以及灵活采用优惠价格策略，给客人以一定的优惠，来争取较高的销售额和宣传推销本餐厅的产品。当然，这些策略并不是随意使用的，而是通过市场调研，根据市场需求决定的。

3. 以竞争为中心的定价策略

这种定价策略以竞争者的售价为定价的依据，在制定菜单价格时，可比竞争对手高一些，也可低于竞争对手的定价。

这种以竞争为中心的定价策略既有按同行价格决定自己的价格，以得到合理的收益且避免风险的定价策略，又有“捞一把就走”的展销新产品定价策略，还有因自己实力雄厚而采取的变动成本定价策略，即只考虑价格不小于原料成本即可，以确立自己在市场上的竞争地位。以竞争为中心的定价策略由于不以成本为出发点，也不考虑消费者的意见，往往是临时性的或在特殊场合下使用的。定价人员必须深入研究市场，充分分析竞争对手，否则，很可能定出不合理的菜单价格。

（三）定价方法

下面是五种具体的定价方法，这些方法是餐饮业目前普遍采用的。在实际应用中，应该使用这五种方法的哪一种，则完全由餐厅经营者根据当时情况而定，亦可把这些方法综合，灵活掌握，并加以创新。

1.“随行就市”法

这是一种最简单的方法，即把竞争同行的菜单价格为已所用。这种以竞争为中心的定价策略，在实际中还是经常使用的。使用这种方法要注意以成功的菜单为依据，避免把别人不成功的定价搬为已用。

2. 系数定价法

以食品原材料成本乘以定价系数，即为食品销售价格。这里的定价系数是计划食品成本率的倒数。如果经营者计划自己的食品成本率将是40%，那么定价系数即为$\frac{1}{40\%}$，即2.5。

例：已知一小盘炒肉丝成本为2.00元，计划食品成本率为40%。则：

$$售价=2\times\frac{1}{40\%}=2\times2.5=5\ （元）$$

这种方法是以成本为出发点的经验法，比较简单，问题是定价者要避免过分依赖自己的经验，计划时要全面、充分，并留有余地。

3. 毛利率法（食品销售价格）

$$食品销售价格=\frac{食品成本}{1-内扣毛利率}$$

$$食品销售价格=食品成本\times（1+外加毛利率）$$

其中，内扣毛利率是毛利占销售价的百分比，故亦称销售毛利率；外加毛利率是毛利占食品成本的百分比，故亦称成本毛利率。而且，这里的“食品成本”是指该菜肴的原料、配料、调料成本之和。

毛利率是根据经验或要求决定的，故亦称计划毛利率。这种方法计算十分简单，但由于餐厅人员为每份菜都加同样量的毛利，使成本高的菜价格会偏低，而成本低的菜价格反而偏高。

例：一份糖醋鲤鱼，所用鱼的成本为10元，配料和调料成本为1元，规定内扣毛利率为40%，而外加毛利率为65%，则其价格P为：

$$P（内扣毛利率法）=\frac{10+1}{1-40\%}\approx18.33\ （元）$$

$$P（外扣毛利率法）=（10+1）\times（1+65\%）=18.15\ （元）$$

上述两种方法计算的价格结果不同，是由于这两种方法中所用的比率不能互相换算，是分别规定的。例如，与65%的外加毛利率一致的，能互相换算的内扣毛利率为$\frac{65\%}{1+65\%}\times100\%\approx39\%$。

4. 主要成本率法

把食品原材料成本和直接人工成本作为定价的依据，并从溢损表中查得其他成本费用和利润率，则可计算出食品销售价格：

$$食品销售价格=\frac{食品原材料成本+直接人工成本}{1-（非原材料和直接人工成本率+利润率）}$$

主要成本率法亦是以成本为中心定价的，但它考虑到了餐厅较高的人工成本率，这样如能适当降低人工成本，则定价可更趋于合理。

例：一盘炒什锦原材料成本为3元，直接人工成本为1元，从财务溢损表中查得非原材料和直接人工成本率及利润率之和为40%，则这盘炒什锦的价格P为：

$$P=\frac{3+1}{1-40\%}\approx6.67（元）$$

5. 本、量、利综合分析法

本、量、利综合分析法是根据菜肴的成本、销售情况和赢利要求综合定价。其方法是把菜单上所有的菜点根据销售量及其成本分类，每类菜点总能被列入下面四类中的一类：高销售量、高成本；高销售量、低成本；低销售量、高成本；低销售量、低成本。

虽然第二类菜点（即高销售量、低成本的菜点）是最容易使餐厅得益的，但在实际中，餐厅出售的菜点，四类都有。所以，在考虑毛利的时候，可以把第一和第四类的菜点加适中一些的毛利，把第三类加较高的毛利，第二类加较低的毛利，然后根据毛利率法计算菜单上菜点的价格。

这一方法是综合考虑了客人的需求（表现为销售量）和餐厅成本、利润之间的关系，并根据成本越大毛利越大、销售量越大毛利可能越小这一原理定价的。菜单价格还取决于市场均衡价格，价格高于市场价格，你就把客人推给了别人；倘若与此相反，则你的餐厅就会吸引客人；但是若大大低于市场价格，餐厅也会亏损。因此，在定价时，可以经过调查分析或估计，综合以上各因素，把菜单上的菜点分类，加上适当的毛利。有的取低的毛利率，比如20%；有的取高的毛利率，比如55%；还有的可取适中些的毛利率，如35%。这种高、低毛利率也不是固定不变的，在经营中可以随机适当调整。

本、量、利综合分析法看上去比较复杂，有一定的难度，但餐厅经营者作一些调查分析，经多种因素的综合考虑后给菜单订的价，必定是比较合理，能使餐厅经营得益的。而且，这些市场调查分析的结果，能使餐厅经营得到不断改进。

（四）定价程序

通常，饭店和餐厅按照确定价格目标、预测价格需求、确定成本与利润、分析竞争者的反应、选择定价方法和确定最终价格六个步骤制定菜单的价格，使菜单更有营销力度。

1. 确定定价目标

定价目标指菜单价格实现以后，饭店或餐厅期望达到的目标。不同级别的餐厅有不同的定价目标，同一饭店或餐厅在不同的时期，也有不同的目标，饭店或餐厅应权衡利弊后加以选择。

2. 预测价格需求

菜单的价格需求指菜单价格对市场的适应性。不同的地区、不同的时期、不同的饭店与餐厅，顾客对菜单的价格需求不同。饭店和餐厅在制定菜单价格前，一定要明确各定价因素，不可简单模仿、生搬硬套、崇洋媚外，要制定切实可行的菜单价格。

3. 确定成本与利润

产品的成本、饭店或餐厅的利润是菜单定价的两大因素，其中，成本是基础，利润是目标。菜单的销售取决于菜单的需求，而菜单的需求又受菜单的价格制约。因此，制定菜单价格时，一定要分析和确定成本、利润、价格和需求之间的关系。

4. 分析竞争者反应

菜单价格不仅取决于市场需求和产品成本，还取决于同行业的价格水平，即竞争者的情况。现在的和潜在的竞争对手对菜单的定价有极大的影响，尤其是那些容易经营、利润可观的中餐和西餐菜肴竞争更为激烈。因此，餐厅的管理人员在制定菜单价格时，一定要深入了解竞争对手的情况，知己知彼才能百战百胜。

5. 选择定价方法

菜单的价格主要受三个方面影响：成本因素、需求因素和竞争因素。因此，定价方法主要有三种方法：以成本为中心的定价方法、以需求为中心的定价方法和以竞争为中心的定价方法。因此，饭店和餐厅的管理人员在不同的地点和不同的时期应选择不同的定价方法。以成本为中心的定价方法是这几种定价方法的基础。

6. 确定最终价格

通过分析和确定以上五个定价环节后，餐厅和厨房管理人员最后要确定菜单的价格，并在价格制定后，根据餐厅的经营情况对菜单的价格进行评估和调整。

[复习思考题]

1. 菜单的定义是什么？
2. 菜单的作用是什么？
3. 菜单的种类有哪些？循环菜单有哪些优缺点？
4. 菜单的主要内容有哪些？
5. 菜单的选择应考虑哪些因素？
6. 菜单设计的步骤有哪些？
7. 结合本章原理设计一份宴会菜单。
8. 结合本章原理对某饭店宴会菜单的设计优劣进行分析。

第五章　餐饮生产管理

第一节　餐饮生产的特点

我国社会经济的稳步发展和消费需求水平的不断提高，为餐饮业的持续快速发展奠定了基础。

餐饮业发展迅速，有众多特点：餐饮企业面向家庭、私人消费的经营业务持续增加，成为企业经营中的主体；同时，节假日消费与休闲消费走入家庭，餐饮成品、半成品、速冻、方便食品的发展势头更趋增强，开发与生产范围更加广泛，进一步满足了市场消费的需求，形成了行业发展新的经济增长点；行业规模不断扩大，经营领域不断拓宽，服务方式日趋丰富，使我国餐饮市场更趋繁荣兴旺，成为行业快速发展和保持较高增长势头的重要力量；连锁经营加快发展。

一、餐饮生产的特点

饭店宾馆、涉外餐馆餐饮经营既不同于食品加工厂，又和普通社会餐馆有一定区别。其生产管理具有四个特点。

（一）生产过程复杂，手工操作比重大

厨房生产要先后经过原材料的选择、加工、切配、烹制、装盘出菜等不同的工序，每道工序都有不同的要求，加工方法也不一样。原材料的选择必须根据菜点风味来确定。原料的品质、用途不同，粗加工的方法和净料率不同；菜点品种和风味不同，精加工和烹调方法不同。厨房每天要生产几十种、上百种产品，每种产品的主料、配料和配料配置比例及要求也不一样。同时，面点、冷荤和热菜的制作有较大的区别，这必然使厨房生产管理具有复杂性。从生产管理过程来看，各种食品原材料的选择、拣洗、涨发、拆卸、粗加工、细加工和烹调制作，都以手工操作为主，机械设备大多只起配合作用。因此，管理人员必须根据企业产品生产的自然属性来安排生产流程，必须根据不同风味的花色品种来确定加工方法和主料、配料及调料的配置比例，必须特别重视不同工序和各级厨师的手工技艺，才能适应企业生产管理的需要，提高管理水平和产品质量。

（二）产品正宗优质，品位质量要求高

饭店宾馆、涉外餐馆是我国餐饮服务行业的先进代表，设备先进，环境舒适，餐饮消费具有超前性、享受性。因此，全国大多数特级厨师、特级面点师、宴会设计师都集中在这里，名厨技师荟萃。其餐饮产品大多正宗优质，品位纯正独特，质量要求特别高。特别是大中型酒店宾馆和知名饭店酒楼，不管经营什么风味，每种产品的原材料选择和加工方式都有特殊规格要求，每种菜点烹制都有特殊技法，由此形成一菜一格，百菜百味。为此，厨房在餐饮产品生产管理过程中必须始终把产品正宗优质、品位纯正独特放在首位，

加强烹调技术培训，加强生产过程中的质量检验和考核，充分发挥名厨技师的技术专长，创造出经营特色，提高企业竞争力，适应旅游业和人民生活需要。

（三）品种规格不统一，毛利有一定波动

餐饮产品花色品种很多，不管经营哪种风味，一般都有几十种、上百种产品。这些产品的品种和规格各不相同，如同是鱼菜，不同的鱼类可以烹制不同的产品，各种产品毛利率的高低也不一样。为此，厨房生产管理必须控制不同品种规格的产品出料率，建立成本核算和价格管理制度，加强毛利考核，以适应各种产品的规格质量和毛利要求，提高企业生产管理水平。

（四）生产活动影响因素多，员工劳动有一定间歇性

餐饮产品生产受季节、天气、节假日、企业地理位置、旅客流量、交通状况、周围环境和地区大型活动等多种因素的影响，一年有淡季、旺季之分，一月有阴晴风雨之别，一周有日常和周末之不同，一日有早、中、晚三餐，一天之中也有忙闲不均之别。为此，餐饮管理人员必须认真研究各种外界因素对厨房生产的影响程度和员工劳动间歇性规律，重视旺季、节假日、周末和地区大型活动期间的餐饮生产，尽量增加收入；淡季则要运用价格杠杆调节需求，多吸引国内和本地客人。生产过程中，还要根据人员劳动间歇性规律，做好劳动力的统一调配和使用，以提高劳动效率。

二、现代餐饮业的特点

现代餐饮已呈百花齐放之势，竞争如同百舸争流。但总结、归纳其中成功范例的经验，大体集中在以下几个方面。

（一）兼容并包

综观现代餐饮业，凡是有市场的菜系都有一个共同的特点：在完善、发展的过程中，注意学习他人，兼容并包，取长补短。广东菜之所以能风靡全国，与它在香港地区的发展有着密切的关系。它借鉴了很多其他菜系在辅料使用和制作方法上的特点，如对咖喱、椰奶的使用和对焗、烤等工艺的运用。上海（本帮）菜能够后来居上，更是由于它几乎吸取了各个菜系的优势。在上海菜中，人们几乎可以找到川、鲁、粤甚至西餐的明显痕迹，但都是被海派厨师改良过的。西餐也同样如此，也可以细分为更多的菜系，比如法式、意式、德式、葡式等。以前人们好像从来没有听说过瑞士菜，只知道瑞士有一些风味菜肴，但似乎没有人认为它已经形成了独立的菜系，可是在众多的跨国饭店管理集团管理的饭店总厨师长中，瑞士人却占据了相当的比例，他们把法餐改良发展，并且逐步形成了自己的风格。

（二）特点突出

广东菜的卖点是“鲜活”，正是依靠这一鲜明的特色，它牢牢抓住了餐饮市场的高档消费者；同广东菜相比，川菜的特点主要不是体现在原材料上，而是注重口味的变化，依靠这一特色，川菜占据了中低档的餐饮消费市场，这种准确的定位使得川菜始终保持着旺盛的生命力；上海菜海纳百川，处理不好很容易造成平庸，但是一个“精”字就使得海派饮食形成了与粤、川菜系并驾齐驱的态势。反观有着悠久历史的鲁菜，振兴多年仍不见实质性的起色，原因自然是多方面的，但丢掉了特点恐怕是一个重要的原因，以至于它现在

比不过曾经比它名气小得多的东北菜和浙江菜。

（三）创新意识

饮食习惯的现代化使得一个餐馆或某个餐饮品牌的生命周期大为缩短，更新周期明显加快，餐饮市场近几年的运转实践也证明了这一基本判断。很多经济活跃地区的餐馆也只能各领风骚三五年，这几乎成为餐饮市场的一个定式。这是由现代餐饮业自身的发展规律所决定的，这个规律依赖于人们生活质量的提高，依赖于人们与生俱来的喜新厌旧的秉性，这种秉性在饮食方面显得尤为突出。所以追求饮食结构、口味变化、营销方式等方面的创新就成为餐饮业最终追求市场认可的必由之路。如生食龙虾曾一夜之间成为潮流，又很快地被人们谑称为“第一大傻”的过程，就是对餐饮习惯变化周期急剧加快的最好诠释。因此，在大城市里每天都有老餐馆倒闭，每天也都有新店开张，也就不足为奇了。

承认更新周期加快的事实，就是承认创新的重要性和必要性。在鼓吹“创新”的同时，需要强调的是：第一，我们所说的创新一定是那些有市场需求的创新，而不是几个或一群“圈子”里的人孤芳自赏的创新。第二，创新并不仅仅是厨师的责任，它是一项应该由经理人和厨师共同完成的任务。在创新的过程中，经理人应该根据市场需求明确创新的思路、指导创新的方向，厨师的任务是在此框架下，完成具体的技术工作。反之，如果经理人认识不到自己在创新中的重要作用，而是简单地让厨师去“闭门造车”，这种“创新”的结果往往是事倍功半，以至于创新主体对创新的必要性发生动摇。

餐饮的创新动力来自三股力量：厨师、经营管理人员和营销人员。后者密切地掌握着大量的客人用餐信息反馈，他们的意见可以同经营管理者的意见结合起来，形成指导厨师技术创新的思路。只有这样的创新才具有旺盛的生命力。

三、现代厨房生产运作特点

厨房是从事菜肴、点心等食物产品加工、生产、制作的场所，是餐饮企业及综合型宾馆、饭店唯一通过输入原料，经过厨房工作人员的技术处理、艺术加工，进而向餐厅提供色、香、味、形等感官性状达到一定要求的产品的部门。

厨房生产，是指厨房员工运用技术和艺术对各类烹饪原料按照一定规格标准和操作程序进行的有计划、有秩序、有目的的劳动。

（一）现代厨房生产运作的特点

（1）生产量的不确定性。主要受以下因素影响：厨房生产的需求变动因素、季节变化因素和原料性质因素、消费导向和出菜节奏等。

（2）生产制作的手工性。生产劳动凭借手工；手工制作导致成品差异；手工制作劳动强度大。

（3）生产工艺的配合性。

（4）产品具有特殊性。产品是供顾客享用的食品性商品；产品大多规格各异，生产批量小；产品销售具有即时性；产品质量具有多元性。

（5）成本的复杂性。

（6）工作环境条件较差。位置偏背、接触面窄、工作条件艰苦。

（7）产品销售信息反馈困难。产销难见面，第一手资料少，信息零散。

（二）现代厨房生产要求

1．生产要求

设置科学的组织机构；制定明确的生产规范；提供必备的生产条件；培养一支相对稳定、技术过硬、责任心强的厨师队伍；保持厨房技术骨干的稳定性。

2．生产规范

即厨房选择原料、加工切割、烹调出品的各项程序、规格标准及要求。规范操作程序，如业务运作管理程序、厨房生产操作程序；统一生产工作规格与标准，如厨房生产、作业规格及厨房工作标准。

3．必备的生产条件

原料的采供、申领渠道要畅通，货源要有保障；厨房的设计布局要尽可能合理，生产操作和出品流程要畅通便利；厨房产品的服务销售要与生产紧密衔接，保证成品及时用于销售，并保持一定的服务规格水准。

4．厨师流动率低

厨师流动率低的好处：招聘和挑选厨房员工的费用可以减少；迎接新员工活动和对新员工进行培训的费用可以减少；员工进入、熟悉工作阶段的工作质量及其他方面的问题可以减少；缺工现象减少，紧急顶替、加班等现象也可减少；事故发生率低，保险费用亦可减少。

（三）现代厨房管理任务

现代厨房管理就是要在现代先进管理理论的指导下，将厨房人力、设备、原料等各种资源进行科学设计和整合，创造最高的工作效率，提供品质优良且持续稳定的出品，在满足消费者需求的同时，为企业创造良好、可靠的口碑和效益。

1. 现代厨房管理任务

激发调动员工积极性；完成企业规定的各项任务指标；建立高效的运转管理系统；制定工作规范和产品标准；科学设计厨房布局；制定系统的管理制度；监督厨房有序运转。

2. 完成企业规定的各项任务指标

完成餐饮企业规定的营业收入指标；实现餐饮企业规定的毛利及净利指标；达到餐饮企业规定的成本控制指标；符合餐饮企业及卫生防疫部门规定的卫生标准；达到餐饮企业规定的菜点质量指标；完成餐饮企业规定的食品创新、促销活动指标；完成餐饮企业规定的人员培训及发展指标。

3. 厨房生产的规格标准要求

要管理者与员工一致认可；要切实可行；可以衡量和检查；要始终保持贯彻。

4. 厨房需要建立的基本制度

厨房纪律、厨房出菜制度、厨房员工休假制度、值班交接班制度、卫生检查制度、设施设备使用维护制度、技术业务考核制度、厨房会议制度、厨房日常工作检查制度等。

5. 制定厨房管理制度的注意事项

要从便于管理和照顾员工利益的立场出发；内容要切实可行，便于执行和检查；语言要严谨，制度之间不应相互矛盾，不应违背餐饮企业总体规定；措辞要以正面为主，注意策略和员工情绪。

第二节 原料采保管理

一、采购管理

在菜单确定后，所有满足客人需求的食品原料均需通过采购工作来完成，而采购工作有的饭店由采购部完成，有的由餐饮部完成，有的则由餐饮部采购鲜活物品，采购部采购可储存物品。不管采用什么方式，采购的程序都是一样的。

餐饮原料的采购管理要保证为餐厅提供适当数量的食品、饮料原料，保证每种原料的质量符合使用规格和标准，并确保采购的价格最为优惠。原料的采购是餐厅为客人提供菜单上各种菜品的重要保证。饭店餐饮经营不仅直接影响营业收入，而且影响饭店的外部形象。因此，抓好餐饮经营的采供控制和管理十分重要。

饭店的餐饮经营，占饭店年营业收入的50%左右，经营成本比客房、娱乐厅要高，比例在70%以上。因此，餐饮经营的采供控制与管理尤其重要。那么，如何加强对餐饮采供工作的控制与管理呢?

选准用好采供人员，是搞好餐饮采供工作的关键，要选拔思想素质高，作风正派的人员做采供工作。采购人员的思想素质的高低，直接决定着采供工作的质量。因此，在使用采供人员时，一定要认真考察。采供人员应具备以下素质：工作责任心强，吃苦耐劳，公私分明，有原则性和有一定社会交际能力。

这些人员既管钱又购物，天天泡在市场中，与形形色色的人交往，容易被金钱、物质所引诱和腐蚀。因此，对采供人员必须加强经常性的思想教育。首先，领导要深入工作实际，了解掌握情况，及时开展有针对性的思想教育。其次，要关心他们的政治学习，不能因为采供工作忙而放松了政治学习。再次，要开展经常性的谈心活动，做深入细致的思想工作。

经营中有一个重要的管理手段，就是奖优罚劣。对于坚持原则、大公无私的人和事要大力表彰，树典型，抓榜样，扶正气；对于不接受教育、贪占便宜、损公肥私者，坚决给予严肃处理。在采供人员的使用上，可采取“轮换制”，一般三个月至半年轮换一次，这样可以克服采供工作中的很多弊病。

严格制度，明确职责，是做好餐饮采供工作的可靠保证。采供工作既要有严格的规章制度，又要有明确的职责范围，做到有章可循，有章可依，违章必究。采供人员应做到以下几点：

(1) 要有较强的市场意识，经常总结研究采购方法和策略；深入市场了解所需各类食品的特性、质量、品种、价格行情；货比三家，选择质好价廉的食品，调控采购价格，降低经营成本。

(2) 要深入餐厅，与厨师长密切联系，了解和掌握原材料需求情况和实际用量、种类，保证适时、适量、适质、适价地完成采供任务。

(3) 要严格执行食品卫生法规和安全制度，不采购劣质、变质、过期、污染的食品。

(4) 要严格遵守财务制度，严格管理好钱和物，及时完善采供报账手续。

为了预防钱、物不分出现问题，采供工作应采取相互制约和相互监督的双轨采供制。即专设付款员，随同采购员一起深入市场，负责采购付款。采购员专门选购、讲价，购物与付款分开。双轨制的实行，加大了采供工作的制约和监督力度，有效地堵住了采供工作中的漏洞。

二、验收管理

如果只对餐饮原料的采购进行控制，而忽视验收这一环节，往往会使对采购的各种控制前功尽弃。采购物资的订货数量适当、质量合格、价格优惠，并不能保证实际发送的货物也是如此。如果不加以严格控制，供应商发送的货物会有意、无意地超过订购数量或短斤少两，或不符合餐厅要求，在账单上的价格也往往与商定的价格有出入。因此，验收也是餐饮管理和成本控制中不可缺少的重要环节。

（一）建立合理的验收体系

一旦进货之后，就不能把不合格的货物再卖出去，因此餐饮管理人员应首先建立一套合理、完整的验收体系，保证整个验收工作在机制、体系上完善。

1. 称职的验收人员

验收员必须聪明、诚实，对验收工作感兴趣，食品原料知识丰富。

在招聘验收员时，企业的人事部门应负责遴选应聘人员，审查应聘人员的资历，然后会同财会部门和营业部门主管人员决定人员的录用。

挑选验收员的最好方法是从贮藏室职工、食品和饮料成本控制人员、财会人员和厨工中发现人才。这些人员有一定的食品知识和经验，而且往往愿意通过从事验收工作积累管理工作经验。

收货时，验收员应该对订货单进行数量盘点和质量检验。他们的工作极为重要，因此在许多国外的饭店、餐馆里，验收员的地位和工资级别与部门经理相同。

企业应制订培训计划，对所有验收人员进行培训。在某些大型企业里，职工定期轮换工作，培训就显得更为重要。

验收员必须懂得：未经经管人员同意，任何人无权改变采购规格。在工作中，验收员需和采购人员、食品生产部门经理、厨师、贮藏保管人员接触，虚心向他们学习，丰富自己的知识和经验。

2. 实用的验收设备和器材

饭店一般设有验收处或验收办公室。它的位置一般在饭店的后门或边门，这样送货车开到饭店后门就可以看到验收处，以便于验收。此外，要有足够的空地便于卸货。

为使验收工作更有效率，要有适当的设备和工具。磅秤是验收部最重要的工具。验收部可配备重量等级不同的磅秤，各种磅秤都应定期校准，以保持精确度。

有一种有记录的磅秤，可将货物的准确重量印在发票或收据上面，不仅可以节省人力，还可以减少手记数的错漏。验收办公室还应有直尺、温度计、小起货钩、纸板箱切割工具、铁榔头、铁皮条切割工具、一两把尖刀以及足够数量的公文柜。公文柜用以存放验收部的各种表格，如验收单、验收日报表等。还有一种特殊设计的验收架，一些水果等可放在上面，以便查看是否有腐烂或斑痕，若质量没有问题，架子上的水果可漏下来，再装入容器。

3. 科学的验收程序和良好的验收习惯

验收程序规定了验收工作的工作职责和工作方法，使验收工作规范化。同时，按照程序进行验收，养成良好的习惯，是验收高效率的保证。

4. 经常地监督检查

餐饮企业管理人员应不定期检查验收工作，复查货物的重量、数量和质量，并使验收员明白，经管人员非常关心和重视他们的工作。

(二) 确定科学的验收操作程序

根据验收的目的，验收程序主要围绕以下三个主要环节展开：核对价格、盘点数量、检查质量。验收的程序分为以下 12 个步骤：

(1) 当供货单位送来食品原料时，验收员首先将供货单位的送货发票与事先拿到的相应的订购单核对。验收员首先应核对送货发票上的供货单位的名称与地址，避免错收货和接受本饭店未订购的货物。其次是核对送货发票上的价格，若发票上的价格高于订购单上的价格，验收员要询问送货员提价的原因，并将情况反映给采购部经理、成本控制员或厨师长，无论退货还是不予退货，都要有厨师长和成本控制员在货物验收单上签字，表示负责。若供货单位送货时的价格低于订购单上的价格，验收员应请厨师长检查食品原料的质量，质量合格，厨师长在验收单上签名，验收员可按此价接受这批原料。

(2) 检查食品原料质量。食品原料质量检验的依据是食品原料采购规格标准和请购单、订购单，因为在这些表中均有对采购的食品原料质量要求的描述。一套完整的采购规格表应贴在墙上或特别的大块批示牌上，以便到货时核对参考。若发现质量问题，如食品原料的腐烂、变色、气味怪异、袋装食品已过有效期、水果有明显斑痕等现象，验收员有权当即退货。

(3) 检验食品原料数量。验收员根据订购单对照送货单，通过点数、称量等方法，对所有到货的数量进行核对。数量检查核对应注意下列事项：

①若有外包装，先拆掉外包装再称量。

②对于密封的箱装或其他容器装物品，应打开一只作抽样调查，查看里面的物品数量与重量是否与容器上标明的一致，然后再计算总箱数。但对高规格的食品原料仍需全部打开逐箱点数。

③对于未密封的箱装食品原料，仍应按箱仔细点数或称重。

④检查单位重量。除了称货的重量之外，还应抽查单位重量，检查单位重量是否在验收规格规定的范围之内。

(4) 在发货票上签名。所有送货应有送货发票。送货员给验收员的送货发票有两联，验收员在送货发票上签名，将第二联还给送货员以示购货单位收到了货物，第一联交给付款人员。发票上面应该有价格，验收员要检查发票上的价格，避免产生错误，无论是有意还是无意的。

(5) 填写验收单。验收员确定所验收的这批食品原料的价格、质量、数量全部符合订购单或食品原料采购规格书后，可填写验收单。验收单一式四份：第一联交验收处；第二联交贮藏室；第三联交成本控制室；第四联交财会部。

(6) 退货处理。若送来的食品原料不符合采购要求，应请示餐饮部经理或厨师长。若因生产需要决定不退货时，应由厨师长或有关决策人员在验收单上签名；若决定退货，应填写退货单。退货单上应填写所退货物名称、退货原因及其他信息，并要求送货员签名。退货单一式三联：一联留验收部；一联交送货员带回供货单位；一联交财会部。

设法通知供货单位，本饭店已退货，如果供货单位补发或重发，新送来的货物按常规处理。

交货中有腐烂食品原料，退货之后，应向采购部有关人员报告，以便尽快找到可替代的供应来源或可能的生产办法，以减少生产部门的不便。

(7) 验收章。验收员检查完食品原料的价格、数量、质量及办理完必要的退货手续之后，可在获准接受的食品原料的送货发票上盖验收章，并把盖了验收章的送货发票贴在验收单上，以便送往财会部。

验收章的内容有饭店名称、验收员签名、验收日期、成本入账部门等。使用验收章有以下几种意义：证实收到食品原料的日期；验收员签名可明确责任；管理人员签名表明已知道收到订购的食品原料；食品控制师核对发票金额的正确性。

(8) 在货物包装上注明发票上的信息。注在货物包装上的信息主要有：收货日期，有助于判断存货流转方法是否有效；购价，在存货时就不必再查寻验收日报表或发货票。

(9) 将所收到的肉类和海产品加上存货标签。所有冷藏室的肉类和海产品等成本费很高的食品原料，都必须系上冷藏鱼肉食品标签。

肉类标签有正、副两联（也可上、下或左、右两联），正联由验收员用绳子扎在食品外包装或者直接拴在食品原料上，副联与验收单一起交成本控制办公室。

厨房领料之后，解下标签，加锁保管。原料用完之后将标签送食品会计师，核算当天鱼肉成本。

食品成本控制师核对由其保管的正标签和厨房送来的副标签，根据未使用的标签，盘点存货。如发现存货短缺，应分析是否存在偷盗，或者记错了金额。

(10) 将到货物送到贮藏室、厨房。所收到的食品原料一部分被直接送到厨房或销售地点，称为“直拨原料”；另一部分被送到贮藏室，称为“入库原料”。出于质量和安全方面的原因，验收员应负责保证把货物送到贮藏室，由供应单位的送货员直接把货物送入仓库置放的做法是不可取的。当送货员离去后，验收人员或本单位其他工作人员应把货物迅速搬到安全可靠的贮藏室。验收员把验收单中规定的一联交给贮藏室管理员，后者根据验收单再次验收，最后入库贮存。

为了便于进行食品成本核算，验收员应在发票上明显的地方逐项注明哪一项是直接送厨房的，哪一项是送仓库的；或者根据不同的送货地点，使用不同颜色的发票，以方便送货，并凭此编制验收日报表。

(11) 填写验收日报表和其他报表。验收完毕后，大多数大型企业要求验收员完成一张列明所有收货项目的表格，这张表格通常以供货商分类，以验收的顺序排列。表格之一是验收日报表。除了每种食品原料的价格栏目外，该表将成本分为三类：直拨、贮藏室和杂项。杂项指不是食品原料的项目，例如纸张和清洁用品。

(12) 将各种验收记录呈交给有关部门，并标明过期到达的货物。验收员在所有发票上盖章签字，并把发票贴在验收单上，然后将贴着发票的验收单送交管理人员；管理员在发票上签字后送交成本控制师，由成本控制师核对发票数字的正确性；成本控制员检查完毕后，送交会计部，会计部会将有关数字填进采购日志内。

当验收单还在验收员手上时，就可看出每日直拨成本，因为直拨成本是在食品原料一收到时就计入成本的。后面讲到日销售成本计算时，就可看出每日直拨成本是来自验收单的。

由此我们不难看出，建立验收程序的目的是保证企业收到的货物符合已订购的数量、已明确的质量和已报过的价格。不论是对大型企业来说还是对小企业来讲，这些步骤是最基本的，也是通用的。控制体系越是完备，越需要更多的人力和设备，当然这样做也会增加成本。但是，即使是小型的个人业主制的餐饮企业，也必须采用基本的步骤以防止在验收过程中由于数量、质量和价格方面的问题而引起的成本过高。

（三）验收控制

企业不仅要有良好的验收体系，更应指定专人负责验收体系的控制工作。验收体系的控制工作应该是财会部门和总会计师的责任。

验收员和食品成本会计师都是财务部门的成员，但是为了防止他们串通，验收员不应直接向食品成本会计师汇报工作。食品成本会计师监督验收体系的工作，如果验收员的工作没做好，食品成本会计师应向验收员指出，并向总会计师汇报。

不负责验收工作，食品成本会计师才能真正做好本职工作。许多企业的总会计师因工作繁忙，或者不熟悉验收业务，往往要食品成本会计师负责验收工作，这样做的结果是：食品成本会计师无法发挥监督作用，而且容易与验收员串通，使企业遭受损失。

在大型企业里，除上述人员应检查验收部工作之外，还经常请企业外部人员，如会计师事务所，不定期抽查验收部工作。

许多企业的验收办公室都使用来访登记簿。总经理希望总会计师、厨师长、采购员、仓库主任、餐饮经理和宴会经理经常到验收处走一走，一方面表示他们对验收员工作的重视，另一方面也使验收员知道自己每时每刻都会受到有关人员的检查。验收员必须要求每一个来检查工作的人在来访登记簿上签名，写明来访日期和时间。总经理通过查阅来访登记簿，可了解上述人员是否经常到验收处检查工作。在小型企业里，可能只有一名职工负责采购、验收、仓储、领发料工作，验收工作由总会计师或总经理负责检查。

在验收工作中，还应做好防盗工作。防盗工作的基本原则如下：

（1）指定专人负责验收工作，应尽可能将交货时间安排在验收员比较空闲的时候。

（2）验收工作和采购工作分别由专人负责，商品应运送到指定验收区域。

（3）验收之后，及时将商品送入贮藏室，防止食品变质和职工偷盗。不允许推销员、送货员等进入贮藏室或食品生产区域。

（4）验收、检查区域靠近入口处。

（5）入口处大门应加锁，大门外应安装门铃，送货人到达之后，应先按门铃。

（6）送货人在验收处时，验收员应始终在现场。

三、采购成本控制原则

1. 稳定原料质量原则

质量忽高忽低是餐饮经营大忌，要保证餐饮质量，采购工作是第一关。

2. 最佳时间和批量原则

使用部门和库房申购原料是有时间和数量要求的，采购部门必须保证按时按量采购供应，否则不是难以保证按时使用就是增加库存和资金的压力。

3. 合理采购价格原则

购买的价格一定要合理。一般来说，批量购买价格低，而批量小、用货急容易导致拖欠款、价格高。采购部门必须想方设法以最合理的价格采购原料。

4. 提高采购效率原则

既要保证采购工作有条不紊，正常运转，又要能够及时应付临时采购需要，确保企业正常生产经营，维护企业利益和形象，提高企业整体效益。

四、采购岗位职责

1. 采供部经理岗位职责

(1) 负责采购供应部的各项业务工作，确保各项采购任务的顺利完成，保证粮、油、肉、调料、蔬菜、燃料、炊具、卫生工具等物资的采购供应，做到保质保量、及时送到各部门。

(2) 熟悉和掌握市场信息，对所管业务情况了如指掌，做到心中有数；不定期作市场调查，和下属一起开展采购业务，了解市场最新动态，联系更多的业务客户。

(3) 对于肉、粮、油、调料等食品的采购，一定要查验“三证”，严防“三无”产品流入，确保所有原料安全卫生。

(4) 统计和审核各班组采购计划，统筹安排，确定采购内容和数量。

(5) 熟悉和掌握所购物资的质量要求和价格标准，做到保质保量保证价位；对采购的质量和价格等负有领导责任。

(6) 借用支票、现金等，要认真履行手续，发票、单据要清晰、健全，并及时核对购销账目，保证清楚，及时结算往来账目，按时报账。

(7) 要以身作则并教育所属人员在从事采购活动中遵纪守法，讲信誉，不索贿、受贿，与供货方建立良好的关系，在平等互利的原则下开展业务活动。

(8) 负责采供车辆的管理和本部门人员的工作纪律。

2. 采购员岗位职责

(1) 了解各部门原料需求及各种原料的市场供应情况，掌握财务部及采购部对各种原料采购成本及采购资金的控制要求，熟悉各种原料采购计划。

(2) 对各部门急用原料优先安排，并与供货单位及时联系。

(3) 及时与申购部门联系，落实原料的规格、型号、数量，避免差错。

(4) 认真核对各部门的申购计划，保证库房正常储备量，防止原料积压，对定型、常用原料按库存规定及时办理，做好原料使用的周期性计划工作。

(5) 认真履行财务制度，购进的一切原料都应办理进仓手续，手续办妥后，立即到财务部报账，不得拖账、挂账。

(6) 与库房取得联系，落实当天原料实际到货的品种、规格、数量，并把好质量关。

(7) 外出联系业务要详细说明去向，并告知部门经理及秘书。

(8) 随时向申购部门了解所购原料的使用情况，征询使用单位对原料的质量评价。

(9) 对外埠购进的大宗原料，当接到车站通知后，及时办理提货及运输手续，确保原料尽快交付使用。

(10) 尽量做到单据或发票随货同行，一并交仓库管理员验收，如因托收或省外原料单据不能随货同行，应预先根据合同的数量，通知仓库管理员作好收货准备。

(11) 认真落实进货合同的数量、质量、规格和性能要求，把好进货关，杜绝假冒伪劣商品对本企业的损害。

第三节　餐饮生产标准化管理

一、生产流程控制标准

生产流程包括加工、配份和烹调三个程序，其间有许多环节，要使每个环节紧密联系又明显划分，就要对厨房生产流程加以控制。

厨房生产控制是指在生产质量、产品成本、制作规范三个流程中加以检查指导，随时消除一切生产性误差，保证达到预期的成本标准；消除一切生产性浪费，保证员工都按制作规范操作，形成最佳的生产秩序和流程。具体内容如下：

(1) 对菜谱、菜单进行标准化制定。

(2) 对三个流程的产品制作标准加以规格化，包括加工规格、配份规格、烹调规格。加工规格，主要是指对原料的加工规定用量要求、成形规格、质量标准。配份规格是对具体菜肴配制规定用量品种和数量。烹调规格是对加热成菜规定调味汁比例、盛器规格和装盘形式。以上每一种规格将制成文字表格张贴于工作处，随时对照执行，使每个参与制作的员工都明了自己的工作标准（或制成卡片，如制备方法卡、制作程序卡等）。

(3) 按生产流程实行程序控制。每一道流程的生产者对上一道流程的食品质量实行严格的检查控制，不合标准的要及时提出，帮助纠正前面程序的问题，使整个产品在生产的每个过程都受到监控。

(4) 按厨房的生产分工，实行责任控制法。每个岗位都担任着一个方面的工作，岗位责任要体现生产责任。首先，每个员工必须对自己的生产质量负责；其次，各部门负责人必须对本部门的生产质量实行检查控制，并对本部门的生产问题承担责任，把好菜品质量关，对菜肴产品的质量和整个厨房生产负责。

(5) 把那些经常和容易出现生产问题的环节或部门作为控制的重点。这些重点是不固定的，哪个时期、哪个环节出现质量问题，就把哪个环节作为重点来检查控制，随着重点的转移，逐步杜绝生产质量问题，不断提高生产水平，向新的标准迈进。

二、生产的质量标准控制

(一) 原料配份的质量控制

原料配份，也叫餐饮产品配份，也叫配菜，是按照标准菜谱的规定要求，将制作某菜肴需要的原料种类、数量、规格选配成标准的分量，使之成为一道完整菜肴的过程。

原料配份，首先要保证同样的菜肴的原料的配份必须相同，配份不定，不仅影响菜肴的质量稳定，而且影响到餐饮的社会效益和经济效益。因此，配菜必须严格按标准菜谱进行，统一用料规格标准，并且管理人员应加强岗位监督和检查，使菜肴的配份质量得到有效控制。

1. 配份料头的质量要求

这些小料虽然用量不大，但在配菜的烹调中，起着无声的信息传递作用，可以避免差错的发生，在开餐高峰期尤其重要。

(1) 大小一致，形状整齐美观，符合规格要求。

(2) 干净卫生，无杂物。

(3) 各料分别存放，注意保鲜。

(4) 数量适当，品种齐备，满足开餐需要。

2. 配份工作质量要求

(1) 干货原料涨发方法正确，涨发成品疏松软绵，清洁无异味，达到规定涨发标准。

(2) 配份品种数量符合规格要求，主、配料分别放置，不能混在一起。

(3) 接受零点订单后5分钟内配出菜肴，宴会订单菜肴要提前20分钟配齐。

(4) 配菜时应注意清洁卫生，干净利落。

3. 配菜出菜工作质量要求

(1) 接受餐厅的点菜订单须盖有收银员的印记，并夹有该桌号与菜肴数量相符的木夹上（或其他标记方式）。宴会和团体餐单必须是宴会预订或厨师开出的正式菜单。

(2) 配菜岗位人员凭单按规格及时配制，并按接单的先后顺序依次配制，紧急情况、特殊菜肴可给予先配菜处理，保证及时送达灶台。

(3) 负责排菜的打荷人员，排菜必须准确及时，前后有序，菜肴与餐具相符，成菜及时送至备餐间，并提醒跑菜员取走。

(4) 点菜从接受订单到第一道热菜出品不得超过10分钟，冷菜不得超过5分钟，以免因出菜太慢延误客人用餐。

(5) 所有出品订单、菜单必须妥善保存，餐毕及时交厨师长备查。

(6) 炉灶烹调人员若对所配菜肴规格质量有疑问，要及时向案板配菜人员提出，以妥善处理。烹调菜肴先后次序及速度应服从打荷安排。

(7) 厨师有权对出菜的手续、菜肴质量进行检查，如有质量不符或手续不全的菜品，有权退回并追究责任。

(8) 配菜人员要保持案板整洁卫生。

三、食品生产的质量标准控制

（一）原料质量控制

食品生产要达到标准的质量必须对生产原料进行控制。如果原料质量不符合标准，即使烹饪技术再高明，菜品的质量也难以保证。食品原料质量的控制涉及餐饮经营的各个环节，包括原料的采购、验收、储存、发放、加工和烹调。原料的质量通常包括原料的食用价值、原料的成熟度、原料的卫生和原料的新鲜度四项内容。

1. 原料的食用价值

原料的食用价值也就是原料本身的品质，如营养成分和价值的高低、口味的好坏、质地的优劣等。原料的食用价值一般由原料的品种、产地、收获的季节以及动物性原料的年龄、性别等自然元素决定。掌握每一类原料的性能、特点，了解不同品种原料之间品质的差异，有利于合理地选料。

2. 原料的成熟度

原料的成熟度与原料的培育、饲养或种植时间、上市季节有密切关系。原料的成熟度影响食用价值，它可通过色泽、形状和质地的软硬显示出来。

3. 原料的卫生

腐败变质、受污染或本身带有病菌或毒素的原料不符合卫生标准。在选购动物原料时要注意有无卫生防疫检验合格单，并且要从外观、形状和色泽上进行判断。

4. 原料的新鲜度

原料在流通、运输和储存过程中经历时间过长或保管不妥会降低新鲜度甚至变质。原料的新鲜度下降可以从其外观上反映出来：

(1) 形状变化。原料越新鲜，其形状越自然、完整，反之形状必然变形、走样。

(2) 色泽变化。每一种原料都有其天然的色彩和光泽，凡失去天然的色泽而变为灰、暗、黑或其他不应有的色泽时，说明新鲜度已有降低。

(3) 水分和重量变化。新鲜的原料有正常的含水量，若水分蒸发和重量减轻，说明其新鲜度已经降低。

(4) 质地变化。新鲜原料的质地大都坚实饱满，富有弹性和韧性。随着新鲜度降低，原料质地就会变得松软或干燥而无弹性，或产生其他分解物，表面发黏、发滑。

(5) 气味变化。新鲜的原料具有特有的气味，凡丧失特有气味而出现异味、怪味，说明其新鲜度已经降低。

(二) 成品放置的质量控制

食品及其外观的质量很容易下降。大多数食品、饮料在刚制作完成时达到质量最高峰点，如果烹调后放置时间过长或放置条件不宜，质量会迅速下降。成品在烹调后的放置必须注意以下几点：

1. 尽量缩短放置时间

菜品在烹调后，有时由于人手关系，需要放置一段时间，有时为提高服务效率需要某些菜品预先烹调好。一般要缩短放置时间。为此，生产点和服务点要接近，通道要通畅，要培训员工采用最短的服务路线，不走来回的路线，以提高服务效率。

2. 放置温度要合适

为保持食品的质量，食品烹调后放置的温度要合适。有些食品的放置温度不宜太高，否则质量会下降。

3. 放置的湿度要合适

食品烹调后要保持新鲜漂亮的外表，就应保持适当的湿度，以防止颜色消退。与此同时，食品的存放要选用合适的盛具。

第四节　餐饮生产成本控制

餐饮业是由从事餐饮生产经营的单位和部门所组成的行业，属于第三产业、商品流通层次和密集型产业，是国民经济的重要组成部分。除此之外，餐饮业还是国民经济领域中一个发展比较快的行业，开展与加强对餐饮生产经营成本的核算和控制，对促进餐饮企业改善经营管理、降低消耗、制定合理的餐饮产品销售价格、实施正确经营决策具有重要意义。

餐饮成本控制是一项复杂的工作，企业应根据具体情况采取相应的控制策略和控制措施。餐饮成本控制主要有前馈控制、过程控制和反馈控制三类。

前馈控制，是指通过预测成本，确定成本标准，编制成本预算，作为过程控制的依据和考核评价的标准。

过程控制，是在生产经营活动过程中，按照标准和预算的要求，在成本形成的当时采取纠正成本偏差措施。

反馈控制，是在成本发生之后，记录实际成本并将它同预算成本或标准成本相比较，分析成本差异的方向、数量和产生原因，并据此调整生产经营活动或修订标准和预算。

一、做好成本管理的基础工作

成本管理的基础工作，是成本管理工作见成效的重要环节。有些企业成本管理效果不佳，成本总是降不下来，原因之一就是基础工作薄弱、管理方法陈旧、管理手段落后，不能适应管理工作的要求。做好成本管理的基础工作，主要应从以下几个方面着手：

1. 建立健全成本管理的原始记录

建立健全成本管理的原始记录是正确计算费用、成本、考核的依据。因此，原始记录必须全面、完整、准确、及时，否则成本管理的考核、分析都会失去意义。原始记录是直接反映餐饮企业生产经营的最初记录资料，如各种原料的领用记录、工时耗用记录、考勤记录、费用开支记录等。原始记录要符合生产经营的需要，要加强对原始凭证，尤其是发票、支票收据的管理，以保证成本核算信息源头的真实、合法。做好原始记录工作，是餐饮企业成本管理的一个重要方面。

2. 建立健全成本管理的物资收发、计量、验收和盘点制度

物资管理混乱、成本不实的重要原因，就是缺乏物资管理制度，或物资管理制度不健全。物资管理制度，就是对一切物资的收发都要进行计算、验收，办理必要的手续。有消耗定额的，应按预算和计划的合理需要量发料，防止乱领乱用，造成积压浪费。定期对库存物资进行盘点，防止质变和积压，从而降低成本中的材料费用。

3. 建立健全钱、财、物管理制度

根据企业自身的实际情况，建立钱、财、物的管理制度，如成本计划、原料采购成本、消耗定额、收发料手续、费用开支标准、计量、计价等制度，从根本上扭转不讲成本、不计盈亏、采购无计划、用料无定额等无章可循的现象。

4. 培养一种勤俭节约的企业文化

管理人员应带头例行勤俭节约，只有每位员工都自觉节约每一滴水、每一度电，企业才能真正做到全员成本控制。管理人员要经常对控制情况进行例行检查和突击检查，原料

进货质量、厨房边角料的利用、餐饮产品和饮料的保质期、灯光空调的开关情况都是重点检查的对象。

5. 做好成本控制分析工作

定期对成本控制效果进行总结和分析，找出不足，改善成本控制体系，提高成本控制效果。

6. 采取先进的成本管理方法

管理方法落后，就不能充分发挥管理工作的作用，应创造条件，积极采用一些先进的科学管理方法：一是实行目标成本管理。企业应根据其具体情况，通过调查研究，制定出先进合理的标准成本作为企业的目标成本。目标成本确定后，再逐级分解，下达到责任单位、责任者，认真落实并加强监督，定期检查目标的执行情况。目标成本管理有利于企业之间的成本比较，发现自己管理工作的薄弱环节，也有利于企业开展成本预测、决策、分析和比较。二是逐步形成科学的成本管理体系。有些企业只注意生产过程中的成本管理，而忽视供应过程的成本管理，特别是事前成本管理薄弱。采用成本预测、成本决策、成本计划、成本控制、成本分析和考核的科学、系统的方法体系，能使成本预测及时、准确地为成本决策提供所需要的数据；成本决策为成本计划提供科学的依据，成本核算提供的资料能够更好地为成本预测、成本决策、成本控制服务。

二、构建餐饮成本控制体系

餐饮成本控制体系的构建，是一项非常复杂的设计工作，要构建一个科学合理、高效、灵活的餐饮成本控制体系，就必须遵循科学的构建程序。它一般应按以下步骤进行：

1. 确定标准

餐饮管理人员要先确定各种标准，如质量标准、数量标准、成本标准、标准化程序等，用以规定今后一段时间内应获得的营业额和成本费用降低额。可按以下方法制定标准：

(1) 按同行业的平均数制定。

(2) 按历史水平结合现有水平制定。

(3) 按预算水平作为本期的销售额和成本率指标制定。

(4) 按实际测试制定。

此外，餐饮业的管理人员还要确定其他具体标准，用于评估实际工作成果是否符合企业的目标，具体包括：

(1) 质量标准。包括原料、产品和工作质量标准。

(2) 数量标准。包括重量、数量和分量等计量标准。

(3) 成本标准。管理人员可通过测试，确定标准成本。

(4) 标准程序。包括生产经营服务中应采用的工作方法、步骤和技巧。

管理人员制定各项标准时，应注意要让标准能精确反映企业所期望的实际效果，标准既要定得够高，也应让员工通过努力可以达到。普遍达到原定标准后，管理人员应制定更高的标准，促进员工进一步发挥主动性和创造性，还要让员工了解到管理人员对自己的评价。

2. 了解实际的经营成果

制定各项标准后，企业必须制定一套准确了解经营成果的程序，并由专人负责，以确保实际与标准之间形式、方法、依据的一致性。

3. 将实际水平与标准对比

收集实际经营成果信息后，管理人员应对实际经营成果和标准进行比较，以准确掌握各项经营成果，采取改进措施，解决目前存在的问题。

通常，实际水平与标准之间存在一些差异是允许的，如成本上升幅度不大，管理人员可不必采取任何措施进行改进。

4. 改进措施

通过实际成本与标准成本的比较，发现成本上升幅度异常现象，管理人员应及时分析产生差异的原因，以便采取必要的措施加以持续改进。如餐饮产品成本过高，管理人员必须找出原因，修改有关工作程序。多数情况下，引起差异的原因是隐性的，管理人员必须深入调查研究和分析，才能查明原因。以成本控制为例，一般程序如下：

(1) 发现成本差异问题。通过比较实际成本与标准成本、现在成本与历史成本的差距，判断成本发生额的性质。

(2) 揭示造成成本差异的环节和问题之所在。

(3) 分析造成成本差异的原因，以便对症下药，对成本施加控制。

5. 评估成本控制的效果

评估反馈是成本控制程序中的最后一个阶段，也是常常被人忽略的阶段。采取改进措施后，应尽快进行评估，不能等到有时间、有精力的时候才开始评估这项工作，而且评估要做到客观和公正。如果所有指标都达到了预定目标，说明成本控制效果良好；如果只有部分指标达到目标，而绝大多数指标没有实现目标，就要分析原因。将本企业成本指标与同行业先进企业的成本指标进行比较，通过指标差距，就能评估成本控制效果的差异。如指标都很接近，说明成本控制的水平相当，效果良好；如果指标差距较大，则说明企业成本控制效果不佳，需要不断努力，加强和改进成本控制工作，以实现良好的成本控制效果。

三、餐饮产品成本的控制

餐饮企业是劳动密集型企业，生产加工需大量的人力投入。因此，生产加工过程的每个环节和每个人都可能成为成本漏洞。生产加工过程的成本控制内容主要有环境因素成本控制、组织分工成本控制、标准化成本控制、能源成本控制等。

（一）环境因素成本控制

环境设计不当，会造成劳动效率低、劳动力成本加大、设施设备损坏率高等问题。如，行走路线的设计要尽量避免交叉，避免人员和物品碰撞造成的效率降低和用具损坏；下水管道设计应考虑废水的再利用，可将洗碗间的下水管道设在厨房下水道的上游，让有洗涤剂的温水冲刷有油污的厨房下水管道，以避免管道堵塞；多楼层的餐厅可设一个中心厨房，向各楼层的分厨房供应原料，既可减少使用电梯的成本，又可提高上菜速度。

（二）组织分工成本控制

组织分工成本尚有很大潜力可挖，应以组织合理分工和降低劳动力成本为改进方向，做到按照烹调方法分出各种灶台，以保证菜肴质量和批量化生产，克服烹调过程中交替使用不同灶台带来的时间、耗油和能源增加；加强对厨房人员不同岗位能力的培养，以便在客人很少时用多面手值班，避免由于分工过细而造成劳动力成本的浪费。

（三）标准化成本控制

标准化成本控制可以从以下几个方面开展：

1. 制定成本标准

成本标准，指采用科学的方法，经过调查、分析和测算，制定在正常生产经营条件下应该达到的成本水平。它是成本控制的基础。

2. 制定标准菜谱

为保证菜谱上各种菜品的质量达到一定的标准，保证产品质量具有一定的稳定性，反映本餐厅的餐饮风格，必须对菜谱制定标准。这样不仅可以有效地进行厨房成本的核算控制，还能对厨房生产进行标准化控制。标准菜谱，是指厨房对每个菜品所规定的各项质量标准的文件，是质量和成本控制的工具。它主要包括菜肴的名称、菜肴的标准份额、菜肴的标准烹制份数、标准原料组成及用量、标准的制作程序及每份菜肴的标准成本等内容。

（1）菜肴的名称。菜肴名称是菜肴质量的基础。一个高水平的菜肴，其名称必须符合生产该产品所使用的食品原料品种和规格，符合该菜肴的制作方法，符合该菜肴的特点，并且有一定的寓意。

（2）菜肴的标准份额。菜肴的标准份额，是指每盘菜肴在价格固定前提下规定的各种原料的数量或重量。每份菜肴成品每次销售给顾客的数量或重量都必须是一致的，这样，不仅使顾客产生信任和公平感，还有利于菜肴的成本控制。

（3）菜肴的标准烹饪份数。在菜肴的生产过程中，有的菜品只适合一份一份地单独烹制，有的菜品则可数份同时烹制。为了保证菜肴质量、保证标准份额、保证每份菜肴的标准成本，必须对菜肴的标准烹制份数有明确的规定。

（4）标准原料组成及用量。标准原料组成及用量，是规定生产某种菜肴所需的各种主料、配料、调味品的标准数量。标准原料组成及用量是菜肴成品质量的基础。

（5）标准的制作程序。菜肴的标准制作程序，是保证菜肴色、香、味、形的重要控制措施。它规定了菜肴的原料加工切配方法、烹调的温度和时间、菜肴生产使用的工具和设备，以及菜肴盛装的餐具和菜品拼摆方法等。

（6）每份菜肴的标准成本。每份菜肴的标准成本，是控制成本的工具，是菜品定价的基础。其计算公式为：

每份菜肴的标准成本＝各种配料成本单价×各配料数量/烹制份数

每份菜肴的标准成本率为标准成本额占菜肴售价的比例。其公式为：

每份菜肴的标准成本率＝标准成本额/售价

标准菜谱是餐饮产品生产成本控制的重要手段。它列明某一菜肴在生产过程中所需的原料、配料和调料的名称、数量、操作手法、每份分量和盛装工具等的使用方法及其他必要信息。制定标准菜谱，有利于运用电脑等现代化手段进行成本控制，避免和减少客人对菜肴的味道变化产生反感甚至投诉，避免和减少生产过剩的问题，减少监控费用，降低管理费用和培训费用及销售损失，便于标准量控制和进行针对性服务。

3. 制定单位产品标准量

单位产品标准量，即生产批量除以份数。那么如何控制每份菜肴的用量呢？可在标准菜谱中予以说明，厨房人员按照分量控制标准可做到每份菜肴的投料相同，确保每份菜肴的成本相同，顾客可得到同样的价值。每次配菜和装盘时，厨房人员必须了解每份菜肴的分量，必须使用量具、量勺、量标、量杯等分量控制工具。

4. 指定单位产品标准成本

单位产品标准成本，是指生产单位菜肴所耗费的原料成本。制定标准菜谱和单位产品标准之后，管理人员应计算单位产品的标准成本，并运用单位产品的标准成本对餐饮产品原料成本进行控制。

单位产品标准成本可运用以下三种方法来确定：

(1) 公式计算法。

单位产品标准成本=单位购价/单位原料可生产的份数

公式计算法主要适用于外购由供应单位加工切配好的餐饮产品原料，往往包装上注有主料、配料、调料和份数，只需用单位购价除以份数，即可求出单位产品的标准成本。

(2) 投料成本卡。投料成本卡与标准菜谱均记录有菜肴名称、产量、原料名称和数量，但前者介绍有单位和金额，后者则描述生产过程。

计算各种原料成本之和，管理人员即可确定某一标准菜谱的总成本，再用这个数量除以份数，可求出每份标准成本。在市价稳定的条件下采购各种原料，且没有浪费，计算出来的每份标准成本就是每份标准分量菜肴的生产成本。管理人员应根据市场情况，并考虑到员工的时间和精力，决定多久计算一次。

(3) 标准菜谱和成本卡。标准菜谱与成本卡，是将标准菜谱与成本卡合二为一的表格，可一表两用，节约表格成本。

（四）能源成本控制

能源，包括水、煤气、煤、汽油等。能源费用占营业额的6%～10%，且有不断上升的趋势。重视能源控制与否，对成本控制目标能否实现具有决定性的影响。节能方法主要有三种：

1. 尽量选用节能设备和成本低的能源种类

选购冰箱要考虑是否节能；使用煤浆代替煤炭，可节约煤的成本的1/3以上；可选用节能照明系统和感应照明设备，使照明做到人走自熄；在水电价格上涨的前提下，动力部门要采取相应的管理措施，对餐饮厨房动力系统进行改造。随着我国节能技术的不断涌现，将会有更多的节能方式可供选择。

2. 充分利用剩余热量

烤箱的余温可用于保温食品；蒸汽可以回收，节约热能。目前市场上已有回收蒸汽的锅炉。

3. 落实责任

能源节约应落实到使用者的身上；区域照明的节能落实到区域负责人身上；发现浪费能源现象，应查明负责人，并采取有力的教育和处罚措施。

四、餐饮成本控制要点

随着市场环境的变化，竞争对手越来越多，而宏观经济形势发生变化，餐饮市场也会发生较大的变化。市场竞争日趋激烈，高利润时代已经成为过去。加强财务管理，降低成本，获得最大的利润，是加强餐饮管理的出发点和归宿。

（一）采购环节——计划采购，预先控制

餐饮及厨房采购的特点是：品种繁杂，原材料保质期短，价格变化大。特别是食品原料的采购工作，是厨房成本控制的重点，也是难点。

1. 建立原材料采购计划和审批流程

餐饮部管理人员要根据酒店餐饮的营运特点，制定周期性的原料采购计划，并细化审批流程。如每日直接进厨房的原料，要按当天的经营情况和仓库现有储存量来制定次日的原料采购量，并由行政总厨把关审核；重要的原料如燕、翅、鲍等要实行二级控制，要经总厨申报，餐饮总监审核报总经理审批；减少无计划采购，对于计划外及大件物品必须通过呈报总经理批准进行采购。

2. 建立严格的周期性询价、报价制度

目前，酒店餐饮直接进厨房的原料大都以 10 天为一个定价周期，对于日常价格相对稳定的品种则实行旬价、月价制。餐饮部应建立周期性市场询价制度并严格落实，以及时发现市场的价格变动情况。同时，也可以制作时令菜肴，丰富餐饮的菜食品种。

3. 实行分级定价方案

目前，酒店成熟运用的分级定价，有效制约了投标人、定价人及采购部三方。即投标人每旬投标，定价人和采购部人员共同开箱，采购部输入投标价，餐饮部和采购部从另一方输入市场询价，由定价人根据三个渠道得来的原材料价格信息进行比较、筛选，综合情况进行定价，三方不见面。

4. 编制标准市场订单

为了使制定的各种食品原料的规格既符合市场供应，又满足厨房生产需求，厨房管理人员必须严格编制本企业的采购明细单。食品原料的品种与规格繁多，其市场形态各不相同，因此，必须按照自己的经营范围，制定本企业的采购规格，即原料规格，作为供货商和验收人员共同遵守的标准和验收依据。

（二）验收环节——严把进货关

验收控制的目的，是根据酒店自己制定的食品原料质量规格，检验购进的原材料，核对购进原料的价格、数量与报价和订货是否一致，并且将收到的各种原料及时送至仓库或厨房。因此，验收控制是原材料进入厨房和仓库的第一关。

1. 确立明确的验收标准

各酒店行政总厨应根据本酒店的菜单，制定适应于市场且符合菜肴制作要求的原材料标准。对于直接进厨房的原材料，每日都要求由厨房专门的验收人员、采购验收人员对原料的数量、质量进行验收把关。对于质量差、超预定的原料坚决给予退回，保证流入厨房原料的质量和合理数量。

2. 实行验收责任人制度

验收工作应由专职验收员负责，业务上接受餐饮部的专业指导。验收人员应具备丰富的原材料知识，懂烹饪、识原料、善鉴别，且需要定期走访市场，掌握第一手的信息。在验收人员的选择上，要求具备良好的职业道德素质，诚实、精明、细心、秉公办事。验收人要做到“三个不收”：对于超量进货、质量低劣、规格不符的不收；未经批准采购的物品不收；对于价格和数量与采购单不符的不收。每日验收要有餐饮部人员参与。验货结束

后验收员要填写验收凭证，如果以后发现质量问题，第一责任人要承担责任。

3. 贵重原材料标签专人管理

对于一些贵重的物品，应该建立标签制，并由管事组专人管理。如燕、鲍等，不仅要记录重量，还要记录只数。对于一些贵重的海鲜，如龙虾等，也要求记录只数，以便于财务核算和控制。

4. 验收结果记录

要求采购和验收人员每日填写采购验收日报表，记录原材料供应情况，评价供应商的信用程度，并作好相关分析，每 10 天（定价前）要进行总结分析并将报告交餐饮部、财务部和总经理室。

（三）库存环节——有效降低库存成本

库存控制的目的是通过科学的库存管理措施，以最低的库存量保证酒店的运营。在我们对酒店总经理的考核中，也有关于库存的具体指标，其目的就是降低库存，加大现金流量。

1. 完善定期盘存制度

餐饮部要定期做好二级仓库的盘存，一般每半个月要进行一次。通过盘存，明确重点控制哪些品种，采用何种控制方法，如暂停进货、调拨使用、尽快出库使用等，从而减少库存资金占用，加快资金周转，节省成本开支。

2. 以最低的资金量保证营业的正常进行

严格控制采购物资的库存量，每天对库存物品进行检查（特别是冰箱和冷库内的库存物品），对于不够的物品及时补货，对于滞销的物品，减少或停止供应，以避免原材料变质造成的损失。要根据当前的经营情况合理设置库存量的上下限，每天由二级厨房仓管人员进行盘点控制，并做到原材料先进先出，保证原料的质量。对于一些由于生意淡季滞销的原料、酒水等，应及时通过前台加大促销，避免原料过期造成浪费。

3. 做好发货管理工作

发放控制是贮存控制的重点之一。发放控制的目的是按营业需要发放与需求相符的原料，从源头上来控制成本支出。仓库应设立签字样本，特别是贵重物品要专人领用。仓库管理人员要做好原料出入的台账登记工作，这样可以很明显地看到每日经营情况与原料领出的数量比。要做到：没有领料单，发放人员不得发放；领料单填写得不清楚，主管领导没签字或字迹不符，不发放；数量、金额不相符，填写的内容与形式不符合酒店财务管理制度的要求，不发放。对于一些贵重的酒水，则可以采用“换瓶”的方法予以控制。

4. 保质期的管理

酒水、饮料、香烟等都有一定的保质期，仓储必须有标签，并规定一定的保限期质，保质期前若干天必须处理。某酒店曾发生一起投诉，原来客人在早餐就餐时，喝到的饮料是当天到期的，虽然最终酒店没有任何损失，但却给客人留下了极为不好的印象。

5. 建立严格的报损丢失制度

对于原料、烟酒的变质、损坏、丢失，应制定严格的报损制度，如餐具等制定合理的报损率，超过规定，部门必须分析说明原因，并与部门奖金考核挂钩。

6. 月底盘点要点

盘存是一项细致的工作，是各项分析数据的基础。盘存准确与否，也影响成本的准确度。如某酒店当月餐饮毛利率发现异常，公司财务部去检查时发现，该酒店餐饮部在盘仓时只准确地统计在库材料，而对在用材料只是毛估计，造成毛利率变化较大。所以在作盘存时，首先一个原则是先对实物后对账；其次是要盘点在库的原材料数量，更要细致盘点在用的食品原材料数量；其三是要盘点在库饮料、在用饮料酒水（如开瓶已用未用完的数量）。

（四）生产环节——标准化作业控制损耗

对于生产环节的控制，主要工作是建立标准体系。建立标准就是对生产质量、产品成本、制作规格进行数量化，并用于检查指导生产的全过程，随时消除一切生产性误差，达到控制管理的效能。

1. 标准成本与标准菜单

标准成本的制定，是为了保证菜肴在制作、加工过程中，能够按规定的分量和比例出品，并实现期望的毛利率。而标准菜单的制定，可以保证厨房工作的有序进行，并赢得期望的毛利。标准成本和标准菜单，是高星级酒店的质量保证。

2. 编制厨房生产标准食谱

编制厨房原料生产加工的标准净料率和熟制率，对新购进、从未使用过的原材料，应测试其净料率和熟制率是否符合成本管理的要求和需要。标准食谱的内容应包括菜点名称，制作份数，份额大小，投放原料的名称、规格、数量，需要的生产设备，详细的制作程序、时间、温度和方法等。标准食谱不仅控制了各种原料的投放数量和规格，还严格控制了产品质量。

3. 关注价格信息的变动，实行毛利率预警制度

针对不同季节的原材料价格变动情况，定期预报价格变动并提前调整出品价格，有效稳固毛利率。从某些方面来说，一家成熟的饭店，其毛利率的控制水平，体现了餐饮管理的成熟度。

4. 操作过程中的监控

建立生产标准和控制方法，分别对加工、配制、烹调三环节操作标准制定有效可行的控制方法。对某些经常容易出现生产问题的环节重点管理、重点检查，提高各种原材料的综合利用率。如目前多家酒店建立的二级厨房，就可以对各种半成品的利用率加以控制，物尽其用，降低损耗。对边角料加以再利用，使原料的利用率达到最大化，也能有效地控制成本。

5. 宴会、婚宴、会议团队标准化菜单

菜肴制作的科学性是餐饮控制成本和毛利率的关键。酒店应对宴会、婚宴、会议团队制定标准菜单。标准菜单要经过认真核算，而且要定期更新。现在，一些原材料价格变化很大，而一些会议、婚宴预订时间长，很难预测将来的原材料价格波动情况。所以酒店对婚宴和会议预订有一条不成文的规定，就是只预订场地，而菜单一般要求提前一个月或半个月确定，避免了企业在遇到市场价格变化大的情况下利益受损。同时，要注意常年菜单与季节性菜单的搭配。

6. 降低原料成本与烹调师效益挂钩，杜绝加工过程中的浪费

杜绝浪费应抓住一个关键——把握生产过程中的原料控制。加强生产原料的控制，可以使加工技术更加合理，减少原料加工过程中的浪费。

7. 控制餐具破损和易耗品成本

餐具的损耗率控制是餐饮成本管理的重要组成部分。要制定三级流程控制制度，由专人负责，层层把关：备餐间不发破损餐具，洗涤间不收破损餐具，前台服务不出破损餐具。抓住餐具破损的三个环节，各个环节对到本岗位的餐具进行把关，如发现有破损的餐具，退回上一环节，因责任不强而造成的餐具破损由当事人进行赔偿。对于一些易耗品

等，则实行以旧换新。

（五）销售环节——加强培训，提高销售水平

1. 销售环节的控制

点菜信息到厨房和收款台，厨房产品到餐台和收款账单到餐台的关键环节控制要建立操作规范。

2. 定期培训

作为餐饮产品的出品部门，厨房要定期对前台员工进行菜肴知识的培训。尤其是新菜推出，都要有培训、有讲解。而且，厨师长要定期对点菜员进行菜食搭配、利润控制、营养知识的培训，以提高前台的销售。

3. 销售排行榜分析

目前餐饮业竞争激烈，菜食创新频率高，定期对菜品、酒水进行销售排行榜分析，不仅能发现宾客的有效需求，更能促进餐饮的销售。某酒店开业近 4 年，电脑中竟有近 8000 道菜，而经过分析发现，平均每月出售的品种只有 900 种，而平均每月出售在 6 份以上的只有 450 种。建议酒店每季度（或每两个月）进行菜肴销售排行榜分析，对于利润高、受欢迎程度高的可以划入“明星菜肴”，应大力推销，如开发成“总厨推荐菜”；对于利润高、受欢迎程度低的菜要查找原因，如介绍不到位、味道不受欢迎、菜单不精美等，策划如何销售；对于利润低但受欢迎程度高的菜，要创新研讨，提高利润；对利润低且受欢迎程度低的品种，则应进行调整，以提高销售效率和利润率。

五、成本差异的确定和分析

餐饮管理人员定期召开成本分析会并寻找原因，是餐饮成本控制的一项重要工作。

（1）每月食品饮料成本核算。餐饮成本控制应以目标成本为基础，对日常管理中发生的各项成本进行计量、检查、监督和指导，使其成本开支在满足业务活动需要的前提下，不超过事先规定的标准或预算。所以，部门应每日做好成本报表工作；每 10 天对毛利率报表进行分析；每月进行食品饮料成本核算，计算出食品成本率、饮料酒水成本率。

（2）召开成本分析会。餐饮部每月召集一次会议，与财务部、餐饮成本控制员、市场部代表一起，对当月的经营收入情况和成本支出与以前月度的成本进行对比分析，对于未达到或明显超出毛利率标准的查找分析原因。

（一）全员管理——全面考核

1. 加强能源控制，降低能耗

培养全员节能意识。基层管理人员加强巡查力度，风机、空调都要根据季节的不同和经营的需要制定开启时间，在燃气和水的使用方面也要尽量控制浪费。一些酒店针对能耗控制编写了《能耗控制知识手册》，全员学习，养成习惯，降低能耗。餐饮部还应制定明细的《歇业检查表》，对每日歇业后进行检查，结合当天的营业情况进行对比，如发现异常马上寻找原因。

2. 减少设备老化的损耗

如原料的活养循环水及温控设备、原料的储存冷藏设备、菜肴加工器械、烹调制作设备等日常正确的维护与保养。

3. 建立全面的经济责任考核制度

要进一步做好成本控制，必须建立严格的责任成本考核制度。根据餐饮年度的经营考

核指标，对部门总监、行政总厨进行责任考核。同时，各项指标分解到区域和班组，在考核的基础上与经济利益挂钩，做到有奖有罚。

4. 科学定编，动态用人

要科学合理地定制、定编、定岗，并合理使用各种类型的人员，并根据经营季节，动态使用人员，合理控制人力成本。

5. 全员参与，提高意识

各个工作环节、各个工作岗位上的员工是成本费用的直接有效控制者，只有全体员工从上到下组成一个全员成本管理的群体，才能形成一种人人为酒店、处处讲效益的氛围。

（二）未来发展趋势——信息技术和餐饮成本控制

现代科技的发展和管理系统的运用，将会使我们的管理更加便捷和高效，科技化是餐饮管理的发展趋势。采用信息管理工具，可以提高操作层的效率，提高管理层的控制力度，提高决策层决策的科学性。所以，餐饮从业人员应加强学习，科学管理。

完善信息管理系统，实现标准化的餐饮成本核算体系。可以利用先进的计算机系统完善信息管理系统，如我们以前运用的物流系统，可以科学化管理采购—验收—库存—标准菜单—成本核算—供应商沟通的流程。同时，我们也要注意现有软件系统功能的应用。如现有的NCR系统，可以定期作宾客消费分析、菜肴销售排行等，为加强成本控制提供有用的数据。

【案例】

香香火锅店主要火锅菜肴是香辣蟹。一楼餐厅可摆20桌，二楼包厢6个，每个摆1～2桌，装修较旧。近年来，来自浙江的酒店在该市驻扎，装修漂亮，杭帮菜特色突出，受到本地顾客的欢迎，生意兴隆，而香香火锅店日渐清淡。随着夏季的来临，吃火锅的人更少了，已是门可罗雀。店主心情沮丧，感叹酒店太难搞了，如果今年再无起色，就不搞了。

分析：经各方面分析，总结出香香火锅店生意衰落的原因：

（1）口味单一。仅以香辣蟹撑门面，满足不了顾客口味多样化要求。

（2）装修较旧，用餐环境落后于外来浙江餐馆。

（3）内部缺少专业管理人员，以至于厨房、餐厅管理无序，更无创新，最终体现在服务与菜品质量等许多方面不尽如人意，常有顾客投诉。

（4）回头客日渐减少，甚至原来常来的关系较好的熟客也来得较少了。

[复习思考题]

1. 餐饮生产的特点有哪些？
2. 采供部经理的岗位职责是什么？
3. 餐饮成本控制的要点有哪些？

第六章　餐饮服务与宴会管理

第一节　餐饮服务人员的素质

如今的餐饮市场蓬勃发展，给消费者带来了多样的餐饮选择。同时，也形成了餐饮业经营竞争激烈的态势，各式餐厅迅速崛起后又暗淡衰退。如何使餐饮经营立于不败之地？许多人作过艰辛的探索。

一、岗位素质常模

除了经营特色与抓住消费心理外，具有健全的餐饮经营体制也是餐饮业者生存最根本的因素。这包括餐厅经营者在相关作业流程上的良好控制，也包括餐饮服务人员在专业知识与技术上的良好表现，两者均具备，才能达到永续经营的目的。

就餐饮服务人员在专业知识与技术上的良好表现而言，聘用那些合乎素质要求的餐饮服务人员，并不断提高他们的素养尤有必要；更要根据餐饮企业的需要，设计所需人员的岗位素质常模，并以此作为招聘的依据之一。

岗位素质常模是对担任某一岗位职务的人的素质的要求。它包括：

(1) 对人员的基本状况要求。如年龄、性别、外貌、健康、民族、语言、宗教信仰等要求，以及后天环境、工作经历对其思想的影响。

(2) 技术要求。即接受教育的状况及经历。

(3) 情商。即性格要求，就是衡量一个人会不会做人，包括人的性格、品行、情绪、处事能力等。

常模是一个范围，因为事实上很难找到完全符合常模的人。

二、餐饮服务人员的素质要求

(一) 思想素质

1. 职业道德

餐饮服务人员要热爱餐饮服务工作，尊重客人，全心全意为顾客服务，忠实履行自己的职业职责，满足顾客的需要，做好服务工作。除此之外，还要诚信待客、实事求是，维护饭店信誉和消费者的合法权益。

2. 服务意识

餐饮服务是饭店的产品，餐饮服务质量更是饭店的生命。服务意识，是对饭店服务员的职责、义务、规范、标准、要求的认识，要求服务员时刻保持“客人在我心中”的真诚感。餐饮服务人员要热爱自己的工作，不断提高服务意识。

3. 组织纪律

餐饮服务人员应自觉贯彻执行党和国家的各项方针政策和规定，主动自觉地遵守饭店的店规和部门的各种规章制度，有良好的时间纪律观念。

（二）业务素质

1. 文化理论知识

为了服务好客人，使客人产生宾至如归的感觉，餐饮服务人员必须掌握丰富的文化知识。良好的文化素质、专业素质和广博的社会知识，不仅是做好服务工作的需要，而且有利于服务人员形成高雅的气质、广泛的兴趣和坚韧不拔的意志。这些文化知识主要包括：

（1）我国主要客源国和地区的概况、宗教信仰和饮食习惯。

（2）我国主要菜系的特点及名菜、名点的制作过程和风味特点。

（3）所供应菜点、酒水的质量标准及性能特点。

（4）一定的外语水平。

除此之外，历史知识、地理知识、国际知识、语言知识等也可以使餐饮服务人员在面对不同的客人时能够塑造出与客人背景相应的服务角色，与客人进行良好的沟通。餐饮服务人员除了利用业余时间从书本上学习知识外，还可以在平时接待客人中积累，同时饭店也应当进行有针对性的培训。

2. 专业操作技能

餐饮服务的每一项服务、每一个环节都有特定的操作标准和要求，如摆台、上菜、分菜等，因此餐饮服务人员要熟练掌握餐饮服务的基本技能，懂得各种服务规范、程序和要求，从而达到服务规范化、标准化和程序化。这是做好餐饮服务工作的基本条件。

3. 驾驭自如的语言能力

语言是饭店员工与客人建立良好关系、给客人留下深刻印象的重要工具和途径。语言不仅是交际、表达的工具，它本身还反映、传达饭店的企业文化、员工的精神状态等辅助信息。饭店员工的语言能力的运用主要体现在以下几个方面：

（1）语气。饭店员工在表达时，要注意语气的自然流畅、和蔼可亲，在语速上保持匀速，任何时候都要心平气和、礼貌有加。

（2）语法。语法运用要正确。主要是语句成分的结构搭配准确无误。

（3）逻辑。逻辑讲的是语句的因果关系、递进关系等方面的正确使用。这是语言表达中一个非常重要的方面，逻辑不清或错误的句子很容易被客人误解。

（4）身体语言。身体语言在表达中起着非常重要的作用，在人际交往中，身体语言甚至在某种程度上超过了语言本身的重要性。饭店员工在运用语言表达时，应当恰当地使用身体语言，共同构造出让客人感到易于接受和感到满意的表达氛围。

（5）表达时机和表达对象。饭店员工应当根据客人需要的服务项目、饭店的地点、客人的身份、客人的心理状态等具体情况，采用适当得体的语言进行表达。

【资料链接】

餐厅服务员要掌握的基本礼貌用语

语言是服务员和顾客交流的一种工具，所以服务员要掌握基本的礼貌用语。

基本礼貌用语分为：欢迎语、问候语、告别语、称呼语、祝贺语、道歉语、道谢语、应答语、征询语。

（1）欢迎语：欢迎您来我们酒店、欢迎光临。

(2) 问候语：您好、早安、午安、早、早上好、下午好、晚上好、路上辛苦了。

(3) 告别语：再见、晚安、明天见、祝您旅途愉快、祝您一路平安、欢迎您下次再来。

(4) 称呼语：小姐、夫人、太太、同志、首长、先生、女士、大姐、阿姨。

(5) 祝贺语：恭喜、祝您节日快乐、祝您圣诞快乐、祝您新年快乐、祝您生日快乐、祝您新婚快乐、恭喜发财。

(6) 道歉语：对不起、请原谅、打扰您了、失礼了。

(7) 道谢语：谢谢、非常感谢。

(8) 应答语：是的、好的、我明白了、谢谢您的好意、别客气、没关系、这是我应该做的。

(9) 征询语：请问您有什么事吗（我能为您做什么吗）？需要我帮您做什么吗？您还有别的事吗？请您……好吗？

(10) 基本礼貌用语10字：您好、请、谢谢、对不起、再见。

(11) 常用礼貌用语词11个：请、您、谢谢、对不起、再见、请原谅、没关系、不要紧、别客气、您早、您好。

(12) 专业语：欢迎您来我们餐厅用餐、请稍等、请这边坐、您的菜上齐了、请问您喜欢吃点什么、请用餐、请坐、谢谢、再见。

服务员应正确使用服务用语，语气清晰、声音柔和、语言准确、简练清楚、面带微笑、态度和蔼亲切、语言与表情一致、不左顾右盼、垂直恭立、距离适当、注视脸的三角区、答应客人的事力争办到、不能回答的及时请示而不能随意乱说、说话文明礼貌。

4. 应变能力

餐饮服务是一种特殊的人际交往活动，服务人员应主动加强与客人的交往，加深对客人的了解，采取客人乐于接受的方式进行服务。服务人员可以通过与客人的交往，来创造亲切、随意的就餐环境，加强与客人的情感交流，提高客人对饭店的忠诚度。所有这些，均要求餐饮服务人员具备一定的人际交往的应变能力。在餐饮服务中，有时会发生一些特殊情况，这就要求服务人员有敏锐的观察能力、判断能力，并在遵守饭店各项制度的前提下灵活处理，本着尽快、妥善的原则，尽量满足客人的要求，积极、热情地帮助客人解决问题。

5. 沟通能力与专业的推销技能

餐饮工作小至餐巾折法，大到与顾客的沟通，都属于专长。具备了各项工作技能，有了专长，才能游刃有余地完成工作职责。

餐厅服务员是餐厅第一线接触顾客的人，不同的顾客有不同的消费习性，对于任何疑问与需求，服务员都要通过灵活的说话方式与技巧，提出独到的见解，让顾客信服，以促使服务工作进行得顺利。

活泼得体的肢体动作是一种无声的沟通语言，它能打破地域界限，排除文化、政治、宗教的差异，而成为无国界的沟通语言。有可能因为一个微笑、一个手部小动作、一场专业的桌边服务，而拉近与顾客间的距离，建立餐厅与顾客间的良好关系。

点菜服务员要具备专业的推销能力。点菜服务是餐厅服务的灵魂，顾客点菜时，依赖的是点菜服务员的菜单推销。

对于餐厅而言，每一位服务员即是经过训练的菜品推销员，他们全面了解菜单上的餐食种类与特色，适度提供顾客点餐的参考信息，并能根据顾客的不同口味推荐菜品。

（三）身体素质

良好的身体素质是做好服务工作的保证。服务工作中站立、行走、托盘都要有一定的腿力、臂力和腰力，所以要有健康的体魄才能胜任此项工作。除此以外，餐饮部服务人员要定期作身体检查，以确保没有传染性疾病。

1. 仪表的具体要求

餐饮服务员要具备端庄大方的气质，整齐清洁的仪表。餐饮服务员的外在形象很重要，虽然不要求长得多么漂亮，但气质端庄大方很重要，这种气质来源于对服务工作的热爱和自信。服务员在执业时表现于外的形象不仅代表个人特质，更代表餐厅的形象。整齐清洁的服装仪容，能展现工作者的青春活力与餐厅经营的专业。所以，餐饮业必须重视员工服装的整齐与清洁，要培训员工注重这一项专业条件——拥有干净舒适的外表。

具体要求：上班穿工作服，经常保持整齐干净，裤长合适，在上班前更换，衣袋内不装多余的物品；不可敞胸，服务卡位于左胸前；不能将衣袖卷起，女服务员穿裙子不可露出袜口，应穿肉色袜子；系领带时，要将衣服的下摆扎在裤子里；衬衣也要穿白颜色，并保持整洁；领带扎正，脏了要洗，破了要换；鞋子穿黑色的皮鞋或布鞋，皮鞋擦油，保持光亮，布鞋保持干净、整洁；个人卫生做到“四勤”，即勤洗手、洗澡，勤理发、修面，勤换洗衣服，勤修剪指甲；上班前不吃生葱、生蒜等有浓烈异味的食品。

2. 仪容的具体要求

表情明朗、面带微笑，亲切和善、端庄大方；头发梳理整洁，前不遮眉，后不过领；男服务员不得留鬓角、胡须；女服务员如留长发，应用统一样式发卡把头发盘起，发型美观大方；指甲要经常修剪，不留长指甲，不涂指甲油；女服务员上班可以淡妆打扮，但不准戴手镯、手链、戒指、耳环等贵重饰物及夸张的头饰，戴项链不外露；男女均不准戴有色眼镜和饭店规定以外的物品和装饰品。

3. 仪态举止的具体要求

宾客是以服务员的语言和动作、行为、态度作为评价服务的标准的。行为准则：行为敏捷、动作优美、不卑不亢、训练有素，给宾客服务依据规格，按规定的程序有序进行，不能马虎和随心所欲；树立顾客至上的思想；注意一定的礼仪，使宾客有宾至如归的感觉；注意自己的仪容仪表和行为举止，给人以端庄大方、美观的感觉。

行为举止的具体要求：

（1）站姿：站立是餐饮服务的基本功。女服务员站姿：身体要端正，挺胸，收腹，眼睛平视，嘴微闭，面带笑容，双臂自然下垂，在体前交叉，右手放在左手上以保持随时提供服务的姿态；双脚呈“V”字形，脚尖开度为50°，膝盖和脚后跟要靠紧，不能双脚叉开。男服务员站姿：头正肩平，挺胸，收腹，两眼平视，面带微笑，左脚向左迈出一小步与肩同宽；双手背后，右手放在左手上，手臂成90°直角。

（2）蹲姿：左脚向前一小步，上身挺直蹲下，左手放在左腿上。

（3）坐姿：入座时略轻而缓，但不失朝气。走到座位前转身，右脚后退半步，左脚跟上，然后稳定坐下。入座时，（女子）穿裙子的要用手把裙子向前拢一下，坐下后上身正直，头正目平，面带微笑，腰背稍靠椅背，两手放在两腿上；两膝间的距离，男子以一拳为宜，女子则不分开为好。

(4) 行态：走姿应端庄，行走时身体重心稍向前，眼睛平视，面带微笑，挺胸抬头，不要晃肩，双手自然摆动，臂部放松，脚步轻缓，步履不大且均匀；迎客时走在前面，送客时走在后面，客过要让路，同时不许在宾客中间穿过；多人行时不要横直一排，不在饭店内奔跑追逐；可大步走，但要给超过的人道歉。

(5) 鞠躬礼：迎宾员——身体向前倾斜 30°，说"您好"等专业礼貌用语；服务员——身体向前倾斜 15°，说专业礼貌用语；客人点完菜，解释问题后适当行鞠躬礼，说礼貌用语。

(6) 点头礼：在交叉过路口、过道口，遇见客人或者同事点头问好；包房客人开门叫服务员或大厅客人示意叫服务员，不方便答应可用点头礼表示。

(7) 手势：是最有表现力的一种"体态语言"。它是餐厅服务人员向宾客作介绍、说话、引路、指示方向等常用的一种形体语言，要求正规、得体、适度；手掌向上，在指引方向时，应手臂伸直，手指自然并拢，并注意对方是否已看清目标。同时，眼睛也要转向目标，并注意对方是否已看清目标。在介绍、指路时，不得用一个手指比画；说话时，手势不宜过多，幅度不宜太大。

严格禁止在宾客面前吸烟、吃零食、掏鼻孔、剔牙齿、挖耳朵、打饱嗝、打喷嚏、打哈欠、抓头、搔痒、修指甲、伸懒腰及做出其他饭店不允许的行为。

(四) 心理素质

餐饮行业有着区别于其他行业的特殊性，如果没有好的心态来面对餐饮服务这一行业，那么就无法做好餐饮服务工作。

1. 态度

态度是餐饮员工从业心理中一个重要的组成部分，是否能树立正确的从业态度，决定着餐饮员工从业中的努力程度、待人接物的情绪等。这要从以下几方面进行阐述：

(1) 有的员工认为饭店是专门给人赔笑脸的行业，地位低下，工作起来没干劲，这是一种非常消极的从业态度。餐饮员工确实应当对客人笑脸相迎，这是由餐饮的服务业性质所决定的，也是人与人之间起码的表达尊重的方式。但对客人笑脸相迎并不意味着餐饮员工就低人一等，而是让客人在饭店有一种宾至如归的感觉，让客人感觉到饭店对他的欢迎、友好与热忱。因此，餐厅服务员要有热情诚恳的态度、友善的亲和力。餐厅除了销售提供的食物、饮品外，更需将优质的服务奉献给宾客。

专业的餐饮服务人员应有"以客为尊"、"顾客第一"的观念。友善的服务态度与亲和力是接触客户时所必须具备的条件，更可能成为拉近顾客与服务人员间关系的主因。专业的服务员，应能以亲切自然的微笑和诚恳的态度接待每一个顾客，将餐食或其他需求传给他们，并时常设身处地为顾客着想，让顾客享受宾至如归的安适气氛；要具有应对各种性格的顾客的能力，无论顾客的社会地位、穿着、举止等如何，对每一位莅临用餐的客人均提供相同的服务品质与态度，并尽力用心记住每一位曾经来访顾客的姓名、特殊需求、餐饮习惯，以反映对每一位顾客的尊重与重视。

(2) 有些餐饮员工对客人不是采取一视同仁的态度，而是因人而异，对贵客热情备至，对一般客人则冷脸相迎。客人不论背景、地位、经济状况、国籍、外观衣着怎样，在人格上都是平等的，如果餐饮员工在服务中厚此薄彼，那么受到轻慢的客人必然会对饭店留下不好的印象，使饭店的发展受到损失。

2. 意志

意志是一个人在面对事物时所表现出来的克服困难、达到目标的决心，这是一种非常成熟的从业心理状态。餐饮员工的意志主要表现在以下几个方面：

(1) 恒心。餐饮员工虽然每天所面临的客人不一样，但所从事的工作具有相当的重复性。如果没有足够的恒心作支持，就会容易畏难而退，对客人的服务工作就无法很好地开展。

(2) 耐心。当客人产生误会时，要耐心地向客人解释，直到客人理解为止；当客人所询问的事情没有听明白时，餐饮员工要耐心地将事情说清楚，直到客人得到满意的答复为止。

(3) 自律。自律就是将工作要求内化为自己的言行举止。所谓内化，强调的是在无须外来监督管理的前提下，充分地发挥自己的主观能动性，自觉、自主地将工作做得井井有条。

(4) 自控。每个餐饮员工都有自己的情感、尊严和正当权利，在餐饮服务工作中，经常会碰到客人与员工之间发生的误会，有时候原因可能出现在客人身上。这类矛盾的处理方式、处理主导思想就要强调餐饮员工的自控意识。

3. 情感

情感是一个人对所从事的工作以及与工作相关的人和事的喜欢、爱好、厌恶等积极或消极的情绪。情感是坚定意志的基础，是紧紧联系员工与饭店的纽带，是促使员工忘我地投入工作的催化剂。它主要表现在以下两方面：

(1) 作为一名餐饮员工，首先应当充分地认识到餐饮服务业的光荣、高尚。

(2) 餐饮员工应当热爱自己的同事，处理好与上下级的关系。餐饮服务工作是团体性的、流水线化的，完成专业的工作流程，必须通过各环节的相互配合。因此，一位优秀的餐饮服务人不仅要热情诚恳地服务客人，也必须与内部同仁保持友好、互相尊重、精诚合作的关系。拥有良好的与同事和上下级的关系，有助于自己在工作中时时保持愉快、健康的心态。如果员工之间关系不和谐，则会影响对客人的整体服务，给客人留下不好的印象。

人的情绪往往会因环境、他人、经济状况等外在因素产生不同变化。然而，身为餐饮服务者，必须懂得控制与调节个人情绪状况，对外始终以和善可亲的态度服务顾客，对内则以相互尊重、团结配合的工作态度与同仁愉快相处，建立个人良好的人际关系。在配合工作的过程中，难免遇到矛盾和摩擦，需要有宽容他人的胸怀、敢于承担责任的风格、以团队整体利益为重的精神。

除此之外，餐饮服务员还需要有主动负责的精神，有一双敏锐的眼睛，而不应“熟视无睹”。只要见到顾客有需要服务的动作时，即应主动上前服务，不必等客人召唤。主动、积极的服务态度是一位优秀服务员精神面貌的体现。

由于工作性质与环境的差异，餐饮服务人员不同于一般行政事务工作者，无论工作时间还是工作内容，都有特殊的地方，所以非专业人员未必能胜任。

餐饮服务人员工作负荷量一般较大，除了接触不同类型的顾客外，8 小时的工作往往皆须站立或四处走动，与办公室内的事务性工作相比，要耗费更多的精神与力气。因此，拥有健全的身心，对一位优秀的服务人员而言，是绝对必要的。更重要的是有责任心、不惧怕困难，有坚持性、有耐心、有毅力，努力完成工作任务，这是餐饮服务员应有的品格。

根据企业的实际，依据研究设计的岗位素质常模，聘任所需的服务人员，是餐饮企业的领导者不可忽视的工作。

三、餐饮员工需要了解的知识

1. 丰富的文化知识

包括地理知识、历史知识、语言知识、国际知识、政策法规知识、心理学知识。这些知识可以使酒店员工在面对不同的客人时，能塑造出与顾客背景相适用的服务角色，与顾客进行良好的沟通。

2. 酒店及酒店所处环境的基本情况

（1）服务项目及分布、特色服务。

（2）服务项目的具体内容、服务时限、服务提供部门及联系方式。

（3）酒店营业场所的分布及其功能、公共设施。

（4）酒店所处的地理位置、城市交通、旅游、文化、娱乐、购物场所的分布状况。

（5）酒店发展简史、酒店重大事件、主管酒店的行政部门。

（6）酒店的管理结构、各部门的相关职能、下属机构及有关酒店董事长、总经理、党委书记、总经理助理等高层管理人员的情况。

（7）酒店的管理目标、服务宗旨、企业文化及酒店的店旗、店徽、店歌。

3. 酒店员工的岗位职责、相关制度及规定

（1）本岗位的职能、重要性、性质及在酒店中所处的位置。

（2）本岗位的工作对象、具体任务、工作标准、效率要求、质量要求、服务态度及应当承担的责任。

（3）本岗位的工作程序、工作规定、奖罚措施、财务、安全，以及国家行政机关相对应行业的管理规定，如法律、财税、餐饮卫生、消防等；本岗位工作任务所涉及的酒店相关硬件措施、设备、工具的操作使用。

（4）“三知”：设备、工具的使用应当知原理、知性能、知用途；“三会”：会使用、会简单维修、会日常保养。

（5）掌握酒店软管理措施，如相关票据、账单、表格的填写方法、填写要求、填写规定。

第二节　餐饮服务的基本技能

餐饮服务在餐饮过程中有着重要的作用。作为一名合格的餐饮服务管理人员，需要具备许多素质，餐饮服务中所需的基本技能就是这许多素质中的一个方面。

一、托盘

在餐厅服务工作过程中，从餐前摆台，餐中提供菜单、酒水和为客人更换餐具、递送账

单等一系列服务，到餐后的收台整理，都要使用托盘。

（一）托盘的种类

1. 木质托盘

这种托盘用木做坯，外表用油漆进行彩绘。

2. 金属托盘

这种托盘种类较多，有铜质托盘、铝制托盘、不锈钢托盘及高档的金、银托盘。金、银托盘一般采用铜质金属做胎，外镀金或银。

3. 塑料托盘

这类托盘均采用防滑工艺处理。

（二）托盘的规格

托盘的形状大体有两种：一种是圆形托盘，有直径35厘米，40厘米，45厘米等不同规格，餐厅席间服务常用的托盘直径以40厘米较为适宜。另一种为长方形托盘，其规格是长51厘米，宽38厘米。

（三）端托与托盘使用

端托服务大体分两种：一种是徒手端托，另一种是托盘端托。

1. 徒手端托

餐厅席间服务中，往往需要服务人员用手直接将客人所需物品或食品端送至客人面前。使用金、银器皿将菜肴直接送至餐台上时，往往采用徒手端托的方法进行服务。由于金、银器皿和所端物品较贵重，在端托时应采用双手捧托的方法。

要端托菜肴食品盛器时，当盛器与托盘尺寸相同或大于托盘的情况下，也应采用徒手端托的方法进行端托服务。

2. 托盘端托

托盘端托服务根据端托的物品及托盘的用途可分为两种：一种为轻托，一种为重托。

轻托又称胸前托，适宜端托体积较小、重量较轻的物品。轻托服务操作时，技术要求高，因为所托物品越轻，托盘越容易发飘而不易端托平稳，因此，在轻托服务操作时，准备工作非常重要。

重托又称肩托，是指对较大的物品的端托。重托端托需要餐厅服务员有一定的臂力和技巧。

无论是轻托还是重托端托服务，都有理盘、装盘、托盘三大步骤。每个步骤均应按服务规范中的卫生要求去做：在整理托盘前，将托盘进行洗涤、消毒；同时，操作人员的手也要进行消毒后方可进行理盘、装盘、端托服务，以免造成对食品的污染。

(1) 轻托（胸前托）端托

①理盘。理盘就是根据所托的物品选择适用的托盘。码放物品前，对于没有防滑处理的托盘，在托盘内应铺垫潮湿干净的餐巾或托盘垫布。垫布的大小要与托盘相适应，垫布的形状可根据托盘形状而定，但无论是方形还是圆形垫布，其外露部分一定要均等，使整理铺垫后的托盘既整洁美观又方便实用。

整理托盘时应注意托盘的平整，因为有些托盘使用一段时间后，就会出现变形，如金属类的托盘边沿容易变形。变形的托盘对端托物品存在安全隐患。有些塑料托盘使用一段时间后容易出现变色或斑痕，如果再继续用其为客人端送物品时，一来不雅，二来容易引起客人对仪器的卫生安全产生疑虑。因此，这类托盘应停止使用。在理盘前要用医用酒精将托盘及手消毒后再去托盘。

②装盘。根据物品的形状、重量、体积和使用的先后次序合理装盘。装盘是端托的关键环节。

轻托物品的装盘，一般均要求单件平摆（餐碟、汤碗除外），并根据所用托盘的形状码放。用圆形托盘时，码放的物品应呈圆形；用长方形托盘时，码放的物品应横竖成行。无论使用哪种托盘，物品均应放于托盘的中心部位，以保持重心平衡。如同时端托的物品重量和高度不等时，应将较高的物品放于托盘的中心部位，摆放分布得当，并按照先用的在上、在前，后用的在下、在后等原则合理装配，摆放均匀。这样，装盘既安全稳妥又便于端托服务。

③托盘。托盘用左手，端放在左手掌上为宾客服务。方法是：左手向上弯曲，小臂垂直于左胸，肘与腰部的距离为15厘米，大臂垂直；掌心向上，五指分开，用手指和掌托住盘底，手掌形成凹形，掌心不与盘底接触；先把盘放于左手上，再用右手调整好盘内的物件，确保托盘平衡。

④行走。头正臂平，上身挺直，注视前方，脚步轻缓，动作敏捷，步伐稳健，视线开阔。托盘时手腕转动轻松、灵活，使托盘随走动的步伐自然摆动。切记不可出现僵硬和托盘摆动幅度太大等不美观、不高雅的动作。

常用行走步有五种：

常步：步履均匀而平缓。端托一般物品时使用常步。

快步（疾行步）：步履稳、快而动作协调。端送火候菜或急需物品时，在菜不变形、汤不洒的前提下，以最快的速度走路。

碎步（小快步）：步距小而快的中速行走。适用于端送汤汁多的菜肴及重托物品。

跑楼梯步：身体向前弯曲，重心向前，用较大的步距，一步紧跟一步，巧妙地借用身体和托盘运动的惯性，既快又节省体力。

垫步（辅助步）：侧身过时右脚侧一步，左脚跟一步。端送物品到餐厅前欲将所端物品放于餐台上时应采用垫步。

⑤卸盘：当物品送到餐厅时，小心地放在一个选择好的位置，双手将盘端至桌前，放稳后，从盘两边交替拿下双手。

（2）重托端托

重托是对较大且重的物品的端托，服务员需有一定的臂力和技巧。

①理盘。与轻托基本相同，应选大小适宜的托盘。重托往往端托汤汁较多的物品，做好清洁工作是非常重要的，只有及时将盘内的油污清洗干净，才能避免物体滑动的事故。

②装盘。重托物品装盘时，要做到托盘内的物品分类码放均匀得体，使物品的重量在盘中分布均匀，并注重把物品按高矮大小摆放协调；物体较高或较重者，应摆于托盘的中心位置，切忌将物品无层次地混合摆放，以免出现倒、掉而造成餐具破损；装盘时还要使物与物之间留有适当的间隔，以免端托行走时发生碰撞而产生声响或造成端托不稳。

③托盘。重托又叫肩托，重托起托的姿势是双手将盘移至服务台边，使托盘二分之一悬空。右手扶托盘将托盘托平，双脚分开呈八字形，双腿下蹲，略成骑马蹲裆势，腰部略向前弯曲。左手伸开五指托起盘底，掌握好重心后，用右手协助左手向上用力将盘慢慢托起，在托起的同时，托盘向上向左旋转，送至左肩外上方，左手指尖向后托实、托稳后(托盘距肩2厘米处)，再将右手撤回呈下垂势。盘子不靠臂、盘前不靠嘴、盘后不靠发(右手扶住盘前角)。托盘一旦托起，要始终保持均匀用力，将盘一托到底，否则会造成物品的歪、洒、掉、滑的现象。随时避免他人的碰撞，上身挺直，两臂平行，注视前方。行走步履稳健平缓，臂不倾斜，身不摆晃，遇障碍物绕而不停，表情轻松、自然。

（四）端托服务应注意的问题

1. 端托姿势

端托姿势的正确与否直接影响服务人员服务动作的美观效果。端托姿势主要体现在起托及端托上。

起托时，正确的姿势是：距操作台30厘米处（以身高来调整距离），双脚分开，双腿屈膝，腰与臂呈垂直势，上身呈略向前倾斜状站稳；左手掌心向上，指尖向前与操作台平行，伸出右手拉拿托盘的边沿，将托盘移向左手掌及小臂处；待托实后，双脚并拢并收回右手，同时身体回复直立状；托盘起托后，大臂呈垂直状，大臂与小臂成90°角，使托盘置于身体左侧胸前；端托时，做到站稳、端平、托举到位、高矮适中。

2. 端托卫生

端托时要注意卫生。轻托时，所托物品要避开自己的鼻口部位，也不可将所托物品置于胸下；端托中需要讲话时，应将托盘托至身体的左外侧，避开自己的正前位。重托时，端托姿势要正确，托举到位，不可将所托物品贴靠于自己的头颈部位。

3. 端托安全

(1) 端托时，左手端托，右手下垂，除了起托和落台时右手扶托外，禁止右手扶托。右手扶托危害有三点：一是不雅观；二是遮挡行走视线；三是容易造成端托失误。

(2) 端托时，目光应平视前方，切勿只盯托盘；需拿托盘内所托物品时，应做到进出有序，确保所托物品的平衡。

(3) 需用托盘垫布时，垫布应置于托盘正中，四角下垂应相等，切勿偏铺，影响美观。

二、斟酒服务

在餐厅的经营活动中，酒及饮料的销售有较高的利润，同时，它也是餐厅要求餐厅服务员重点推销的一种有形的产品。无论是中餐、西餐还是零点或宴会，餐厅服务员均要面对面为宾客提供斟倒酒水（饮料）的服务，因此，掌握必要的斟倒酒水（饮料）服务的知识和技巧是餐厅服务技能的一个重要方面，同时也是企业优质服务的体现。

（一）酒水单的准备

酒水单是餐厅向客人提供酒水的指南。酒水单中标有酒水品名及规格、售价。一般餐厅的酒水单，通常使用中、英两种文字，有些餐厅根据服务对象的侧重不同，也可能标有三种文字，如中文、英文、日文或韩文等。酒水单是服务人员销售商品与收费标准的依据，同时精美的酒水单也是企业的一个宣传自我的园地。

（二）酒水准备工作

1. 酒水品种的准备

餐厅所经营的酒水大体可分为常规品种和特殊品种两大类，常规品种是各餐厅常备且是市场畅销的品种，特殊品种则是根据餐厅所经营的不同风格、特点而配用的酒水品种。餐厅所经营的各种不同酒水一般均应摆放于餐厅较明显的位置，以方便顾客选用。酒水的陈列要讲究造型艺术，美观大方，并明码标价，方便取拿，以便促销。

（1）酒水的准备

客人用酒有时是提前预订的，在订餐时将酒水预订好，但大多数顾客是到餐厅后才选酒。这时服务人员应主动、及时地向顾客提供酒水单，并向客人介绍本餐厅所经营的酒品及饮料的种类、口味、乙醇含量、产地、香型、瓶装容量、价格等情况。顾客选中的酒品，服务人员应立即除去其外包装待用。

（2）展示酒水品牌

顾客选定的酒水，在开启之前，服务人员应先请顾客确认此酒水的品牌，当顾客确认无误之后，即可开启斟用。这是酒水服务中不可忽视的重要环节，这个过程也叫示酒。请顾客确认酒水品牌的方法是：服务人员站立在客人的右侧，用右手握住酒瓶的颈部，左手用一块餐巾托住瓶底，将酒瓶上的商标朝向顾客，让宾客辨认商标、品种。这样既能表示对顾客的尊重，又可证明酒品的可靠性。当客人确认后，表示可以斟酒时，方能进行下一步工作。示酒是斟酒服务的第一个程序，它标志着服务操作的开始。

2. 酒水的处理

（1）酒水的冰镇处理：许多酒品的饮用温度大大低于室温，这就要求对酒品进行降温处理。比较名贵的瓶装酒大都采用冰镇的方法来降温（表 6－1）。冰镇的方法有加冰块、加碎冰和冷冻等方法。

例如，啤酒最佳饮用温度为 4℃～8℃，白葡萄酒最佳饮用温度为 8℃～12℃，香槟酒最佳饮用温度为 4℃～8℃。服务人员应视自然温度的高低，确定酒水是否需要冰镇。

表 6－1　酒水的冰镇处理

服务程序	工作步骤
准备	准备好冰镇酒品及需要的冰桶，并用冰桶架架放在餐桌的一侧。
冰镇	（1）桶中放入冰块，将酒瓶插入冰块中约 10 分钟，即可达到冰镇效果。如客人有特殊要求，可按客人要求延长或缩短时间。 （2）服务员手持酒杯下部，杯中放入冰块，摇转杯子，以降低杯子的温度，并对杯具进行降温处理。 （3）用冰箱冷藏酒品。

（2）酒水的常温饮用：如红葡萄酒。

（3）酒水的加温处理：有些酒品的饮用温度高于室温，这就要求对酒品进行温烫。温烫有四种常用的方法：水烫、火烤、燃烧和冲泡。水烫，即将饮用酒事先倒入烫酒器中，然后将烫酒器置于热水中升温。火烤，即将酒装入耐热器皿，置于火上烧烤升温。燃烧，即将酒盛入杯盏内，点燃酒液以升温。冲泡，即将沸滚饮料（水、茶、咖啡等）冲入酒液，或将酒液注入热饮料中。其中，以水烫最为安全，其服务程序见表 6-2。

表 6-2 **酒水的加温处理**

服务程序	工作步骤
准备	准备暖桶、酒壶和酒品，并用暖桶架架放在餐桌的一侧。
加温	(1) 在暖桶中倒入开水，将酒倒入酒壶，然后放在暖桶中升温。 (2) 加温操作必须当着客人的面进行。

例如，温白酒是将白酒放入事先准备好的温酒器内用热水加温，酒温一般掌握在 30℃～35℃。黄酒一年四季人们都喜欢热饮，并用具有保温性能的陶瓷酒具。温黄酒的方法是：将酒注入温酒壶内，用开水烫热，达到 40℃～45℃即可，不可用烧烤和燃烧的方法，以免酒温太高使酒香挥发而影响酒的口感。

（三）酒具的准备

酒具是斟酒服务的必备用品。餐厅应该准备的酒具种类、规格，要与其经营的酒品种类相配。一般中西餐常备酒具有水杯（饮料杯）、红酒杯、白酒杯、黄酒杯（碗），如图 6-1所示。

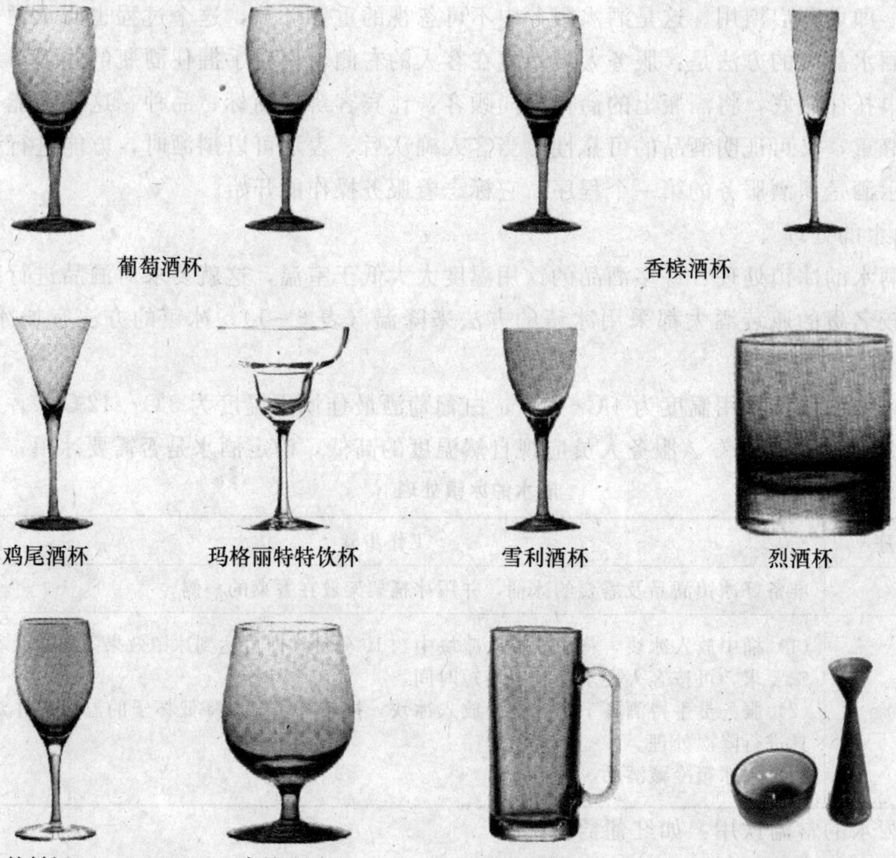

图 6-1 中西餐常用酒具

西餐常备的酒具有水杯、饮料杯、葡萄酒杯、烈性酒杯等，同时还应备有冰酒桶、温酒壶、酒钻、酒篮、开酒器、包巾布及盛装瓶盖的盒子等。

以上这些酒具均应放在餐厅随时可以取到的地方（常用的开酒器服务人员应随身携带），无论顾客选中哪款酒品，服务人员都应及时将适用的酒杯、饮料杯送到顾客面前，并及时开启所需的酒品及饮料。由于不同酒品的风味和色泽各不相同，如果使用同一只杯饮用几种不同酒品或饮料，就会使饮品失去各自的特色。因此，餐厅应配备足够数量、品种不同的酒杯，使服务人员从事酒水（饮料）服务工作时更加方便、周到。

（四）常用酒水的正确开启方法

酒水的种类繁多，故而形成了多种多样的包装，常见的有瓶装、罐装和坛装。在开瓶塞、瓶盖和打开罐口、坛口时，应该选配适用的开酒用具，并注意动作的规范、优美。

1. 正确选用开酒器

常用的开酒器有两大类：一是专门开启木塞瓶的螺丝拔，又名酒钻；另一种是专门开启瓶盖的扳手，又名酒起子。

选用酒钻时应注意，酒钻的螺旋部分应大些，钻头尖而不带刃，最好选用带有一个起拔杆的，以便使用时可使瓶塞平行拔起，从而提高开酒速度。

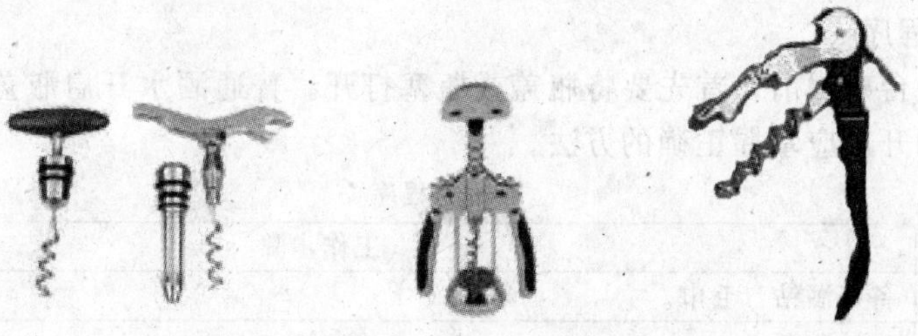

图 6-2　各类酒钻

图 6-3　各类酒起子

2. 开酒的动作

餐厅服务员开酒时，一般都在操作台上进行，要注意站立姿势及握拿开酒器的方法，开酒时的动作应正确、规范、优美。开酒后，应注意酒品卫生和酒塞整洁。

3. 不同酒类的开启方法

由于各类酒的特点不同和包封形式不同，因此酒的开启方法也不相同。

(1) 白酒的酒封一般有三种：冲压式的盖封、金属或塑料旋式盖封以及软本或塑料塞封。

开启冲压式酒封时，将酒瓶放在操作台上，左手扶酒瓶颈部，右手握酒起子压于封上，转拧即可。开启螺旋口酒封时，左手握在酒瓶略上部位，右手用巾布盖于酒封上，转拧即可。开启软木或塑料塞时，应先将塞封外面的包装去掉，然后用酒钻钻入塞封，待钻头钻到位时，将酒钻两侧压杆向下压，瓶塞即被拔出。开启这类酒封时，酒瓶应平放于操作台上使酒瓶呈直立状。

（2）啤酒的包装一般有瓶装和罐装两种。瓶装啤酒均采用冲压式盖封，开启这类酒封时要尽量减少酒瓶的晃动，左手握酒瓶，瓶颈略呈倾斜状，右手握酒起子，一次将酒瓶盖启开。如有酒液溢出时，应用干净的餐巾将瓶口压住以防更多的酒液溢出。酒封开启后，要用洁净巾布揩擦瓶口。开启葡萄汽酒或其他果类酒均可采用此种方法。开启罐装啤酒时，同样在开启前尽量减少晃动，开启时先将盖的拉环轻轻拉开，慢慢扩大直至全部拉开。这种方法可使罐中的二氧化碳有少量漏出，避免因罐中二氧化碳含量过大而造成酒液冲冒。

（3）软木塞的酒多见于葡萄酒及黄酒。一般开启这种酒时，先将塞封外的包封去掉，并用巾布将瓶口擦拭干净，然后用酒钻对准瓶塞中心顺时针方向轻轻钻下去，直至将螺旋部分全部钻入塞内，然后利用酒钻的杠杆下压，将瓶塞升起直至拨出。开启这类酒时应尽量减少晃动，当瓶塞升起拔出时，要看一下是否有碎木屑落入酒中，如果有，要将酒给予过滤，然后再斟用。在开启塞封酒后，对拔出的塞封需进行检查，看看瓶中酒是否有变质的现象，原汁酒塞封的检查尤为重要。检查的方法主要是嗅瓶塞插入瓶内的那一部分，看是否有酸败、霉腐的气味。

（4）罐装酒品开罐方法。一些带汽的饮品常以易拉罐的形式封装，开启时只要拉起罐顶部的小金属环即可。服务者在开启易拉罐时，应将开口方向朝外，不能对着客人，并以手握遮，以示礼貌。注意开启前要避免摇晃。

4. 开瓶的程序

酒水在上餐台斟酒前，首先要将瓶盖或瓶塞打开。普通酒水开启瓶盖比较容易，但葡萄酒和香槟酒的开启应掌握正确的方法。

表 6-3　开瓶的程序

服务程序	工作步骤
准备	备好酒钻、毛巾。
开瓶	（1）开瓶时，要尽量减少瓶体的晃动。 （2）将瓶放在桌上开启，动作要准确、敏捷、果断。 （3）开启软木塞时，万一软木塞有断裂迹象，可将酒瓶倒置，利用内部酒液的压力顶住木塞，然后再旋转酒钻。 （4）开拔瓶塞越轻越好，防止发出突爆声。
检查	拔出瓶塞后需检查瓶中酒是否有质量问题，检查的方法主要是嗅辨瓶塞插入瓶内的部分。
擦瓶口、瓶身	开启瓶塞以后，用干净的餐巾仔细擦拭瓶口，香槟酒要擦干瓶身。擦拭时，注意不要让瓶口积垢落入酒中。
摆放	（1）开启的酒瓶、酒罐可以留在宾客的餐桌上。 （2）使用暖桶的加温酒水和使用冰桶的冰镇酒水要放在桶架上，摆在餐桌一侧。 （3）用酒篮盛放的酒连同篮子一起放在餐桌上。 （4）随时将空瓶、空罐从餐桌上撤下。
注意事项	（1）开瓶后的封皮、木塞、盖子等杂物，可放在小盘子里，操作完毕一起带走，不要留在餐桌上。 （2）开启汽酒或者冷藏过的酒罐封口时，常有泡沫喷射出来，因此在宾客面前开启时，应将开口对着自己，并用手挡遮，以示礼貌。 （3）开香槟酒的方法。香槟酒的瓶塞大部分压进瓶口，有一段帽形物露出瓶外，并用铁丝绕扎固定。开瓶时，在瓶上盖一条餐巾，左手斜拿酒瓶，大拇指紧压塞顶，用右手挪开铁丝，然后握住塞子的帽形物，轻轻转动上拔，靠瓶内的压力和手的力量将瓶塞拔出来。操作时，应尽量避免发出响声，尽量避免晃动，以防酒液溢出。

（1）葡萄酒开瓶程序

①服务员先用洁净的餐巾把酒瓶包上。

②切掉瓶口部位的锡纸，并揩擦干净。

③用开酒钻的螺旋锥转入瓶塞，将瓶塞慢慢拔下，再用餐巾将瓶口擦干净。

在开瓶过程中，动作要轻，以免摇动酒瓶时将瓶底的酒渣泛起，影响酒味。开瓶前，应持瓶向宾客展示。

（2）香槟酒的开瓶程序

①香槟酒因瓶内有较大的气压，故软木塞的外面套有铁丝帽以预防软木塞被弹出。

②首先将瓶口的锡纸剥除。用右手握住瓶身，以45°的倾斜角拿着酒瓶并用大拇指紧压软木塞，将瓶颈外面的铁丝圈扭弯，一直到铁丝帽裂开为止，然后将其取掉。同时，用左手紧握软木塞，并转动瓶身，使瓶内的气压逐渐地将软木塞弹挤出来。

③转动瓶身时，动作要既轻又慢。开瓶时要转动瓶身而不可直接扭转软塞，以防将其扭断而难以拔出。

④注意开瓶时，瓶口不要朝向宾客，以防在手不能控制的情况下，软木塞爆出。

⑤如已溢出酒沫，应将酒瓶成45°斜握。

（3）烈性酒开瓶程序

烈性酒的封瓶方式及其开瓶方法有两种：

①如果酒瓶是塑料盖或外部包有一层塑料膜，开瓶时先用火柴将塑料膜烧熔取下，然后旋转开盖即可。

②如果酒瓶是金属盖，瓶盖下部常有一圈断点，开瓶时用力拧盖，使断点断裂，便可开盖；如遇有断点太坚固，难于拧裂时，可先用小刀将断点划裂，然后再旋开盖。

5. 开酒时间与开酒后的清洁整理

不同品种的酒的开启时间要求不同，甜葡萄酒、白酒应在客人到齐后入座前将酒封打开，并逐一为客人将酒斟上。啤酒及各种汽酒，应在客人入座的同时将酒封打开。这样能更好地保持不同酒品原有的风味及特色。

开酒后要做好开瓶后的清洁整理工作，瓶盖、瓶封、瓶塞应随时放入盛装器皿内，开酒用具也要摆放整齐。

（五）斟酒服务

给顾客斟倒酒水或饮料是餐厅服务员的重要工作内容之一。餐厅服务员给顾客斟酒时，动作要正确、迅速、优美、规范，这样会给顾客留下美好的印象。餐厅服务员娴熟的斟酒技术及热忱周到的服务，会使参加饮宴的顾客得到精神上的享受与满足，同时还可以增添热烈友好的饮宴气氛。因此，斟酒服务操作技术需要服务者不仅有广博的酒品知识和服务技术，还要具备相当的文化知识和表演天赋。

1. 持瓶姿势

持瓶姿势是指服务人员斟酒服务时持酒瓶的手法，即拿酒瓶的姿势。为顾客斟倒酒水时，餐厅服务员持瓶姿势是否正确是保证斟酒准确、规范的关键。正确的持瓶姿势应是：叉开右手拇指，其余四指并拢，掌心贴于瓶身中部，即酒瓶商标的另一方。握瓶时，手指用力均匀，使酒瓶握实在手中。采用这种持瓶方法，可避免酒液晃动，并防止斟酒时手颤。

持瓶时左手下垂并握有一块干净巾布，右手大臂与小臂成 90°角。向杯中斟酒时，上身略向前倾。当斟满酒液时，右手利用腕部的旋转将酒瓶商标转向自己身体一侧，同时左手迅速、自然地将餐巾盖住瓶口以免瓶口溢酒或滴酒。

斟酒服务标准如下：

(1) 准备。站在客人右边按先宾后主的次序斟酒，不能站在一个位置为左右两位宾客斟酒；斟倒前，左手拿一条干净的餐巾将瓶口擦干净，右手握住酒瓶下半部，将酒瓶上的商标朝外显示给客人确认。

(2) 斟酒。斟酒时，服务员侧身站在客人右侧，上身微前倾，重心放在右脚上，左脚跟稍微抬起；右手五指张开，握住酒瓶下部，食指伸直按住瓶壁，指尖指向瓶口；将右手臂伸出，右手腕下压，瓶口距杯口 1.5 厘米时斟倒；掌握好酒瓶的倾斜度并控制好速度，瓶口不能碰到杯口；斟酒完毕，将瓶口稍稍抬高，顺时针 45°旋转提瓶，再用左手的餐巾将残留在瓶口的酒液拭去。

2. 斟酒时的用力

斟酒时的用力要活而巧。正确的用力应是右侧大臂以肩为轴，小臂用力，利用手腕转动，将酒斟至杯中。腕力灵活，斟酒时握瓶及倾斜的角度的控制就感到自如；腕力用得巧，斟酒时酒液流出的量就准确。斟酒及启瓶均应利用手腕的旋转来掌握。斟酒时忌讳大臂用力及大臂与身体之间角度过大，因为这样会影响顾客的视线，并迫使顾客出现躲闪状。

3. 酒水服务的站位

斟酒服务时，餐厅服务员应站在客人的右侧身后，规范的站立姿势是：右腿在前，插站在两位客人的坐椅中间，脚掌落地；左腿在后，左脚尖着地呈后蹬势，使身体向右呈略斜式。餐厅服务员应面向顾客，右手持瓶，从顾客右侧依次进行斟酒。每斟一杯酒更换位置时，要做到进退有序，这时先使左脚掌落地后，右腿撤回与左腿并齐，使身体恢复原状。餐厅服务员斟酒服务时，忌讳将自己的身体贴靠在顾客身上或坐椅上，但也不要离得太远，更不可在一个站位同时为左右两位顾客斟酒，也就是说不可反手斟酒服务。

斟完酒水（饮料），身体应迅速恢复直立状。在斟酒水（饮料）服务时，切忌弯腰、探头、直立或仰身。

4. 斟酒方法和方式

由于酒品种类不同，故斟酒的方法、顺序与标准也不相同。

(1) 斟酒方法。斟酒服务时的姿势、站立、行走都是有规律的。同时，斟酒的方法、时机、方式也需要掌握一定的灵活性。

斟酒方法一般有两种：一种是托盘斟酒，即将顾客选定的酒水、饮料放于托盘内，餐厅服务员左手端托，右手取送斟倒，根据顾客的需要依次将所需酒水斟入杯中。这种斟倒方法方便顾客选用。另一种是徒手斟酒，即左手持巾布，右手握酒瓶，按顾客所需将酒水依次斟入顾客的杯中。

(2) 斟酒方式。斟酒的基本方式有两种：一种叫桌斟，一种叫捧斟。

桌斟指顾客的酒杯放在餐桌上，餐厅服务员持瓶向杯中斟倒酒水。即服务员站在宾客的右侧，侧身用右手握酒瓶向杯中倾倒酒水。其要领是：手掌自然张开，握于瓶中身，拇指朝内，食指指向瓶嘴，与拇指约成60°角，中指、无名指、小指基本排在一起，与拇指配合握紧瓶身。此方法又分徒手斟酒和托盘斟酒。斟倒一般酒水时，瓶口应距离杯口2厘米左右，瓶口对准杯中心，缓缓地将酒水注入酒杯中。斟啤酒或气泡酒时应将酒液沿杯壁注入杯中。徒手斟酒时，服务员左手持瓶口部，右手持酒瓶的下半部，商标朝外，正对宾客，右脚跨前踏在两椅之间，斟酒在宾客右边进行。托盘斟酒时，左手托盘，右手持酒瓶斟酒，注意托盘不可越过宾客的头顶，而应向后自然拉开，并注意掌握好托盘的重心。具体操作是：服务员站在宾客的右后侧，身体微向前倾，右脚伸入两椅之间，侧身而立，身体不要紧贴宾客；然后，略弯身，将托盘中的酒水展示在宾客的眼前，让宾客选择自己喜好的酒水；待宾客选定后，服务员直起上身，将托盘移至宾客身后；最后，用右手从托盘上取下宾客所需的酒水进行斟酒。

捧斟指斟酒服务时，餐厅服务员站立于顾客右侧身后，右手握瓶，左手将酒杯捧在手中，向杯中斟满酒后绕向顾客的左侧将装有酒水的酒杯放回原来的杯位。捧斟方式一般适用于非冰镇酒品。捧斟取送酒杯时动作要轻、稳、准、优雅大方。捧斟适用于酒会和酒吧服务，斟酒动作应在台面以外的空间进行，然后将斟满的酒杯放置在宾客的右手处。

需要注意的是，无论采用哪种斟倒酒水的方式，酒瓶口都应与杯口保持一定的距离，以免影响卫生及操作时发出声响。

5. 斟酒标准

斟酒的标准应视酒品的种类而定，同时各种酒品饮用时使用的杯具不同，斟酒标准也不尽相同。

（1）白葡萄酒。白葡萄酒的盛酒酒杯为白酸杯或称白葡萄酒杯、酸酒杯。在白葡萄酒服务中应先将白葡萄酒放在冰桶中或冰箱中进行冷却处理，然后以口布包住瓶底为客人提供酒水斟倒服务。白葡萄酒的斟酒量一般应为白葡萄酒杯的2/3左右。

（2）红葡萄酒。红葡萄酒服务一般在常温条件下进行，也有一些干红类酒水需要进行冷却处理。红葡萄酒杯是盛红酒的专用杯，红酒的斟倒量一般为杯的1/2。

（3）啤酒。啤酒等含泡沫的酒，斟倒时分两次进行，以泡沫不溢出为准。较为标准的啤酒杯上都印有酒液和泡沫的分界刻度，以便服务员能更好地掌握斟倒啤酒的量。

（4）白酒。白酒一般斟至酒杯八成。

（5）香槟酒。斟香槟酒时，应将酒瓶用服务巾包好，先向杯中斟倒1/3的酒液，待泡沫退去后，再往杯中续斟至杯的2/3处为宜。也有些酒店在斟倒香槟酒时，先将酒液斟到杯的1/2处，等泡沫退去后，再往杯中续斟至杯的2/3处。

酒席宴会上顾客选用的酒品多种多样，不同酒品其色泽、饮用量及使用的饮具均有不同。

中餐宴会常用的酒水斟酒标准为：白酒、红葡萄酒、黄酒斟入杯中应为八分满（即将酒杯斟入酒后横放时，杯中酒液与杯口齐平）；西餐烈性酒斟倒量通常与白兰地相同。

斟倒各种饮料时，无论中餐还是西餐，其斟倒标准均以八分满为宜。

6. 斟酒顺序

高级宴会常规的斟酒顺序是：先斟主宾位，后斟主人位，再斟其他客人位。如果同一桌宴会由两个餐厅服务员同时为客人斟酒服务时，酒席宴会上常有宾主祝酒、讲话的场面，当宾主离位祝酒时，餐厅服务员应持酒跟随祝酒者身后，以便及时为客人斟酒、续酒。当宾主离位讲话时，餐厅服务员应另备酒杯斟满酒，待讲完话时，供讲话者祝酒用。

但是，在实际服务中，由于宴会的规格不同、服务的对象不同、民族风俗习惯不同，加之国籍不同，因此斟酒顺序也应灵活多样。为亚洲地区顾客斟酒服务时，如主宾是男士，则应先斟男主宾位，再斟女宾位，对主人及其他宾客则可沿顺时针方向绕台依次进行斟酒服务，或视客人要求，先为来宾斟倒，最后为主人斟倒，以此表示主人对来宾的尊重。如为欧美客人斟酒服务时，则应先斟女主宾位，再斟男主宾位。

顾客用餐选用了不同种类的酒水时，如顾客选用了白酒、红葡萄酒、啤酒，这时，斟酒的顺序应是：在客人入座前，先为顾客斟好红葡萄酒，再斟白酒，待顾客入座后方可斟啤酒。

(1) 中餐斟酒顺序。中餐宴会和零点一般是从主宾位置开始，按照顺时针方向依次进行斟酒服务，有时也从年长者或女士开始斟倒；大型宴会一般提前 5 分钟左右将宾客的酒斟上。斟倒白酒按先主后宾顺时针方向进行。若是两名服务员同时操作，则一位从主宾开始，另一位从副主宾开始，并按顺时针方向进行。

(2) 西餐斟酒顺序。西餐用酒较多，比较高级的西餐宴会一般要用 7 种酒左右，菜肴和酒水的搭配必须遵循一定的传统习惯，也就是说，菜肴、酒水和酒杯相互匹配，并应先斟酒后上菜。西餐宴会斟酒的顺序为：女主宾、女宾、女主人、男主宾、男宾、男主人。

7. 斟酒时机

斟酒时机是指宴会斟酒的两个不同阶段，一个是指宴会开始前的斟酒，另一个是指宴会进行中斟酒。顾客在进餐开始前选定其所用的酒水，如选有白酒、红葡萄酒、啤酒及其他饮料时，一般情况下在宴会开始前 5 分钟之内将葡萄酒和白酒依次斟入每位顾客的酒杯中（斟好以上两种酒后就可请客人入座了），待客人入座后，再依次为客人斟倒啤酒及其他饮料。

宴会进行中的斟酒，应在客人干杯前后及时为宾客添斟酒水；每上一道新菜后也要添斟酒水；当客人杯中酒液不足半杯时也要及时添斟；在客人互相敬酒时，要随敬酒的宾客及时添斟。

8. 斟酒服务的注意事项

斟酒服务时，服务人员要确保斟酒安全，这是宴会服务水平高低的一种体现。例如，端托斟酒服务时，要做到端平走稳；在斟酒过程中，切忌将酒水滴落在客人的身上或衣物上。

(1) 斟酒时，瓶口不可搭在酒杯口上，以防止将杯口碰破或将酒杯碰倒；但也不要将瓶拿得过高，以免将酒水溅出杯外。

(2) 服务员要将酒徐徐倒入杯中，当斟至酒量适度时停一下，并旋转瓶身，抬起瓶口，使最后一滴酒随着瓶身的转动均匀地分布在瓶口边沿上。

(3) 斟酒时，要随时注意瓶内酒量的变化情况，以适当的倾斜度控制酒液流出的速度。

(4) 斟啤酒时，因泡沫较多，极易沿杯壁溢出杯外，所以斟啤酒速度要慢些，也可分两次斟或使啤酒沿着杯的内壁流入杯内。

(5) 由于操作不慎而将酒杯碰翻时，应向宾客表示歉意，并立即将酒杯扶起，检查有无破损。如有破损，要立即更换；若无破损，应迅速用一块干净餐巾铺在酒迹上，然后将酒杯放还原处，重新斟酒。

(6) 当宾客杯中酒水少于1/3时，应征询客人的意见，及时续添酒水。

(7) 凡需使用冰桶的酒从冰桶取出酒瓶后，应以一块服务巾包住瓶身，以免瓶外水滴弄脏台布或宾客的衣物；使用酒篮的红葡萄酒的瓶颈下应垫一块布巾或餐巾纸。

(8) 在宴会上，主宾通常都要讲话，讲话结束时，双方都要举杯祝酒。因此，在讲话开始前，服务员要将酒水斟齐，以免祝酒时杯中无酒。

(9) 讲话结束时，负责主桌服务的服务员要将讲话者的酒水送上供祝酒之用。

(10) 主宾讲话时，服务员要停止一切操作，站在适当的位置。

三、餐巾折花

餐巾，是宴会、酒席以及家庭用餐时使用的保洁用品。餐巾折花，是餐饮服务人员通过艺术创造，将它变成餐桌上的花朵，使之与丰美的烹饪艺术相映成辉。餐巾折花相传起源于古希腊，17世纪后进入西方家庭。出现在我国只不过是近百年的事。现在的餐巾折花则是中西文化交融的一种产物。据故宫博物院编辑的《紫禁城帝后生活》介绍，清代皇帝用餐，也使用餐巾，当时被称为“怀挡”。“怀挡”是布做成的。餐巾折花的造型和种类很多，技法也各不相同。作为餐厅服务员，要掌握餐巾折花的基本造型和折叠技法。餐巾折花是以人工折叠方法，将餐巾折成象形化花形的一种艺术。其基本要求是：简单美观，折用方便；造型生动，形象逼真；抓住特点，推陈出新。

（一）餐巾的作用

餐巾，又名口布，是餐厅中常备的一种卫生用品，又是一种装饰美化餐台的艺术品。餐巾的主要作用有以下几方面：

1. 餐巾是餐饮服务中的卫生用品

宾客用餐时，餐厅服务员将餐巾放在宾客的膝上或胸前，用来为宾客擦嘴或防止汤汁、酒水弄脏衣物。

2. 餐巾可以装饰美化餐台

不同的餐巾花形，蕴涵着不同的宴会主题。形状各异的餐巾花，摆放在餐台上，既美化了餐台，又增添了庄重热烈的气氛，给人以美的享受。

3. 餐巾花形可以烘托就餐气氛

如用餐巾折成喜鹊、和平鸽等花形表示欢快、和平、友好，给人以诚悦之感；如折出比翼齐飞、心心相印的花形送给一对新人，可以表示永结同心、百年好合的美好祝愿。

4. 餐巾花形的摆放可标出主宾的席位

在折餐巾花时应选择好主宾的花形，主人花形高度应高于其他花形高度以示尊贵。

（二）餐巾的种类

1. 按质地分

餐巾可分为棉织品和化纤织品。棉织品餐巾吸水性较好，去污力强，浆后挺括，造型效果好，但不适合二次造型。化纤织品色泽艳丽，透明感强，富有弹性，如一次造型不成，可以二次造型，但吸水性差，去污力不如棉织品。

2. 按颜色分

餐巾颜色有白色与彩色两种。白色餐巾给人以清洁卫生、恬静优雅之感。它可以调节人的视觉平衡，可以安定人的情绪。彩色餐巾可以渲染就餐气氛，如大红餐巾给人以庄重热烈的感觉，橘黄、鹅黄色餐巾给人以高贵典雅的感觉，湖蓝在夏天能给人以凉爽、舒适之感。

（三）餐巾折花的造型种类

(1) 按摆放方式分，可分为杯花和盘花两种。杯花需插入杯中才能完成造型，出杯花形即散。由于折叠成杯花后，在使用时其平整性较差，也容易造成污染，所以目前杯花已较少使用；但作为一种技能，仍在餐厅服务中存在。盘花造型完整，成形后不会自行散开，可放于盘中或其他盛器及桌面上。因盘花简洁大方，美观实用，所以盘花呈发展趋势。

(2) 按餐巾花外观造型分，可分为植物、动物、实物三种。植物类花形是根据植物花形造型，如荷花、水仙等；也有根据植物的叶、茎、果实造型的，如慈姑叶、竹笋、玉米等。动物类花形包括鱼、虫、鸟、兽，其中以飞禽为主，如白鹤、孔雀、鸵鸟。动物类造型有的取其整体，有的取其特征，形态逼真，生动活泼。实物类花形是模仿日常生活用品中各种实物形态折叠而成，如帽子、折扇、花篮等。

（四）餐巾折花造型的选择

(1) 根据宴会的规模选择花形。大型宴会可选择简洁、挺括的花形，可以每桌选两种花形，使每个台面花形不同，显得多姿多彩。如果是1～2桌的小型宴会，可以在一桌上使用各种不同的花形，也可以2～3种花形相间搭配，形成既多样又协调的布局。

(2) 根据宴会的主题选择花形。主题宴会因主题各异，形式不同，所选择的花形也不同。

(3) 根据季节选择花形。选择应时的花形以突出季节的特色，也可以有意地选择象征一个美好季节的一套花形。

(4) 根据宗教信仰选择花形。如果是信仰佛教的，勿叠动物造型，宜叠植物、实物造型；信仰伊斯兰教的，勿用猪的造型等。

(5) 根据宾客风俗习惯选择花形。如日本人喜樱花、忌用荷花，美国人喜欢山茶花，法国人喜欢百合花，英国人喜欢蔷薇花，委内瑞拉人喜爱兰花等。

(6) 根据宾主席位选择花形。宴会主宾、主人席位上的花称为主花。主花一般选用品种名贵、折叠细致、美观醒目的花，达到突出主人、尊敬主宾的目的。如在接待国际友人宴会上，叠和平鸽表示和平，叠花篮表示欢迎，为女宾叠孔雀表示美丽，为儿童叠小鸟表示活泼可爱，使宾主均感到亲切。

总之，要根据宴会主题，设计折叠不同的餐巾花；要灵活掌握，力求简便、快捷、整齐、美观大方。

（五）餐巾折花的基本技法

餐巾折花的基本技法有叠、折、卷、穿、翻、拉、捏、掰八种。餐厅服务员应反复练习，达到技艺娴熟，运用自如。

1. 叠

叠是最基本的餐巾折花手法，几乎所有的造型都要使用。叠就是将餐巾一折为二，二折为四，或折成三角形、长方形、菱形、梯形、锯齿形等形状。叠有折叠、分叠两种。叠时要熟悉造型，看准角度一次叠成。如有反复，就会在餐巾上留下痕迹，影响挺括。叠的基本要领是找好角度一次叠成，其分解动作如图 6-4 所示。

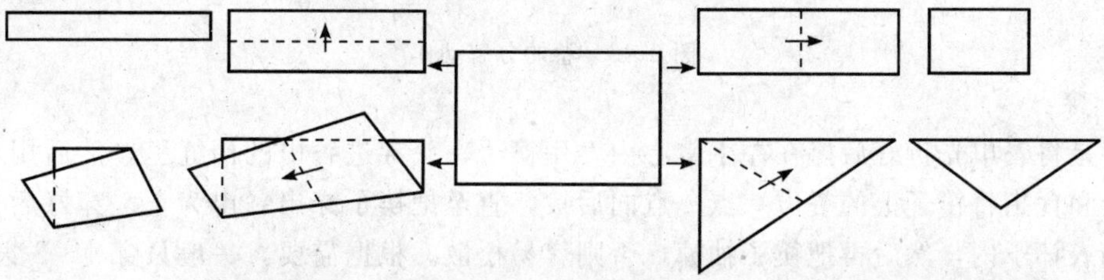

图 6-4　叠的分解动作

2. 折

折是打褶时运用的一种手法。折就是将餐巾叠面折成褶裥的形状，使花形层次丰富、紧凑、美观。打褶时，用双手的拇指和食指分别捏住餐巾两头的第一个褶裥，两个大拇指相对成一线，指面向外；再用两手中指接住餐巾，并控制好下一个褶裥的距离；拇指、食指的指面握紧餐巾向前推折至中指外，用食指将推折的裥挡住，中指腾出去控制下一个褶裥的距离，三个手指如此互相配合。折可分为直线折和斜线折两种方法：两头一样大小的用直线折，一头大一头小或折半圆形或圆弧形的用斜线折。折的要领是折出的裥均匀整齐。其分解动作如图 6-5 所示。

图 6-5　折的分解动作

3. 卷

卷是用大拇指、食指、中指三个手指相互配合，将餐巾卷成圆筒状。卷分直卷和螺旋卷。直卷有单头卷、双头卷、平头卷。直卷要求餐巾两头一定要卷平。螺旋卷分两种：一种是先将餐巾叠成三角形，餐巾边参差不齐；另一种是将餐巾一头固定，卷另一头，或一头多卷，另一头少卷，使卷筒一头大一头小。不管是直卷还是螺旋卷，餐巾都要卷得紧凑、挺括，否则会因松软无力、弯曲变形而影响造型。卷的要领是卷紧、卷挺，分解动作如图 6-6 所示。

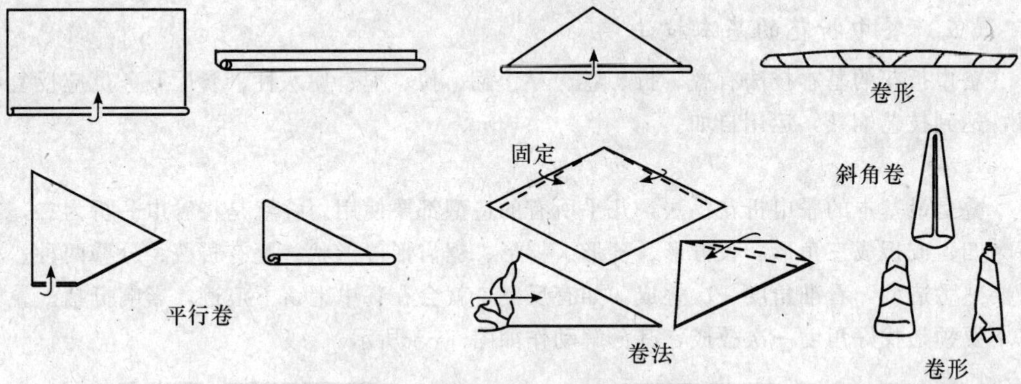

图 6-6　卷的分解动作

4. 穿

穿是将餐巾先折好后攥在左手掌心内，用筷子一头穿进餐巾的褶缝里，然后用右手的大拇指和食指将筷子上的餐巾一点一点向后拨，直至把筷子穿出餐巾为止。穿好后先把餐巾花插入杯子内，然后再把筷子抽掉，否则容易松散。根据需要，一般只穿 1～2 根筷子。穿的要领是穿好的裥要平、直、细小、均匀，分解动作如图 6-7 所示。

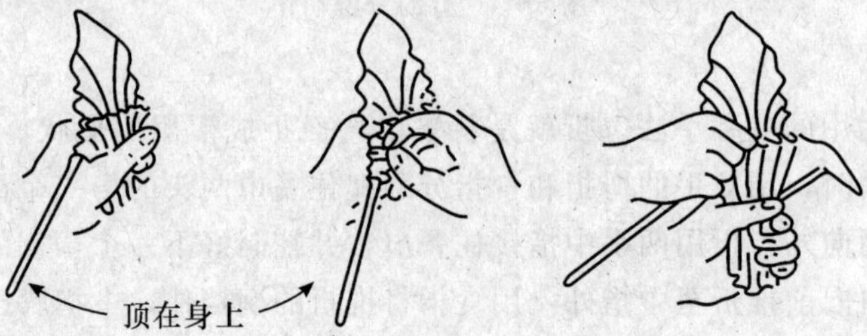

图 6-7　穿的分解动作

5. 翻

翻大都用于折花鸟造型。操作时，一手拿餐巾，一手将下垂的餐巾翻起一只角，翻成花卉或鸟的头颈、翅膀、尾等形状。翻花叶时，要注意叶子对称，大小一致，距离相等。翻鸟的翅膀、尾巴或头颈时，一定要翻挺，不要软折。翻的要领是注意大小适宜，自然美观。

6. 拉

拉一般在餐巾花半成形时进行。把半成形的餐巾花攥在左手中，用右手拉出一只角或几只角来。拉的要领是大小比例适当，造型挺括。

7. 捏

捏主要用于折鸟的头部造型。操作时先将餐巾的一角拉挺做颈部，然后用一只手的大拇指、食指、中指三个指头捏住鸟颈的顶端，食指向下，将巾角尖端向里压下，用中指与拇指将压下的巾角捏出尖嘴状，作为鸟头。捏的要领是棱角分明，头顶角、嘴尖角到位。

8. 掰

掰是将餐巾做好的褶用左手一层一层掰出层次，成花蕾状。掰时不要用力过大，以免松散。掰的要领是层次分明，间距均匀。

几种折花方法

1. 非洲香蕉

(1) 将餐巾沿对角线折叠成等边三角形，将三角形的两底角向顶角折叠，折成正方形。

(2) 将下面的角向上翻折至离顶角有一小段距离。

(3) 将刚折上来的角往下翻折至底边中心，用左手将翻折下的顶角固定在底边中心，然后准备翻面；一手按住三角形，另一手将一边底角向中间折入约底边长的1/3；同样处理另一边的角。两个折起的角是可以插到一起的。

(4) 右手四指插入底部将之撑成圆筒形，然后把两边露出的小角往下翻，整理成形。

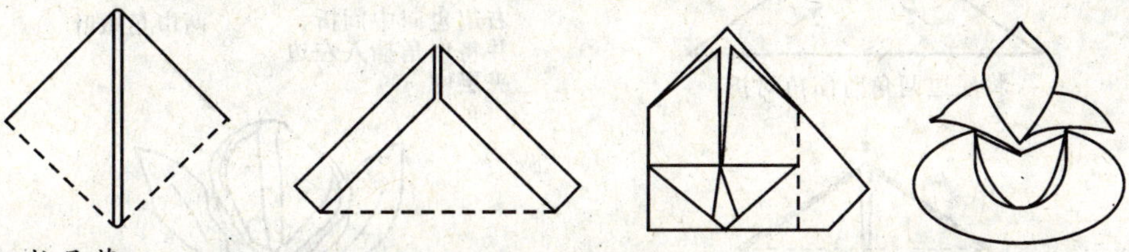

2. 牡丹花

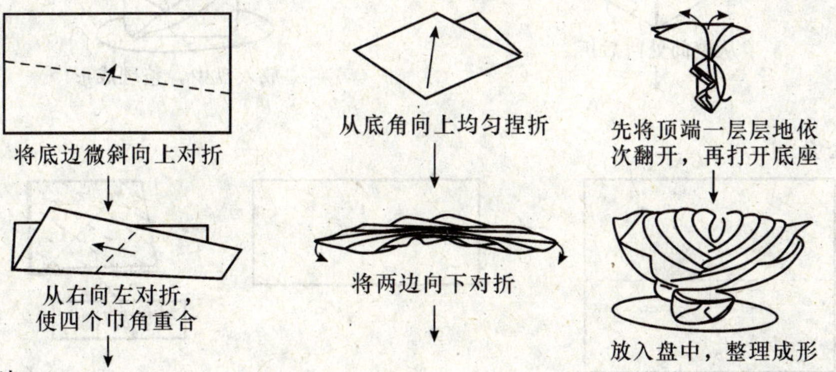

3. 卧鸽

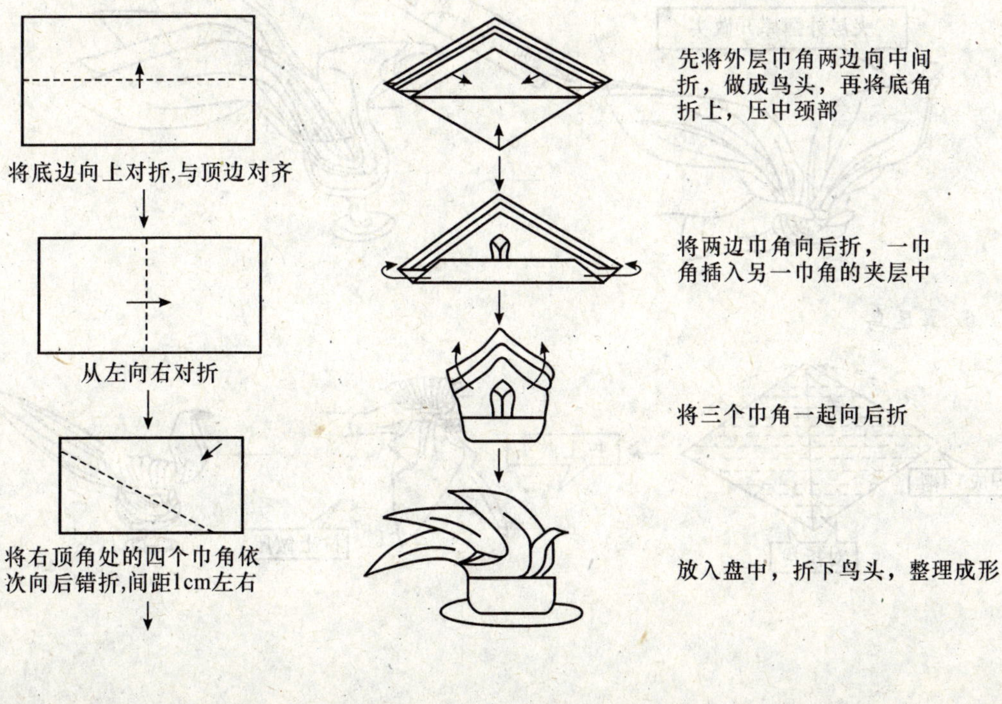

4. 含苞欲放

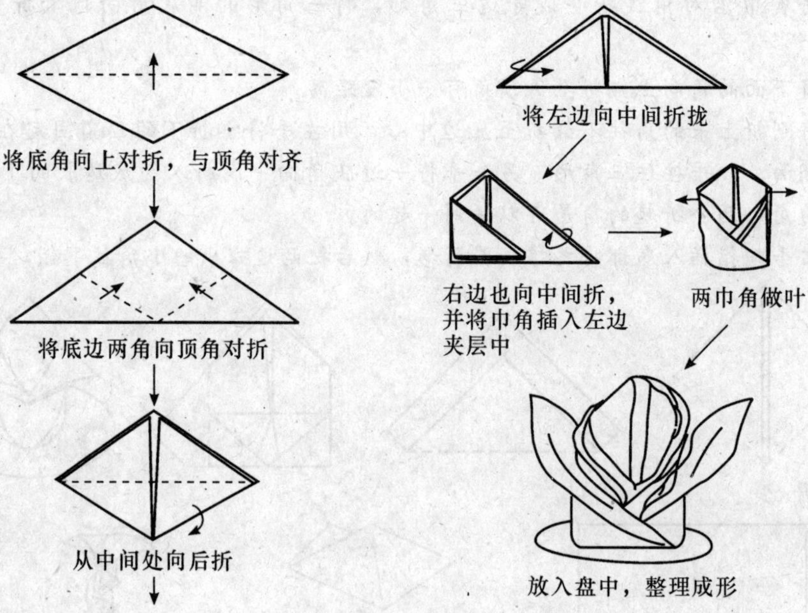

5. 金鱼

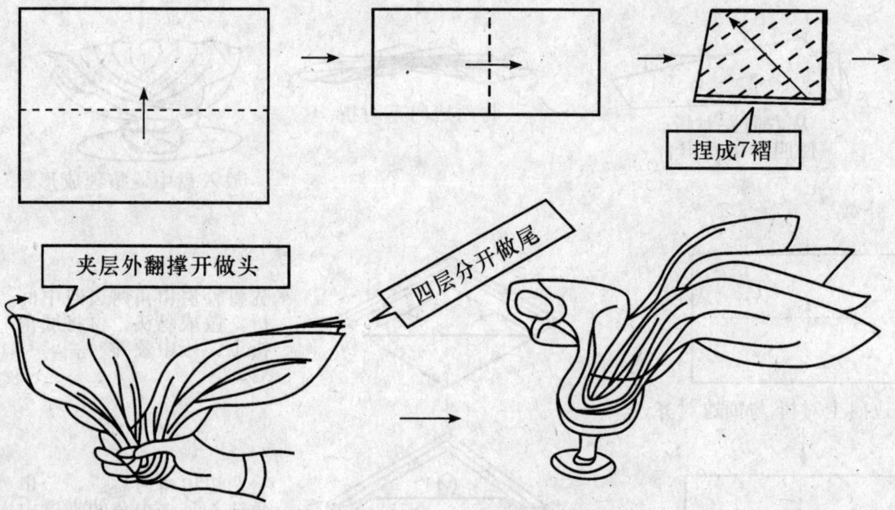

6. 翼尾鸟

7. 金钟花

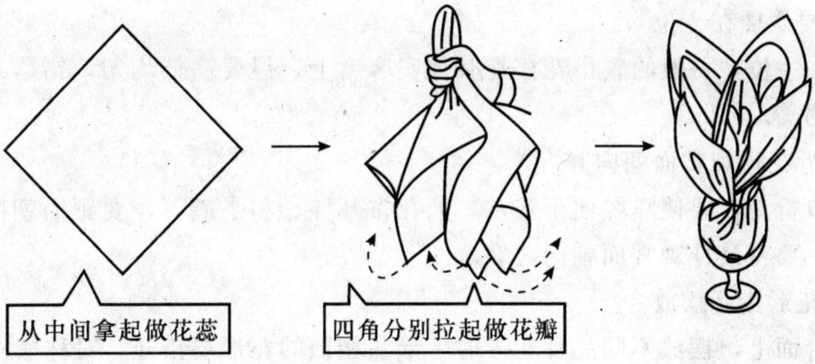

（六）餐巾折花的要求及注意事项

(1) 选择好餐巾，餐巾要干净、熨烫平整、无破损，并根据用餐的具体情况选定餐巾；既能点缀台面，方便来宾观赏，又不能遮住餐具和台上用品，且要方便服务员值台操作。

(2) 在折花操作前，要洗净双手（不准留长指甲）；操作中不允许用嘴叼、咬餐巾，也不要多说话，以防唾沫污染餐巾。

(3) 折花操作时要在干净的工作台或托盘上操作，并准备好辅助工具（筷子）。

(4) 放花入杯时要注意卫生，手指不允许接触杯口，杯身不允许留下指纹。

(5) 折花时，要姿态正确，手法灵活，用力得当；角度要算准，折褶要均匀，力争一次折成；折花要正确使用叠、折（推）、卷、穿、翻、拉、捏等折花技法。

(6) 折花要简单美观，拆用方便，造型生动，形象逼真。

（七）餐巾折花摆放的基本要求

餐巾是餐桌上的普通用品，餐巾折花则是一项艺术创作，它可以烘托宴会的气氛，增添宴会艺术效果。因此，餐厅服务员要掌握餐巾折花摆放的基本要求。

1. 突出主位

主位要选择主花，根据主宾席位选择花形。宴会上，主宾席位的餐巾折的花被称为主花。主花一般要选择折叠精细、美观醒目的花形，以达到突出主位、尊敬主宾的目的。

2. 注意协调性

餐巾折花的协调性是指无论是大型还是小型宴会，除主位外的餐巾折花要高矮一致，大小一致，要把一个台面或一组台面当做一个整体来布置。一般主位的餐巾折花与其余的不同。

当一桌的宴会要选用各不相同的花形时，主花要明显。如果选择的花形都是比较矮的，与主花高低相差不能太多。除了主花以外，如果还有高低差别较大的花形，则要以主花为主，其余花形高的不能超过主花，同时要高矮相间布置，不要将高的花与矮的花挤在一起摆放，影响整个台面协调一致。

（八）餐巾折花摆放的艺术性

餐巾折花具有抽象性和象形性，要使每个花形都发挥其作用，餐厅服务员就要了解每个花形的最佳观赏位置。在摆放时应注意以下几点：

1. 主花要摆插在主位

主花摆在主位，一般的餐巾花摆在其他宾客席上，但要高低均匀，错落有致，达到一种视觉艺术的美。

2. 餐巾折花将观赏面朝向宾客

摆放餐巾折花，要使宾客便于观赏，如孔雀开屏、和平鸽等，要正面朝向宾客。适合侧面观赏的，要将最佳观赏面朝向宾客。

3. 相似花形错开摆放

在一个台面上，摆放不同品种花形时，形状相似的花形要错开，对称摆放。

4. 恰当掌握杯花的深度

餐巾折成花形后，放入杯内的深度要适中，杯内的部分要折叠整齐规范。

5. 摆放距离均匀

各种餐巾花之间的间距要均匀，做到花不遮餐具，不妨碍服务操作。

餐巾花既是用餐的一种卫生用品，又是台面上的一种艺术品，具有实用和观赏两种属性。餐厅服务员要认真掌握餐巾折花的折叠方法，做到技术性和艺术性相结合，达到台面的完整和谐。

（九）餐巾折花发展新趋势

1. 线条简洁、明快

这类花形折叠所需要的时间短、速度快，而且这种花形散开后，餐巾褶皱少，实用方便。

2. 趋向盘花

因为杯花是用手将花插入杯中的，所以折花之前要严格消毒。用盘花可减少手握杯的环节，满足宾客清洁卫生的心理。

四、摆台

餐台是餐厅为客人提供服务的主要服务设施之一，餐台的布置称为摆台，即将餐具、酒具以及辅助用品按照一定的规格整齐美观地铺设在餐桌上的操作过程，包括铺台布、餐台排列、席位安排、餐具摆放等。摆台要求做到清洁卫生、整齐有序、各就各位、放置得当、方便就餐、配套齐全。这样既可以保证用餐环境的方便舒适，又可以给就餐的客人以良好的感受。摆台在日常的餐饮工作中大致分为中餐摆台和西餐摆台，中西餐摆台又可以分为零点便餐摆台和宴会摆台。

（一）铺台布

铺台布是摆台工作的第一个步骤，台布铺设是将台布舒适平整地铺在餐桌上的过程。各式各样的餐厅经营的类别与模式不同，选用的台布面料、造型、花色等方面也有所不同，不同的餐台可采取不同的台布铺设方法。

1. 台布的种类与规格

（1）台布的种类

台布的种类很多，因纯棉台布吸湿性能好，大多数餐厅均使用纯棉提花台布。台布的图案有团花、散花、工艺绣花等；台布的颜色有白色、黄色、粉色、红色、绿色等，但多数选用白色。选择的台布的颜色，要与餐厅的风格、装饰、环境相协调。

台布的形状大体有三种：正方形、长方形和圆形。正方形常用于方台或圆台，长方形则多用于西餐各种不同的餐台，圆形台布主要用于中餐圆台。

(2) 台布的规格

台布的规格有多种，经常使用的有 140 厘米×140 厘米，160 厘米×160 厘米，180 厘米×180 厘米，200 厘米×200 厘米，220 厘米×220 厘米，240 厘米×240 厘米，260 厘米×260 厘米等。使用时应根据餐桌的大小选择适当规格的台布。如 140 厘米×140 厘米的台布适用于 90 厘米×90 厘米的方台；160 厘米×160 厘米的台布适用于 100 厘米×100 厘米，110 厘米×110 厘米的方台；180 厘米×180 厘米的台布适用于直径 150 厘米、直径 160 厘米的圆台；200 厘米×200 厘米的台布适用于直径 170 厘米的圆台；220 厘米×220 厘米的台布适用于直径 180 厘米或 200 厘米的圆台；240 厘米×240 厘米的台布适用于直径 220 厘米的圆台；260 厘米×260 厘米的台布适用于直径 240 厘米的圆台。

除了方台布外，还有长方形台布，如 160 厘米×200 厘米，180 厘米×300 厘米等不同规格。这类台布用于长方台及西餐各种餐台，可根据餐台的大小形状选用不同数量的台布。一块不够用时可随意拼接，在拼接时注意将接口处接压整齐。

圆形台布的规格各有不同，一般的圆形台布多属特制型，即根据餐台的大小将台布制成大于餐台直径 60 厘米的圆形台布，使台布铺于餐台上圆周下垂 30 厘米为宜。

2. 台布铺设

台布铺设是将台布舒适平整地铺在餐桌上的过程。

(1) 准备工作。铺台布之前，首先应将所需餐椅按就餐人数摆放于餐台的四周，使之呈三三两两的并列状；然后将双手洗净，并对准备铺用的每块台布进行仔细检查，有残破、油液和皱褶的台布不能继续使用；最后应根据餐厅的装饰、布局，站立在副主人餐椅处，距餐台 40 厘米，将选好的台布放于副主人处的餐台上。

铺台布时，双手将台布打开并提拿好，身体略向前倾，运用双臂的力量，将台布朝主人位方向轻轻地抛抖出去。在抛抖过程中，做到用力得当，动作熟练，一次抖开并到位。

(2) 铺设方法。中餐圆台铺台布的常用方法有三种。

①推拉式铺台。服务员选好台布，站在副主人座位处，用双手将台布打开后放至餐台上，用两手的大拇指和食指分别夹住台布的一边，其余三指抓住台布，将台布贴着餐台平行推出去再拉回来。铺好的台布中间的折线对准主位，十字取中，四面下垂部分对称并且遮住台脚的大部分，台布自然下垂至餐椅边为最适合。这种铺法多用于零餐餐厅或较小的餐厅，或有客人就座于餐台周围等候用餐时，或在地方窄小的情况下。

②抖铺式铺台。服务员选好台布，站在副主人位置上，用双手将台布打开，用两手的大拇指和食指分别夹住台布的一边，其余三指将多余台布提拿于胸前，利用双腕的力量，将台布向前一次性抖开并平铺于餐台上。这种铺台方法适合于较宽敞的餐厅或在周围没有客人就座的情况。

③撒网式铺台。服务员在选好合适台布后，站在副主人的位置，右脚在前、左脚在后；将台布正面朝上打开，用两手的大拇指和食指分别夹住台布的一边，其余三指将多余台布提拿至左肩后方；上身向左转，下肢不动，在右臂与身体回转时，台布斜着向前撒出

去；将台布抛至前方时，上身转回，这时台布应平铺于餐台上。这种铺台方法多用于宽大场地或技术比赛场合。

西餐一般多用方台和长台。普通方台台布的铺设可以参照圆台台布的铺设方法。较长的餐台，台布一般由两个人合铺，需要几块台布拼铺在一起，可以从餐台一端铺起，直到另一端。铺设时，台布与台布之间的折缝要吻合，连成一线。铺好的台布要做到折缝居中，平挺无皱，两端和两侧下垂部分都对边相等。

铺桌布服务标准

1. 检查

在铺桌布之前，要认真细致地对每块桌布进行检查，如桌布有破损或有污迹，要更换。

2. 铺桌布

(1) 圆桌：铺圆桌布时服务员应站在主位左侧或右侧 1/4 周长的位置上，先抖桌布，后进行桌布定位，再抚平桌布；做到用力均匀、动作熟练、干净利落、一次到位。

(2) 长桌：铺长桌布一般由两个以上服务员共同完成。铺桌布时服务员分别站在餐桌的两侧，将第一块桌布定好位，然后按要求依次将桌布铺完。

3. 基本要求

(1) 圆桌：桌布正面向上，中心线对准主宾位置，十字中心点居桌中，做到舒展平整，四边下垂部分均匀。

(2) 长桌：桌布下面一律向上，桌布之间中心线要对正，接缝之间要相吻合，桌布之间的压口方向朝内，距离一致；桌布两侧下垂部分要均匀，做到美观整齐。

(3) 铺台布的步骤。铺台布分四步进行。

①定位：台布正面向上，台布中心对正桌子中心位置，舒展平整，四角下垂。

②整平：整理使台布平整美观。

③铺台裙：把整个桌边围上一周，可提高餐厅的规格档次，使台面美观大方、高雅、舒适。方法是先将台布铺好，再沿顺时针方向用针、胶带固定台布，台布的折要均匀平整。用针时针尖向内，防止对客人造成伤害。

④铺转盘：大型宴会和国宴不用转盘，中餐型宴会用。服务员要先将转盘和玻璃台面用双手放在转台上，轻轻转动，看是否灵活。

(二) 中餐摆台

摆台是把各种餐具按要求摆放在餐桌上，它是餐厅配餐工作中一项重要的内容。摆台是一门技术，摆得好坏直接影响服务质量和餐厅的面貌。

标准要求：先铺好台布，定好座位，按顺时针方向依台摆放餐具、酒具、餐台用品、餐巾折花。做到台形设计考究合理，餐具安置有序，符合传统习惯。小件餐具齐全、整齐一致，具有艺术性，图案对称，距离匀称，便于使用。

中餐摆台一般分为零点用餐和宴会两种。零点摆台以小餐桌为主，宴会摆台一般以大圆桌为主。一张布置妥当的餐桌必须事先准备好各种餐具备品，主要按照餐厅的规格和就餐的需要选择相应的餐具来摆设。

1. 摆台用具

(1) 餐碟：又称骨盘，主要用途是盛装餐后的骨头和碎屑等，在中式餐台摆台时也起到定位作用。

（2）筷子：按材质分类，有木筷、银筷、象牙筷等。

（3）筷架：用来放置筷子，可以有效提高就餐规格，保证筷子更加清洁卫生。筷架有瓷制、塑胶、金属等各种材质，造型各异。

（4）汤匙：一般瓷制小汤匙（调羹）放在汤碗中，而金属长把汤匙或大瓷汤匙一般用作宴会的公用勺，应该摆放在桌面的架上。

（5）汤碗：专门用来盛汤或者吃带汤汁菜肴的小碗。

（6）味碟：中餐特有的餐具，用来为客人盛装调味汁的小瓷碟。

（7）杯子：包括瓷制的茶杯和玻璃制的酒杯等。

（8）转台：适用于多数人就餐的零点或宴会桌面，方便客人取用菜品，一般有玻璃和木质两种。

（9）其他：根据不同餐饮企业的要求，桌面上可能还会添加其他东西，如烟灰缸、调味瓶、牙签盅、花瓶、台号、菜单等。

2. 中餐便餐摆台

中餐便餐摆台多用于零点散客，或者是团体包桌，其餐台常使用小方台或者小圆桌，没有主次之分。在客人进餐前放好各种调味品，按照座位摆好餐具，餐具的多少，可以根据进餐的菜单要求而定。

便餐摆台基本要求如图 6-8 所示：

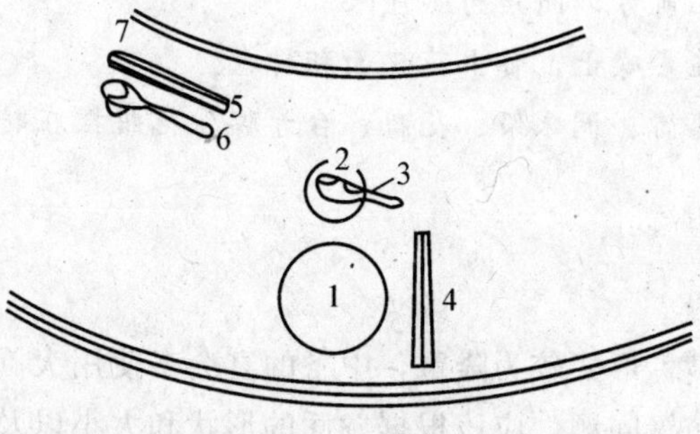

1—餐碟　2—汤碗　3—调羹　4—筷子　5—公筷　6—公用勺　7—筷架

图 6-8　中餐便餐摆台

（1）台布铺设要整洁美观，符合餐厅的要求。

（2）餐碟摆放于正中，距离桌边 1 厘米左右，约一指宽。

（3）汤碗与小汤匙应该一起摆在餐盘前 1 厘米左右的地方。

（4）筷子应该位于餐碟的右侧，距离桌边一指宽。

中餐便餐摆台操作流程

1. 摆台准备

（1）洗净双手，准备各类餐具、玻璃器具、台布、口布或餐巾纸等。

（2）检查餐具、玻璃器具等是否有损坏、污迹及手印，是否洁净光亮。

（3）检查台布、口布是否干净，是否有损坏、折纹。

（4）检查调味品及垫碟是否齐全、洁净。

2. 铺台布

按圆桌铺台布方法铺好台布。台布中缝居中，对准主位，四边下垂长短一致，四角与桌脚成直线垂直。

3. 摆餐椅

(1) 4人桌：正、副主位方向各摆2位，采取十字对称法。

(2) 6人桌：正、副主位方向各摆1位，两边各摆2位，采用一字对中、左右对称法。

(3) 8人桌：正、副主位方向各摆2位，两边各摆2位，采用十字对中、两两对称法。

(4) 10人桌：正、副主位方向各摆3位，两边各摆2位，采用一字对中、左右对称法。

(5) 12人桌：正、副主位方向各摆3位，两边各摆3位，采用十字对中、两两相间法。

4. 上转盘

8人以上桌面需摆转盘，并套上转盘布罩。转盘与餐桌要同圆心。

5. 摆餐具

(1) 摆餐碟。餐碟摆在离桌边1厘米处，各餐碟之间距离相等。

(2) 摆汤碗、汤匙。汤碗摆在餐碟前面的左侧，相距1厘米；汤匙摆在汤碗上，匙柄向右。

(3) 摆筷子、筷子架。筷子架横摆在餐碟右边，距汤碗1厘米；筷子垂直于筷子架摆放，筷子靠桌边的一端与桌边距离1.5厘米。

(4) 水杯摆在汤碗正前方，间距为1厘米。

(5) 折好餐巾花摆在餐碟上，餐巾花正面朝转盘。

(6) 摆烟灰缸、牙签筒、调味架、花瓶、台号牌。花瓶摆在转盘中央，台号牌摆在花瓶边。

3. 中餐宴会摆台

(1) 宴会的场地布置

宴会的接待规格较高，形式较为隆重，中餐的宴会多使用大圆桌，由于宴会的人数较多，所以就存在场地的布置问题，应该根据餐厅的形状和大小以及赴宴的人数多少安排场地，桌与桌之间的距离以方便服务人员服务为宜。主桌应该位于面向餐厅正门的位置，可以综观整个餐厅或宴会厅。一定要将主宾入席和退席的线路设为主行道，应该比其他的通道宽一些。不同的桌数的布局方法有所区别，但一定要做到台布铺置一条线，桌腿一条线，花瓶一条线，主桌突出，各桌相互照应。宴会的场地布置如图6-9所示。

(2) 宴会座次安排

在宴会上，席次具体是指同一张餐桌上席位的高低。中餐宴会上座次安排的具体规则有四：其一，面门为主；其二，主宾居右；其三，好事成双；其四，各桌同向。中餐宴会座次安排如图6-10所示。

中餐宴会通常都有主人、副主人、主宾、副主宾及其他陪同人员，各自都有固定的座次安排。

①背对着餐厅重点装饰面、面向众席的是上首，主人在此入座，副主人坐在主人对面，主宾坐于主人右侧，副主宾坐于副主人右侧。

②主人与主宾双方携带夫人入席的，主宾夫人坐在主人位置的左侧，主人夫人坐在主

宾位。

③当客人在餐厅举行高规格的中餐宴会时，餐厅员工要协助客方承办人按位次大小排好座次，或将来宾姓名按位次高低绘制在平面图上，张贴到餐厅入口处，以便引导宾客入席就座。

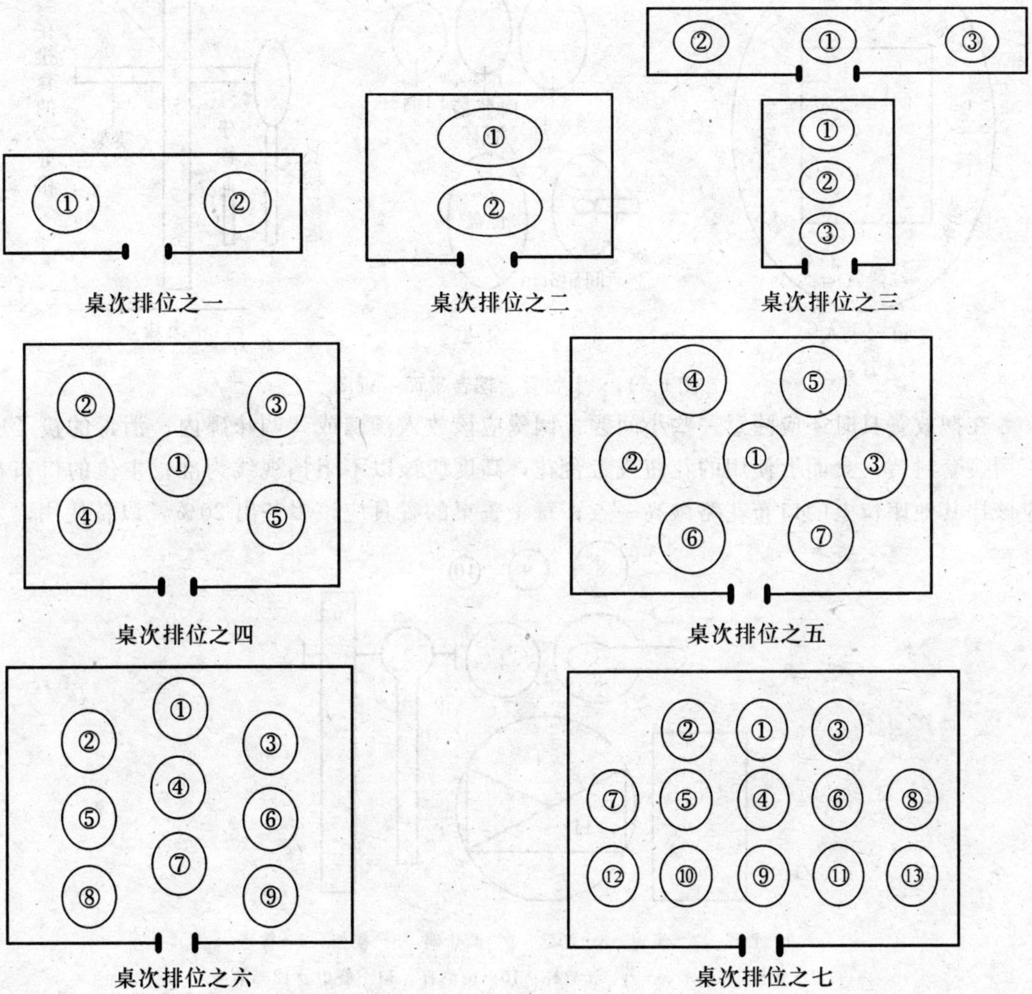

图 6-9　宴会的场地布置

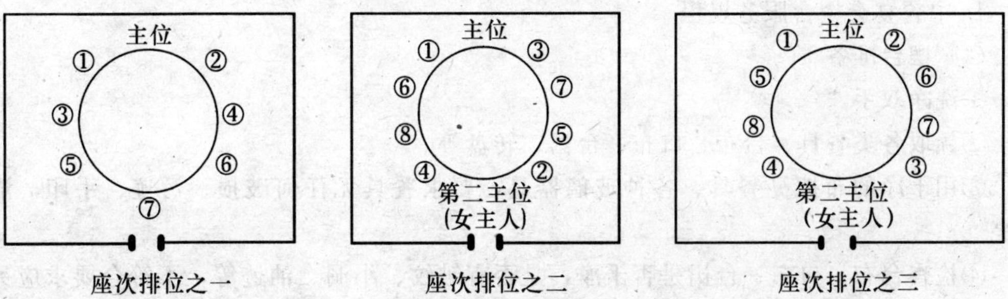

图 6-10　中餐宴会座次安排

(3) 宴会的餐具摆设

左手托盘，右手摆放餐具，从主位开始摆起。中餐宴会摆台标准如图 6-11 所示。

个人席位上摆放餐具的宽度不应窄于 40 厘米或餐椅宽度。在摆放餐具时如果宴会人数众多，餐具较多，也可以采用多人流水作业的方式摆放餐具，一个人摆一种，依次摆放。

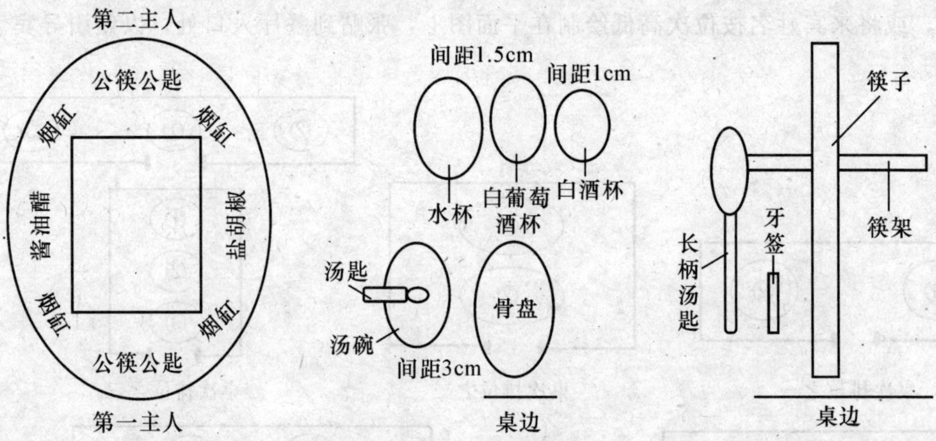

图 6-11　中餐宴会摆台平面示意图

在摆放餐具时还应注意一些小问题：调羹应该放入汤碗或者调味碟内；消毒的筷子应该用筷套封装；桌面上使用的花瓶或者台花，高度应该以不阻挡视线为准；主位的口布花应该比其他座位上的口布花略微高一点；每个餐桌的餐具应该多备出 20%，以备使用。

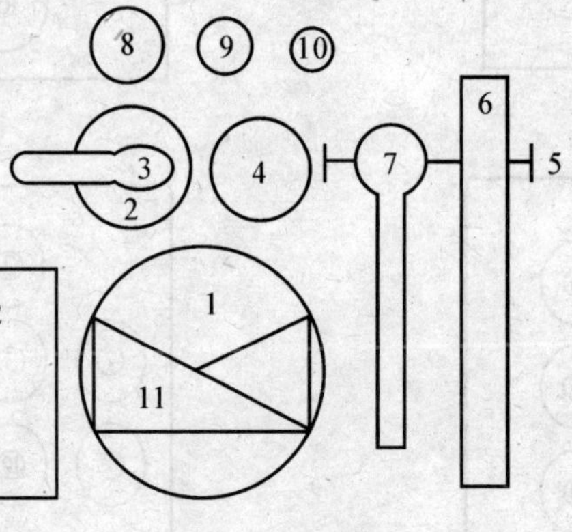

1—餐碟　2—汤碗　3—汤匙　4—调味碟　5—筷架　6—筷子

7—银匙　8—水杯　9—红酒杯　10—白酒杯　11—餐巾　12—菜单

图 6-12　中餐宴会摆台

4. 中餐宴会摆台服务规程

（1）摆台准备

①洗净双手。

②领取各类餐具、台布、口布、台裙、转盘等。

③用干净的布擦亮餐具、各种玻璃器具，要求餐具无任何破损、污迹、手印，洁净光亮。

④检查台布、口布、台裙是否干净，是否有皱纹、小洞、油迹等，不符合要求应另外调换。

⑤洗净所有调味品瓶及垫底的小碟，重新装好。

⑥口布折花。

（2）铺桌布

按铺圆桌布方法铺好桌布。

（3）围桌裙

台布铺好后，顺桌沿将台裙按顺时针方向用按针或尼龙搭扣固定在桌沿上。桌裙下垂部分要舒展自然，不可过长拖地，也不可过短而暴露出桌脚。桌裙围挂时做到绷直、挂紧、围直，注意接缝处不能朝向主要客人。

（4）摆椅

根据中式零点正餐摆桌方法摆好餐椅。

（5）上转盘

摆转盘。

（6）摆餐具

首先应以餐台上的台布中线为标准定位，然后对准中线摆放餐碟。先在中线两端各放一只，再在中线两侧均匀地各放四只餐碟。餐碟右边摆放筷架与筷子（筷子应放入筷套），餐碟下沿与筷子一端成一直线，距离桌边约1厘米宽；餐碟右上方摆放水杯、红酒杯、白酒杯；餐碟上方和左上方放置调味碟、调羹、汤碗；公筷与公勺6人以下放2套，6人以上放4套。餐桌上还应该放置适量调料瓶或者烟缸、牙签盅等。折花的口布在每个客人的水杯内应该插一朵。按宴会举办单位需要，在每一席位上放上姓名卡。菜单摆在正副主人餐具的一侧，10人桌一般放两份。

5. 中餐摆桌注意事项

（1）在选配餐具器皿时，一定要选择花色成套而完整的。

（2）所有瓷器、玻璃器皿，使用前要仔细检视，凡有破损的应立即剔除，即使是细微裂痕或缺口，都不能摆上桌，以免招致客人的不满。

（3）脏污的餐具器皿，绝对禁止使用。

（4）有破损或污渍的台布及餐布，均不得使用。

（5）饭碗随着客人的需要用托盘提供；常餐摆桌不设酒杯，随客人的需要提供。

（6）摆桌时先分类备齐餐具，依摆桌顺序放在托盘或手推车内，运至餐桌前摆置；餐具在托盘中，不宜堆置过高，以免倾倒翻覆发生危险。

（7）餐具要善于维护，操作不当造成破损会影响摆桌工作效率。虽然餐厅中有破损消耗率的规定，但未尽职责或恶意地破坏，当然是要赔偿的。

（8）餐桌装饰在于美化点缀，应一致地摆置在餐桌一角，色彩务求谐调，否则就不必摆设，以免妨碍客人进餐。

（9）餐桌餐具摆设完毕，务必作一次检视，看是否正确完美，同时将每一坐椅摆放整齐；营业前或开席前20分钟，领班应做一次复检工作，凡有缺点立即纠正改善。

（三）西餐摆台

西餐一般使用长方台，有时也使用圆台或者四人小方台。西餐就餐方式实行分餐制，餐台按照不同的餐别而作不同的摆设。正餐的餐具摆设分为零点餐桌摆台和宴会摆台，同时西餐摆台的方式因服务方式不同的也有不同之处。

1. 西餐餐桌摆放用品

(1) 台布：颜色以白色为主。

(2) 餐盘：一般餐厅设计为12寸左右（1寸=3.33厘米），可以作为摆台的基本定位。

(3) 餐刀：大餐刀为正餐使用；小餐刀在享用前菜和沙拉时用；鱼刀在享用海鲜或鱼类时使用；牛排刀前端有小锯齿，在享用牛排时使用。

(4) 餐叉：大餐叉正餐时使用；小餐叉享用前菜或者沙拉时使用；鱼叉享用鱼类或海鲜时使用；水果叉享用水果时使用；蛋糕叉享用蛋糕时使用；生蚝叉享用牡蛎时使用。

(5) 黄油刀：用来将黄油涂抹在面包上的重要工具，常与面包盘搭配摆设。

(6) 面包盘：用来摆放面包，个体较小，一般大约6寸。

(7) 汤匙：浓汤匙喝浓汤时使用；清汤匙喝清汤时使用；甜品匙享用点心和甜品时使用；餐匙享用清汤和浓汤时均可使用。

(8) 水杯：用来盛饮用水。

(9) 葡萄酒杯：分为红酒和白酒杯，一般红酒杯略大于白酒杯。

2. 西餐便餐摆台

西餐便餐一般使用小方台和小圆台，餐具摆放比较简单。

餐盘放在正中，对准椅位中线（圆台是顺时针方向按人数等距定位摆盘）；口布折花放在餐盘内；餐叉放在餐盘的左边，叉尖向上；餐刀和汤匙放在餐盘上方；面包盘放在餐叉上方或左边，黄油刀横放在餐盘上方，刀口向内；水杯放在餐刀尖的上方，酒杯靠水杯右侧呈直线、三角形或者是弧形；烟灰缸放在餐盘正上方；胡椒瓶和盐瓶放置于烟灰缸左侧；牙签盅放在椒盐瓶左侧；花瓶放在烟灰缸的上方；糖缸和奶缸呈直线放在烟灰缸的右边。西餐便餐摆台如图6-13所示。

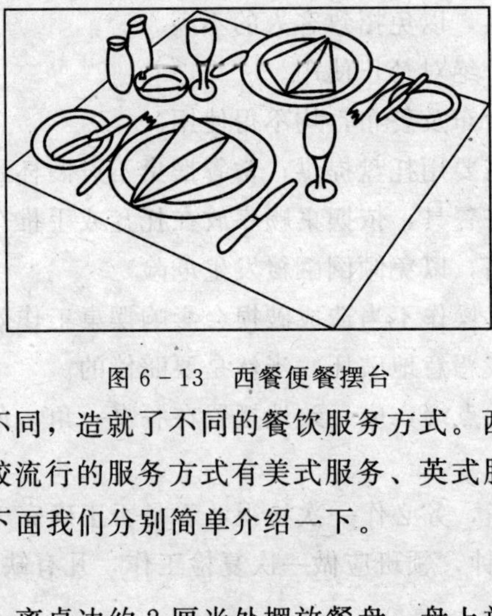

图6-13　西餐便餐摆台

饮食文化及习俗差异不同，造就了不同的餐饮服务方式。西餐服务方式按照不同的国家可以分为多种，一般比较流行的服务方式有美式服务、英式服务、法式服务等。不同的服务方式摆台也有差异，下面我们分别简单介绍一下。

(1) 美式服务摆台

首先在座位的正前方，离桌边约2厘米处摆放餐盘，盘上放餐巾折花；在餐巾左侧摆放餐叉和沙拉叉，叉齿向上，叉柄距桌边2厘米；在餐巾右侧摆放餐刀，刀口向左，接着摆放汤匙，再摆放咖啡匙，刀柄及匙柄距桌边约2厘米；在餐叉前方摆放面包盘；在面包盘上右侧摆放1把黄油刀，刀身与桌边平行；以餐刀刀尖为基准摆放水杯或者酒杯，杯口向下倒扣摆放；摆放糖盅、胡椒瓶、盐瓶或者烟灰缸等。美式服务摆台如图6-14所示。

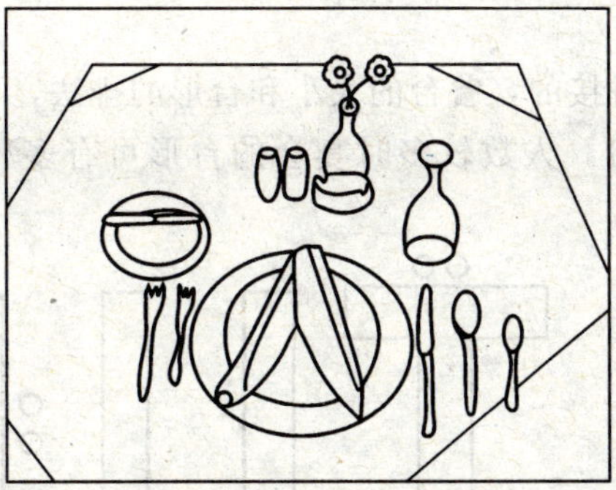

图 6-14 美式服务摆台

(2) 英式服务摆台

在座位的正前方离桌边 2 厘米处摆放餐盘，盘上放餐巾折花；在餐巾左侧摆放餐叉及鱼叉，叉齿向上，叉柄距桌边 2 厘米；甜品匙及汤匙依次摆放在鱼刀右侧，匙柄距离桌边约 2 厘米；在餐巾左上方摆放面包盘；在面包盘上右侧摆放 1 把黄油刀，刀身与餐刀平行；水杯及酒杯摆放在汤匙上方，杯口向上。英式服务摆台如图 6-15 所示。

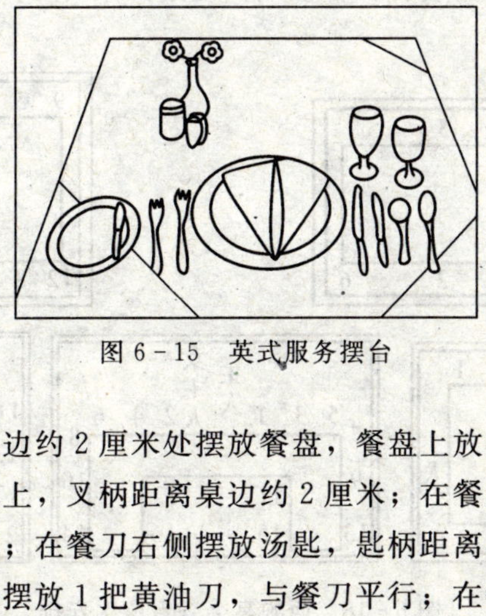

图 6-15 英式服务摆台

(3) 法式服务摆台

在座位的正前方距离桌边约 2 厘米处摆放餐盘，餐盘上放置餐巾折花；在餐盘的左侧摆放餐叉和沙拉叉，叉齿向上，叉柄距离桌边约 2 厘米；在餐盘的右侧摆放餐刀，刀口向左，刀柄距离桌边约 2 厘米；在餐刀右侧摆放汤匙，匙柄距离桌边约 2 厘米；将面包盘放在沙拉叉的左侧，盘上右侧摆放 1 把黄油刀，与餐刀平行；在餐盘正前方摆放甜品匙及点心叉，匙在上方，匙柄向右，叉在下方，叉柄向左；以餐刀刀尖为基准摆放红酒杯，红酒杯的右下方摆放白酒杯，左上方摆放水杯，杯口向上；摆放糖盅、胡椒瓶、盐瓶。法式服务摆台如图 6-16 所示。

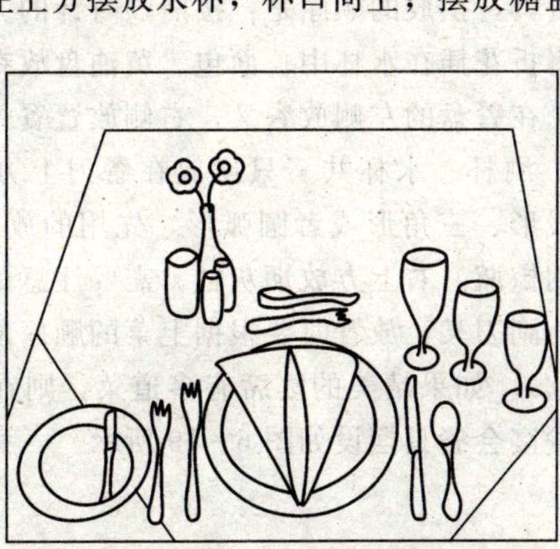

图 6-16 法式服务摆台

3. 西餐宴会摆台

西餐宴会餐台是可以拼接的，餐台的大小和台形的排法，可根据人数的多少和餐厅的大小进行布置，一般为长台。人数较多时宴会的台形可有多种，图 6－17 为几种常见的台形。

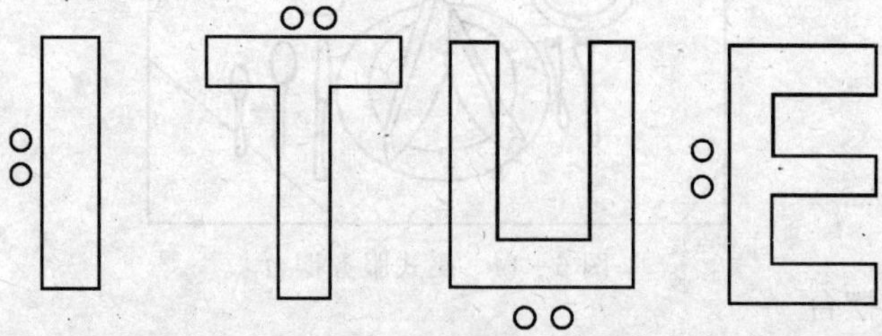

图 6－17　西餐宴会摆台常见台形

（1）西餐宴会座次安排

主人一般安排在面向餐厅正门的位置上，第一、第二客人排在主人的两侧。使用长台时，主人安排在长台正中位置或者长台顶端；使用圆桌时，则与中餐宴会座次安排相同。具体排法如图 6－18 所示。

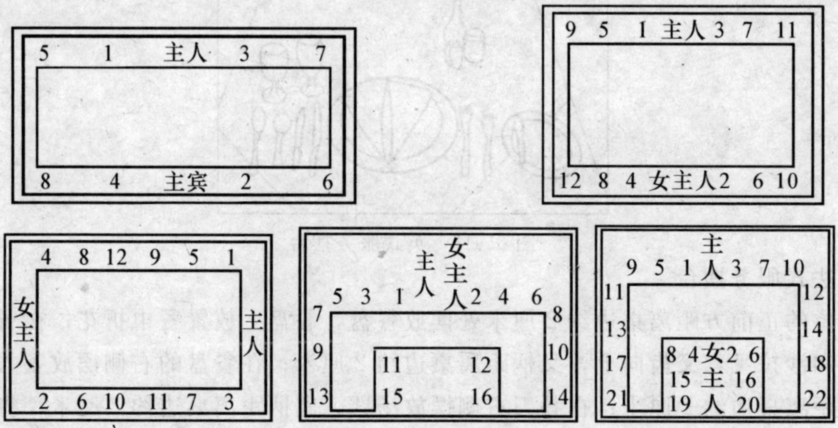

图 6－18　西餐宴会餐台座次安排

（2）西餐宴会餐具摆设

左手托盘，右手摆放餐具，摆放的顺序是：按照顺时针的方向，按照人数等距定位摆盘，将餐巾放在餐盘中或将折花插在水杯中；面包、黄油盘放在叉尖左上方，黄油刀刀口朝向餐盘内竖放在餐盘上；在餐盘的左侧放餐叉，右侧放置餐刀，在餐刀右边放汤匙；点心刀叉放在餐盘的正上方；酒杯、水杯共三只摆放在餐刀上方。酒杯的摆放方法多种多样，可以摆成直线形、斜线形、三角形或者圆弧形，先用的放在外侧，后用的放在内侧。甜点叉的左上方放盐瓶、胡椒瓶，右上方放烟灰缸。需要注意的是，西餐的餐具按照宴会菜单摆放，每道菜应该换一副刀叉，放置时要根据上菜的顺序从外侧到内侧，一般不超过七件（即三叉、三刀、一匙）。如果精美的宴席有多道菜，则在上新菜前追加刀叉。摆放餐具后应该仔细核对。西餐宴会餐具摆设如图 6－19 所示。

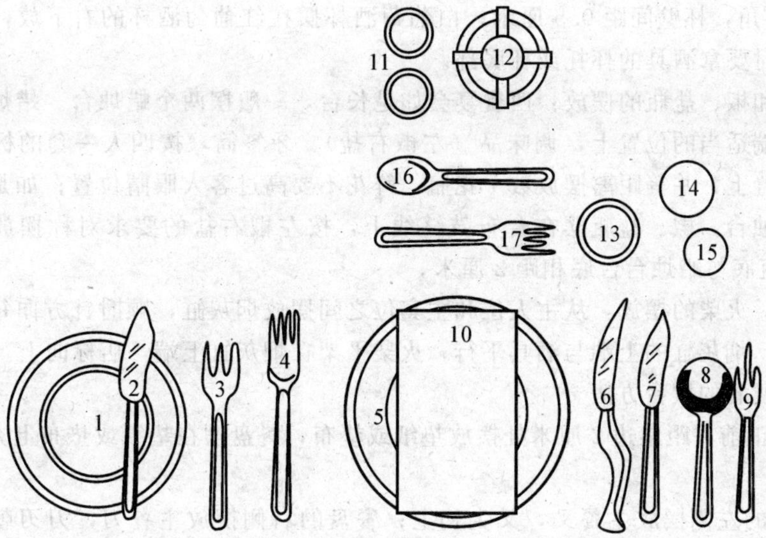

1—面包盘 2—黄油刀 3—鱼叉 4—餐叉 5—餐盘 6—牛排刀 7—鱼刀 8—清汤匙 9—生蚝叉 10—餐巾
11—盐瓶和胡椒粉瓶 12—烟灰缸 13—水杯 14—红酒杯 15—白酒杯 16—甜品匙 17—甜品叉

图 6－19 西餐宴会餐具摆设

(3) 西餐宴会摆台操作规范

①西餐宴会摆台方法

a. 确定席位。如是圆桌，席位与中餐宴会席位相同；如是长台，餐台一侧居中位置为主人位，另一侧居中位置为女主人或副主人位，主人右侧为主宾，左侧为第三主宾，副主人右侧为第二主宾，左侧为第四主宾，其余宾客交错类推。

b. 根据菜单要求准备餐具，餐具齐全，配套分明，整齐统一，美观实用。

c. 西餐餐具按照餐盘正中、左叉右刀、刀尖朝上、刀刃朝盘、先外后里的顺序摆放。

d. 餐、酒具的摆放。

装饰盘的摆放：可用托盘端托，也可用左手垫好口布，把装饰盘托起。从主人位开始，按顺时针方向用右手将餐盘摆放于餐位正前方，盘内的店徽图案要端正，盘与盘之间距离相等，盘边距桌边 2 厘米。

口布的摆放：将餐巾折花放于装饰盘内，将观赏面朝向客人。

面包盘、黄油碟的摆放：装饰盘左侧 10 厘米处摆面包盘，面包盘与装饰盘的中心轴取齐；黄油盘摆放在面包盘右上方 3 厘米处。

餐具的摆放：装饰盘左侧按从左至右的顺序依次摆放沙拉叉、鱼叉、主餐叉，各相距 0.5 厘米，叉柄距桌边 1 厘米，叉尖朝上，鱼叉上方可突出其他餐具 1 厘米；装饰盘的右侧按从左到右的顺序依次摆放主餐刀、鱼刀，刀刃向左，刀柄距桌边 1 厘米，鱼刀上方可突出其他餐具 1 厘米；鱼刀右侧 0.5 厘米处摆放汤匙，勺面向上，汤匙右侧 0.5 厘米处摆放沙拉刀，刀刃向左；甜食叉、甜食勺平行摆放在装饰盘的正前方 1 厘米处，叉在下，叉柄向左，勺在上，勺柄朝右，甜食叉、甜食勺手柄相距 1 厘米；黄油刀摆放在面包盘上右 1/3 处，黄油刀中心与面包盘的中心线重合。

酒具的摆放：水杯摆放在主餐刀正前方 3 厘米处，杯底中心在主餐刀的中心线上，杯底距主餐刀尖 2 厘米；红葡萄酒杯摆在水杯的右下方，杯底中心与水杯杯底中心的连线与餐台边成 45°角，杯壁间距 0.5 厘米；白葡萄酒杯摆在红葡萄酒杯的右下放，其他标准同上。摆酒具时要拿酒具的杯托或杯底部。

蜡烛台和椒、盐瓶的摆放：西餐宴会如是长台，一般摆两个蜡烛台。蜡烛台摆在台布的鼓缝线两端适当的位置上，调味品（左椒右盐）、牙签筒，按四人一套的标准摆放在餐台鼓缝线位置上，并等距离摆放数个花瓶，鲜花不要高过客人眼睛位置；如是圆台，台心位置摆放蜡烛台，椒、盐瓶摆在台布鼓缝线上，按左椒右盐的要求对称摆放，瓶壁相距 0.5 厘米，瓶底与蜡烛台台底相距 2 厘米。

烟灰缸、火柴的摆放：从主人位和主宾位之间摆放烟灰缸，顺时针方向每两位客人之间摆放一个，烟灰缸的上端与酒具平行；火柴平架在烟灰缸上端，店标向上。

②西餐便餐的摆台方法

a. 座位正前方距桌边 2 厘米处摆放垫纸或垫布，餐盘摆在垫纸或垫布上方，盘内摆放折好的餐巾。

b. 餐盘的左侧摆放主餐叉，叉尖朝上；餐盘的右侧摆放主餐刀，刀刃朝盘，刀柄距餐盘 1.5 厘米；主餐刀的右侧摆放汤匙。叉底、餐盘边沿、刀底、匙底在一直线上并相距 0.5 厘米。

c. 餐盘正前方 1.5 厘米处横放甜食叉和甜食勺，叉在下，叉把朝左摆放，勺在上，勺把朝右摆放。

d. 餐盘左侧 4 厘米处摆放面包盘，盘上靠右侧 1/3 处摆放面包刀。

e. 主餐刀正上方 3 厘米处摆放水杯。

f. 烟灰缸和调味品摆放在甜食叉和甜食勺的正前方。

五、上菜

（一）中餐上菜

中国地方菜系很多，宴会的种类也多，如燕翅席、海参席、全鸭席、全素席、满汉全席等。宴会面不同、地方菜系不同，其菜肴设计安排上也就不同，在上菜程序上也不可能完全相同。

1. 上菜顺序

菜系不同，就餐与上菜的顺序也会有一点不同，但一般中餐宴会上菜的顺序是：第一道是凉菜，便于佐酒；第二道是主菜（较高贵的名菜）；第三道是热菜（数量较多）；第四道是汤菜；第五道是甜菜（随上点心）；最后一道是水果。

中餐宴会上菜应掌握的规则是：先冷后热、先菜后点、先咸后甜、先炒后烧、先清淡后油腻、先优质后一般。如客人对上菜有特殊要求，应灵活掌握。

上菜时应该注意正确的端盘方法，端一个盘子时用大拇指紧贴盘边，其余四指抠住盘子下面，拇指不应该碰到盘子边的上部，更不允许留下手印或者手指进入盘中，这样既不卫生也不礼貌。

2. 上菜位置和动作

在为宾客上菜时，应选择正确的位置。中餐宴会上菜一般选在陪同和次要客人之间，并始终保持在一个位置。上菜时，餐厅服务员将菜肴放在托盘内端至桌前，左手托盘，侧身用右手上菜，把菜品送到转台上，报清菜品名称，然后按顺时针方向旋转一圈，等客人观赏菜品后，转至主宾面前，让其品尝。上下一菜品时，将前一菜移到其他位置，将新菜放在主宾面前，残菜应随时撤下，但不要撤得太多。菜盘应及时调整，注意盘与盘之间的距离，保持桌面整洁、美观。中餐散座上菜与宴会上菜基本相同，但应注意上菜的位置不能选在老人或儿童身边，以免出现意外。

3. 上菜方法与要求

(1) 上菜时，可以将凉菜先行送上。当客人落座开始就餐后，餐厅员工即可通知厨房作好出菜准备，待到凉菜剩下 1/3 左右时，即可送上第一道热菜。当前一道菜快吃完时，餐厅员工就要将下一道菜送上。不能一次送得过多，使宴席上放不下；更不能使桌上出现菜肴空缺的情况，让客人在桌旁干坐，这既容易使客人感到尴尬，也容易使客人没有菜可供及时下酒而喝醉。

(2) 餐厅员工给客人提供服务时，一般要以第一主人作为中心，从宴席的左面位置上菜，撤盘时则在宴席的右侧位置。上菜或撤盘时，都不应当在第一主人或主宾的身边操作，以免影响主客之间的就餐和交谈。

(3) 凡是上带有调味作料的热菜，如烤鸭、烤乳猪、清蒸蟹等菜肴时，调味料要一同上桌，并且可以略作说明。

(4) 几种特殊性菜肴上桌的方法：锅巴虾仁应该尽快上桌，将虾仁连同汤汁马上倒入盘中锅巴上，保持热度和吱吱的声响。清汤燕窝这类名贵的汤菜应该将燕窝用精致盘子上桌后，由服务人员当着客人的面下入清汤中。上泥包、纸包、荷叶包的菜时，应先将菜拿给客人观赏，然后再送到操作台上，在客人的注视下打开或打破，然后用餐具分到每一位客人的餐盘中。如果先行打开或打破，再拿到客人面前来，则会失去菜的特色，并使这类菜不能保持其原有的温度和香味。

(5) 菜肴上有孔雀、凤凰图案的拼盘应当将其正面放在第一主人和主宾的面前，以方便第一主人与主宾的欣赏。

(6) 第一道热菜应放在第一主人和主宾的前面，没有吃完的菜则移向副主人一边，后面的菜可遵循同样的原则。

(7) 遵循"鸡不献头，鸭不献尾，鱼不献脊"的传统礼貌习惯，即在给客人送上鸡、鸭、鱼一类的菜时，不要将鸡头、鸭尾、鱼脊对着主宾，而应当将鸡头与鸭头朝右边放置。上整鱼时，由于鱼腹的刺较少，肉味鲜美，所以应将鱼腹而不是鱼脊对着主宾，表示对主宾的尊重。

4. 摆菜

(1) 摆菜时不宜随意乱放，而要根据菜的颜色、形状、菜种、盛具、原材料等摆放，讲究一定的艺术造型。

(2) 中餐宴席中，一般将大菜、头菜放在餐桌中间位置，砂锅、炖盆之类的汤菜通常也摆放到餐桌中间位置。散座中，可以将主菜或高档菜放到餐桌中心位置。

(3) 摆菜时要使菜与客人的距离保持适中。散座中摆菜时，应当将菜摆放在靠近小件餐具的位置上；餐厅经营高峰中两批客人同坐于一个餐桌上就餐时，摆菜要注意分开，不同批次客人的菜向各自方向靠拢，而不能随意摆放，否则容易造成误解。

(4) 注意菜点最适宜观赏一面位置的摆放。一般宴席中的头菜，其观赏面要朝向正主位置，其他菜的观赏面则对向其他客人。

(5) 当为客人送上宴席中的头菜或一些较有风味特色的菜时，应首先考虑将这些菜放到主宾与主人的前面，然后在上下一道菜时再移放餐桌的其他地方。

(二) 西餐上菜

1. 西餐上菜的基本要求

(1) 餐厅员工在提供西餐上菜服务时，总体顺序是先女主宾后男主宾，然后服务主人与一般来宾。

(2) 餐厅员工应用左手托盘，右手拿叉匙为客人提供服务。服务时，员工应当站在客人的左边。

(3) 西餐菜肴上菜也要“左上右撤”，酒水饮料要从客人的右侧上。法式宴会所需食物都是用餐车送上，由服务员上菜，除面包、黄油、色拉等必须放在客人左边的盘子外，其他食物一律从右边用右手送上。

2. 西餐上菜的方式

(1) 法式上菜方式特点是将菜肴在宾客面前的辅助服务台上进行最后的烹调服务。法式上菜由两名服务人员同时进行，一名负责完成桌边的烹调制作，另一名负责为客人上菜。热菜用加温的热盘，冷菜用冷却后的冷盘。

(2) 俄式上菜方式与法式相近，但所有菜肴都是在厨房完成后，用大托盘送到辅助服务台上，然后顺时针绕台将餐盘从右边摆在客人面前。上菜时服务人员站立在客人的左侧，左手托盘向客人展示菜肴，然后再用服务叉、勺配合分菜至客人面前的餐盘中，以逆时针的方向进行分菜服务，剩余菜肴送回厨房。

(3) 英式上菜方式是将盛装好菜肴的大餐盘放在宴会首席的男主人面前，由主人将菜肴分入餐盘后递给站在左边的服务员，由服务人员分给女主人、主宾和其他宾客。各种调料与配菜摆在桌上，也可以由宾客自取并互相传递。

(4) 美式上菜方式比较简单，菜肴由厨房盛到盘子中，除了色拉、黄油和面包，大多数菜肴盛在主菜盘中，从左边送给宾客，饮料酒水从右边送上，用过的餐具由右边撤下。

六、分菜

分菜服务常见于西餐的分餐制服务中，现在随着影响的加大，在一些中餐的高级宴会上也有使用。分菜服务就是在客人观赏后由服务人员主动均匀地为客人分菜分汤，也叫派菜或让菜。西餐中的美式服务不要求服务员掌握分菜技术，俄式服务要求服务员有较高的分菜技术，法式服务要求服务员有分切技术。分菜服务可以有效体现餐饮服务的品质，因此服务人员必须熟练掌握服务技巧。

(一) 分菜的工具

(1) 中餐分菜的工具：分菜叉（服务叉）、分菜勺（服务勺）、公用勺、公用筷、长柄勺等。

(2) 俄式服务的分菜工具：叉和勺。

(3) 法式服务的分切工具：服务车、分割切板、刀、叉、分调味汁的叉和勺。

（二）分菜工具的使用方法

1. 中餐分菜工具的使用方法

(1) 服务叉、勺的使用方法：服务员右手握住叉的后部，勺心向上，叉的底部向勺心；在夹菜肴和点心时，主要依靠手指来控制；右手食指插在叉和勺把之间与拇指酌情合捏住叉把，中指控制勺把，无名指和小指起稳定作用；分带汁菜肴时用服务勺盛汁。

服务叉、勺的握法有：

①指握法：将一对服务叉、勺握于右手，正面向上，叉子在上方，勺在下方；横过中指、无名指与小指，将叉、勺的底部与小指的底部对齐并且轻握住叉、勺的后端；将食指伸进叉、勺之间，用食指和拇指尖握住叉、勺。如图 6-20 所示。

图 6-20 指握法

②指夹法：将一对叉、勺握于右手，正面向上，叉子在上，勺在下方；使中指及小指在下方而无名指在上方夹住服务勺；将食指伸进叉、勺之间，用食指与拇指尖握住叉子，使之固定。此种方法使用灵活，如图 6-21 所示。

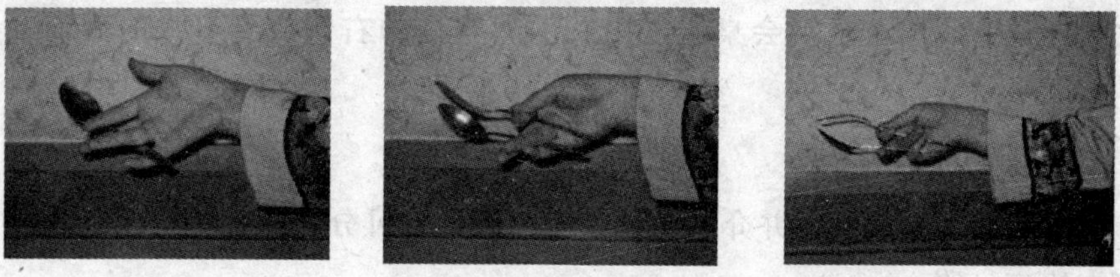

图 6-21 指夹法

③右勺左叉法：右手握住服务勺，左手握住服务叉，左右来回移动叉、勺。此法适用于体积较大的食物派送，如图 6-22 所示。

图 6-22 右勺左叉法

（2）公用勺和公用筷的用法：服务员站在与主人位置成90°角的位置上，右手握公用筷，左手持公用勺，相互配合将菜肴分到宾客餐碟之中。

（3）长把汤勺的用法：分汤菜，汤中有菜肴时需用公用筷配合操作。

2. 俄式分菜用具的使用方法

一般是匙在下，叉在上，右手的中指、无名指和小指夹匙，拇指和食指控制叉，五指并拢，完美配合。这是俄式服务最基本的技巧。

3. 法式切分工具的使用方法

（1）分让主料：将要切分的菜肴取放到分割切板上，再把切板放在餐车上。分切时左手拿叉压住菜肴的一侧，右手用刀分切。

（2）分让配料、配汁：用叉、勺分让，勺心向上，叉的底部向勺心，即叉、勺扣放。

（三）分菜的方法

1. 桌上分让式

服务员站在客人的左侧，左手托盘，右手拿叉与勺，将菜在客人的左边派给客人。一般适用于分热炒菜和点心。

2. 二人合作式

由两名服务员配合操作，一名服务员右手持公用筷，左手持长把公用勺，另一名服务员将每一位客人的餐碟移到分菜服务员近处，由分菜服务员分派，然后从客人左侧为客人送菜。

3. 旁桌分让式

先将菜在转台向客人展示，由服务员端至备餐台，将菜分派到客人的餐盘中，并将各个餐盘放入托盘中，托送至宴会桌边，用右手从客位的右侧放到客人的面前。一般用于宴会。

（四）分菜的基本要求

（1）将菜点向客人展示，并介绍名称和特色后，方可分让。大型宴会，每一桌服务人员的派菜方法应一致。

（2）分菜时留意菜的质量和菜内有无异物，及时将不合标准的菜送回厨房更换。客人表示不要此菜，则不必勉强。此外，应将有骨头的菜肴，如鱼、鸡等的大骨头剔除。

（3）分菜时要胆大心细，掌握好菜的份数与总量，做到分派均匀。

（4）凡配有作料的菜，在分派时要先蘸上作料再分到餐碟里。

（五）特殊情况的分菜方法

1. 特殊宴会的分菜方法

（1）客人只顾谈话而冷淡菜肴：遇到这种情况时，服务员应抓住客人谈话出现的短暂停顿时机，向客人介绍菜肴并以最快的速度将菜肴分给客人。

（2）主要客人带有少年儿童赴宴：此时分菜先分给儿童，然后按常规顺序分菜。

（3）老年人多的宴会：采取快分慢撤的方法进行服务。分菜步骤可分为两步，即先少分再添分。

2. 特殊菜肴的分让方法

（1）汤类菜肴的分让方法：先将盛器内的汤分进客人的碗内，然后再将汤中的原料均匀地分入客人的汤碗中。

（2）造型菜肴的分让方法：将造型的菜肴均匀地分给每位客人。如果造型较大，可先分一半，处理完上半部分造型物后再分其余的一半；也可将食用的造型物均匀地分给客人，不可食用的，分完菜后撤下。

（3）卷食菜肴的分让方法：一般情况是由客人自己取拿卷食。如果老人或儿童多，需要分菜服务，方法是：服务员将吃碟摆放于菜肴的周围；放好铺卷的外层，然后逐一将被卷物放于铺卷的外层上；最后逐一卷上送到每位客人面前。

（4）拔丝类菜肴的分让方法：由一位服务员取菜分类，另一位服务员快速递给客人。

表 6-4　　中餐分菜服务

服务程序		工作步骤
桌面分菜	准备用具	分鱼、禽类菜品时，准备一刀、一叉、一匙；分炒菜时，准备匙、叉各一把或一双筷子、一把长柄匙。
	分菜	（1）由两名服务员配合操作，一名服务员分菜，一名服务员为客人送菜。 （2）分菜服务员站在副主人位右边第一个位与第二个位中间，右手执叉、匙夹菜，左手执长柄匙接挡，以防菜汁滴落在桌面上。 （3）另一名服务员站在客人的右侧，把餐盘递给分菜的服务员，待菜肴分好后将餐盘放回客人面前。
	上菜	上菜的顺序：主宾、副主宾、主人，然后按顺时针方向分送。
服务桌分菜	准备用具	在客人餐桌旁放置服务桌，准备好干净的餐盘，放在服务桌的一侧，备好叉、匙等分菜用具。
	展示	每当菜品从厨房传来后，服务员把菜品放在餐桌上向客人展示，介绍名称和特色，然后放到服务桌上分菜。
	分菜	分菜服务员在服务桌上将菜品均匀、快速地分到每位客人的餐盘中。
	上菜	菜分好后，由服务员将餐盘从右侧送到客人面前，顺序与桌面分菜相同。

表 6-5　　中餐整鱼服务

服务程序	工作步骤
报菜名	上鱼时先报菜名，向客人展示后，撤至服务桌，鱼尾向右。
剔鱼脊骨	（1）服务员左手持叉，右手持刀，用叉轻压鱼背，以避免鱼在盘中滑动，但叉不能叉进鱼肉中；用刀在鱼头下端切一刀，在鱼尾切一刀，将鱼骨刺切断。 （2）用餐刀从鱼头刀口处沿鱼身中线，刀刃向右，将鱼肉切开至鱼尾刀口处。 （3）将刀叉同时插入鱼中线刀口处，用叉轻压鱼身，用餐巾沿中线将鱼肉两边剔开，让整条骨刺露出来。 （4）用叉轻压脊骨，用刀从鱼尾刀口处刀刃向左将鱼骨整条剔除，放在一旁的餐碟上。
整理成形	用刀叉将鱼肉合上，整成鱼原形，再将鱼身上的作料稍加整理，保持美观，然后端上餐桌。

表 6-6 中餐带骨、带壳和块状菜品的服务

服务程序	工作步骤
上刀叉	(1) 当客人点了体积较大的块状食物时，在上菜之前需为客人摆上刀叉。 (2) 将刀叉整齐放在铺上餐巾的托盘上，然后逐位摆在餐碟的两侧；左叉右刀，刀叉平行，叉齿向上，刀刃向左，刀、叉柄指向桌边。
上洗手盅	(1) 当客人点了虾、蟹或鸡翅等带骨、壳的菜品时，服务员需送上温度适中的柠檬水洗手盅。 (2) 使用托盘送给每位客人一份，摆在餐位的右上方，同时要礼貌地向客人说明用途。
上毛巾	递送小毛巾并敬送茶水。
撤餐具	(1) 客人用毕该道菜并洗手后，将洗手盅、茶具和小毛巾撤下。 (2) 当客人吃完该道菜后，及时将刀叉撤下。

六、其他技能

较高级的酒席或宴会，往往需要两种以上酒水饮料，并配有冷、热、海鲜、汤等不同的菜品，这些菜品采用炒、烩、扒、煎等不同的烹饪方法，因此，在宴会进行中需要不断地更换用具。这样做主要是为了提高宴席档次，搞好餐桌卫生，使菜肴不失其色，保持原汁原味，突出特点，增加美观。

（一）撤换骨碟

撤换骨碟时要用左手托盘，右手撤换，从第一主宾开始，沿顺时针方向进行。

换骨碟的正确方法是：将干净的骨碟从客人的右侧摆放，然后从客人的左侧将用过的骨碟撤下。在撤换骨碟时要注意，用过的骨碟和干净的骨碟要严格分开，防止交叉污染。如遇有宾客前一道菜还没有用完，而新菜又上来了，这时可以在宾客面前先放一干净骨碟，等客人食用完后再撤下前一道骨碟。更换骨碟应根据菜肴的品种而定，如果是高级宴会，应是一菜一碟。

1. 骨碟撤换时机

在一般情况下，餐厅服务员可视具体情况灵活掌握，但遇到下列情况时应及时更换骨碟：

(1) 吃过冷菜换吃热菜时应更换。

(2) 吃过鱼腥味食物的骨碟，再吃其他类型的菜肴时应更换。

(3) 上风味特殊、汁芡各异、调味特别的菜肴时应更换骨碟。

(4) 凡吃过甜菜、甜汤的盘和碗，应更换。

(5) 骨碟内洒落酒水、饮料或异物时应更换。

(6) 碟内骨刺、残渣较多，影响席面雅观时应更换骨碟。

2. 撤换骨碟操作要求

(1) 撤换骨碟时应注意礼貌，站在客人的右侧用右手将骨碟撤回放到托盘中。

(2) 撤盘时不拖曳，不能当着客人的面刮擦脏盘，不能将汤水及菜洒到客人身上。

(3) 如果客人还要食用骨碟中的菜，餐厅员工应将骨碟留下或在征得客人的意见后将

菜并到另一个骨碟中。

(4) 撤盘时，应将吃剩的菜或汤在客人右边用碗或盘装起来，然后将同品种、同规格的盘按直径由大到小的顺序自下而上摆放整齐。

(二) 撤换铁器、汤匙

在宴会中汤碗和汤匙盛汤后，一般碗内难免会留下一定汤汁，如上第二道汤后，第二道汤再盛进去则会合两味为一味，影响汤的口味。故汤碗、汤匙盛过汤后，如再上第二道汤，则需撤换一副干净的汤碗和汤匙。

(三) 撤换酒具

(1) 宴席进行中，如客人提出更换酒水、饮料时，要及时更换酒具。

(2) 酒杯中酒落汤汁、异物时要及时更换酒具。

(3) 换酒具时，从客人右侧按顺时针方向进行，酒具放在正确的位置上。操作时不得将酒杯相互碰撞，以免发出声响，打扰客人。

(四) 撤换烟灰缸

在宴会进行当中，餐厅服务员要随时注意烟灰缸使用情况。

1. 换烟灰缸的前提

如发现烟灰缸中有两个烟头或有明显杂物时，应马上更换。

2. 换烟灰缸的方法

(1) 用右手的拇指和中指捏紧一个干净烟灰缸的外壁，食指搭在烟灰缸边上，从客人右侧将干净烟灰缸盖在脏烟灰缸上面，拇指、中指捏紧下面脏烟灰缸。

(2) 将两个烟灰缸慢慢拿起从台边一起撤走，放于左手的托盘上，再用同样的手法将干净的烟灰缸摆回餐桌原处。

(五) 更换小毛巾

从宴会开始到宴会结束，席间应多次更换小毛巾，以示服务热情、礼貌和讲究卫生。上小毛巾的方法是：将小毛巾放在毛巾托内，装在托盘里，餐厅服务员左手端托身，右手摆放；也可将毛巾放在垫碟内，由餐厅服务员用毛巾夹直接递给每一位客人。

(六) 撤换口布、台布

(1) 撤换口布、台布的要求：撤口布时应先将口布抖干净，清点数目，再把口布扎成10块1捆，以便于清点。撤台布是撤台工作的最后一道程序，餐台的各种餐饮用具撤清后，首先应注意台布上是否留有烟蒂、残菜等。如果有应先清理再撤台布。如台布上洒有大量的液体时，应采取晾台的方法，待台布晾干后再收起，以免台布发霉后洗不干净，既不雅观也不卫生，影响使用。

(2) 撤台的步骤：撤口布、撤酒具、撤餐具、撤其他物件、撤台布。

(七) 撤菜肴、食品

在高档中餐宴会中，一般上新菜撤旧菜，桌面上只保持一个菜。一般宴会，餐桌上一般保持五个菜以下，如数量过多就会影响整个餐桌整洁美观。普通的宴席为了保持桌面丰盛，也可把残菜撤下换上小盘，整理好重新上桌，这样做既可保持桌面丰盛，又可保持桌面美观。

在中高档宴会中，餐厅服务员分好菜，宾客品尝完毕后，在下一道菜上桌前就应将前一道菜撤下。但要注意撤菜不可过快，客人如需要继续食用的菜肴不能撤下，不可让客人扫兴。菜肴食品的撤换应按就餐客人用餐速度的快慢来决定，适时地撤换餐桌上的残菜。撤菜盘时要使用托盘，在上菜的位置撤盘，注意动作要轻、要稳。撤盘时切忌用力拉，以免汤汁溢出，同时要注意不要将菜盘从就餐客人的头上撤下，更不能把菜汁滴洒在宾客的身上或桌面上。

(八) 上香烟的服务程序

(1) 开单取烟：熟悉餐厅各种烟的品牌和储存情况；客人要烟时，服务员向客人介绍餐厅供应的各种香烟；根据客人的需求，开订单给酒水员。

(2) 为客人点烟。客人抽出香烟，服务员要为客人点烟服务；点烟前，服务员需先向客人示意。

(3) 使用打火机点烟，为安全起见，应事先对打火机的火焰进行调整。

(4) 使用火柴时，需将火柴回划，当火苗稳定后再移至客人面前为客人点烟，并注意保持火焰与客人脸部的距离。

第三节 中西餐服务程序

餐饮的服务是餐饮过程中的一个重要环节，是客人能够直接感知的无形产品，而追求顾客的满意是餐饮经营的重要任务之一，因此做好服务质量的控制尤为重要。

一、中餐宴会服务工作标准程序

中餐宴会服务要求有过硬的服务操作技能、应变能力和整体配合意识，对操作技能的要求是“三轻”(说话轻、操作轻、走路轻)、“四勤”(眼勤、口勤、手勤、脚勤)。

(一) 宴会的布置

(1) 搞好宴会前的环境卫生。

(2) 根据宴会的类别、档次进行合理布置；根据餐厅布局和大小安排餐桌之间的适当距离，以方便穿行、服务为宜，重点突出主台；主台应放在可视餐厅主门、能够综观全厅的位置；做好宴会配套设施的布置和装饰。

(3) 检查和确认灯光、室温、音响、家具、设施的完好和适宜。

(二) 熟悉菜单和物品准备

(1) 熟悉菜单以便于服务时介绍，并根据要求计算菜肴价格。

(2) 根据台数、菜单选配银器、瓷器、玻璃器皿、餐巾、台布、小毛巾等服务必用品，餐具及服务用品准备时要留有余地。

(3) 根据接待对象，视情况设置分菜台和酒水台(如受场地限制，可采用席上分菜)。

(4) 如果客人已安排酒水，按菜单要求备足各类酒水、饮料，用布擦干净酒瓶和各类罐子，并在工作台上整齐摆放。

（5）客到前准备好饮料或茶水。

（6）准备好小毛巾。

（7）客到前上酱油醋等调料。

（8）将各类开餐用具整齐放好。

（三）迎接客人

（1）列队站立大厅门口迎接宾客，多台宴会应按指定位置站立，不得交头接耳或倚台而站。

（2）客到时，应笑脸迎接，使用敬语。

（3）主动拉椅让座，随即送毛巾、上茶，按先女宾、主宾，后主人的顺序进行。

（四）席间服务

（1）宾客进入宴会厅后，热情为宾客拉椅让座，为主宾拿出骨碟中的口布，打开铺好，然后撤筷子套。

（2）了解客人是否需要讲话、人数及大致时间。

（3）掌握上菜时间或征得主人同意即刻通知上菜。

（4）斟酒水。

（5）席间如有宾客致词时，应立即关掉音响，并通知厨房暂缓出菜，然后站立一边，停止工作（如后来的客人到了，应保证客人有干杯用的酒，或应客人要求送上饮料，灵活掌握）。

（6）如大型宴会，主客或主人发表祝词时，主台服务员在托盘内准备好酒水，待客人讲话完毕时递给讲话人。

（7）主人到各台敬酒时，服务员应随其身后及时给主人斟添酒水。

（8）在客人敬酒前要注意杯中是否有酒，当客人起立干杯或敬酒时，应迅速拿起酒瓶或协助客人拉椅。

（9）宴会开始前 10～15 分钟，冷菜上桌，注意荤素、色彩间隔摆放，将造型正对客人和主宾。

（10）要求每道菜都必须分菜，如采取席上分菜，则在上菜前将鲜花撤走，摆好公菜叉、勺及所需餐具。

（11）如客人提出不需分菜，按客人的要求执行，而汤、羹类必须分菜。

（12）每一道菜出菜时，都必须列队进入餐厅，主台服务走在前列；上菜时要求动作统一，不能只顾自己操作，而忽略整体性。

（13）多台宴会的分菜，要求各台的分菜速度一致，特别强调的是其他台的分菜、上菜不能快于主台。

（14）上菜时，快慢适当，大型宴会视主台的用餐速度进行控制。

（15）高规格的宴会，在上甜品前先撤完所有餐具，然后整理好口布，重新上用甜品的餐具。

（16）一般形式的宴会，撤走空的餐具，然后整理好口布，上一套用甜品的餐具，切忌不能撤走酒杯。

（17）其他服务细节参照厅房服务。

（18）清点撤下来的高档餐具是否齐全。

（五）结账服务

给客人结账需用钱夹，在客人的右边，鞠躬并有礼貌地说“多谢”，把钱夹放在客人面前，打开并放上一支笔，用手指示总数；结账后收回夹子并有礼貌地致谢，双手奉还找赎，以鞠躬送客。

餐饮部结账程序如下：

（1）到收银处取单，核实有无漏单、非单。

（2）当收银员做好账单，要先核对账单、台号及饮食单是否正确。

（3）如所有单据核对正确，准备一个清洁的结账单簿和一支笔，将账单放在账单本内。

（4）在客人的右后侧呈上结账簿后说声“对不起，先生/小姐，这是您的账单”，并用手指账款给买单的客人看，轻声报出金额。

（5）如客人签信用卡，先核对是否属于本店受理的范围，然后拿到收银处核对；如核对完毕，收银员便开出信用卡账单及回条，服务员将单据放在结账簿内请客人在卡单上签名；客人签好后，服务员要核对日期、签名是否与信用卡相同，并将信用卡及账单交还客人说“谢谢，先生/小姐”；将单据交还收银员。

（6）如客人付现金，要先在客人面前数清现金数，并在单据左上角写清现金数目，然后讲一声客人付现金的数目，再拿现金及账单到收银员处查收；收银员的找赎一定要数清楚后连同账单收条一并呈交客人；单上一定要盖上“已付款”，交回客人时说“对不起，让您久等了，先生/小姐”；将结账簿收回。

（六）宴会送别服务

（1）客人离席时应主动上前双手拉椅送客。

（2）提醒客人带齐随身物品。

（3）送别用语：先生/小姐，谢谢光临，祝您愉快，再见。

（4）大型宴会结束后，服务员列队在餐厅门口欢送。

（七）结束工作

（1）客人走后，应及时检查是否有尚燃烟头，是否有遗留物品。

（2）收撤餐具：首先整理好餐椅，以保持餐厅的格调；先收餐巾、席巾，后收水杯、酒杯、瓷具；清理现场，重新布置环境，恢复原样。

二、餐厅服务类别与程序

餐厅的服务计划是为了使各餐厅餐式的摆台布置、服务方式、服务程序均达到标准、统一，以保证餐厅的服务计划质量和水准。

（一）中式早餐

1. 中式早餐的摆台

中式早餐摆台时，个人席位上的餐具包括骨碟、口布、筷子、筷架、茶碗碟、调味碟、小饭碗、调羹等，公用餐具有四味架（酱油、醋、胡椒、盐）、牙签盅、烟灰缸等。基本摆台的要求是：

（1）餐具距桌边1～2厘米。

(2) 有店徽的餐具，应将店徽摆正，面对着客人。

(3) 筷子包上筷套，搁在筷架上。

(4) 每位客人面前的餐具摆放位置要一致，规格统一。

(5) 圆桌摆餐具时，间距要相等。

(6) 口布折好放在骨碟中。

2. 中式早餐的服务程序

(1) 客人进入餐厅，引座员礼貌地向客人问好，询问人数。

(2) 根据客人的需要和人数，将客人引领到适当的餐桌。

(3) 拉椅让客人就座。

(4) 向客人提供早餐菜单。

(5) 询问客人喝何种茶类，为了主动，应先报出餐厅所供应的主要品种，请客人选择。

(6) 准备茶水、斟茶。

(7) 除去筷套。

(8) 请客人点用点心。

(9) 供应点心，请客人享用。

(10) 及时为客人添加茶水。

(11) 撤去多余的空盘、碟。

(12) 客人要结账时，去收银台取客人账单，放在账夹里交给客人。

(13) 客人付款后，说声多谢，将款项交收银员。

(14) 收银员收妥款项，将发票和找回的余数用账夹交给客人。

(15) 客人收回余数，离座。

(16) 服务员为客人拉椅，多谢客人，欢迎再度光临。

(17) 引座员在门口笑脸送客，向客人道再见。

(二) 中式午、晚餐

1. 中式午、晚餐的摆台

中式午、晚餐的个人席位上的餐具有骨碟、口布、筷子、筷架、水杯或啤酒杯、茶碗、碟、调味碟、小汤碗、调羹、汤匙等，公用餐具包括公筷、公匙、烟灰缸、牙签盅、四味架（酱油、醋、胡椒和盐）。

2. 中式午、晚餐的服务程序

(1) 客人进入餐厅，引座员礼貌地向客人问好，并询问人数。

(2) 引领客人到适当的餐桌就座。

(3) 拉椅，请客人入座。

(4) 给客人递上毛巾（湿的小毛巾，一般热天用冷的，冷天用热的）。

(5) 询问客人喝何种茶类。

(6) 准备茶水，给客人斟茶。

(7) 客人到齐后，递上菜单。

(8) 除去筷套，打开餐巾。

(9) 接受顾客点菜，随时准备帮助客人提供建议。

(10) 菜单写妥后，询问客人要何种酒水。

(11) 按次序服务茶水，除啤酒外，其他酒类应添酒杯。

(12) 将订单一联交收银员开账单，一联送入厨房，夹上次序盘。

(13) 厨房按订单备菜，分类烹饪。

(14) 出菜时，按台号用托盘送出。

(15) 移掉餐桌上原有菜碟后，端菜上台。

(16) 替客人分菜、分汤。

(17) 询问客人对菜肴的意见，随时准备提供额外的服务。

(18) 根据需要换骨碟、添酒水。

(20) 客人用餐完毕后，递上毛巾，送上热茶。

(21) 收去菜碟、碗筷。

(22) 为客人添茶水。

(23) 通知收银员准备账单。

(24) 到账台取来客人账单，核对后放入账夹交给客人。

(25) 客人付款后，说声多谢，迅速将款项交给收银员。

(26) 将发票和余额交还客人。

(27) 客人离座时，拉椅送客，道谢，欢迎再度光临。

(28) 引座员在门口笑脸送客，向客人道再见。

(三) 团体用餐

1. 团体用餐服务

团体用餐服务在我国旅游饭店中占有极其重要的地位，这是由目前客源的组成所决定的。在每年所接待的旅游客人中，旅行团的比例很大，所以，要提高餐饮服务质量，必须重视团体客人的接待。团体用餐既与一般餐厅服务接待有相同的地方，又有其特殊性。团体用餐的计划性比较强，一般都是事先确定标准、人数、用餐时间等。团体用餐服务应做到以下几点：

(1) 要充分了解团体客人的组成、饮食习惯、禁忌和各种特殊要求。

(2) 根据旅行路线，掌握旅行前几站的用餐情况，合理调节菜单。

(3) 团体用餐可以在一个独立的餐厅，或者有所分隔地集中在餐厅的里侧一角。

(4) 团体用餐的餐桌事先应根据人数布置好，桌上摆上团体名称卡。

2. 团体用餐服务的基本步骤和程序

(1) 客人进入餐厅，礼貌地向客人问好，问清团体名称，核对人数，迅速地引领客人到准备好的餐桌入座，要避免让大批客人围在餐厅门口，影响其他客人。

(2) 到达该团队的餐桌后，要热情招呼客人入座，为年老和行动不便的客人拉椅让座。

(3) 迅速递上毛巾，尤其是对游览回来，未及进房的团体客人，这显得更重要。

(4) 准备茶水，迅速给客人斟茶。根据需要，最好应备有冰茶。

(5) 将厨师精心烹饪的菜肴按序端上，主动向客人介绍当地的特色菜肴，增添愉悦的气氛，解除客人旅途的疲劳。

(6) 为客人分菜、分汤。

(7) 征求客人对菜肴的意见，收集客人的特殊要求，以便迅速请示落实。

(8) 根据需要为客人换骨碟、添酒水饮料。

(9) 客人用餐完毕后，再递上毛巾，斟上热茶。

(10) 客人离座时，应为年老行动不便的客人拉椅、扶持，多谢客人光临。

(11) 引座员在餐厅门口笑脸送客，向客人道再见。

三、中餐厅服务

1. 接待工作

从客人欲踏进餐厅前，餐厅的领台或领班人员，均应在指定的接待位置即大门两侧欢迎客人的光临，如有特别贵宾来临，主管也应列位等待。

接待工作的圆满完成依靠接待人员的表现，接待人员的表现代表着该单位及餐厅的水准、形象与荣誉。

接待除需注意接待的站立位置外，还应注意接待需用真诚之心，是自然表现出来的欢迎，而不是一种形式上的欢迎，也就是用餐厅的标准礼貌身体语言，微笑并微微弯曲身体问候客人及表示欢迎之意。

问候客人的同时以快速眼光估计一下前来的客人人数，并立即询问客人有几位；但是不要只看见一对夫妇，或是只有一位客人时还问客人有几位。你可以用确认的方式来询问客人，以表明你的眼光是锐利的；但千万不要以为面前所看到的客人，是全部一起的客人，而引导客人就座，造成接待的不正确。因此，接待的询问技巧也是相当重要的。对先到达的客人应先予以安排就座，后到的客人，如未能有人员及时予以引号就座，就必须以礼貌歉意之口吻向客人道歉。引导先到的客人就座后，再立即回到餐厅门口或接待室，引导次到的客人就座。

2. 安排客人就座

领台或接待员引导客人就座前，除应注意礼貌外，对客人的座位，也应技巧性地给予安排。如年轻夫妇或情侣，就安排在餐厅的角落较不明显处；年龄较长的客人应安排在灯光较亮或冷气不太强及较安静之处。千万不要将以上所述的客人安排在一群人或年轻人较多的嘈杂的座位区，避免影响客人的用餐情绪与气氛。

在座位旁从事服务工作的服务人员，也应面带微笑礼貌地向前来的客人问候。如知道前来客人的尊姓大名，更应给予礼貌的称呼，如王先生、陈董事长、林总经理等，使前来的贵宾有被重视的感觉。

当客人就座时，除领台或接待的人员外，责任区内的服务人员也应立即协助领台或接待，拉椅子并请客人就座。有女士在场时应给予女士优先就座服务；对于行动不便的来宾，应给予最妥善的照顾与安排；对随行来的小孩也应准备小孩坐的高椅，安排在适当的位置（不要在上、下菜之处），避免发生危险。

3. 点菜前的服务注意事项

客人就座后，服务人员应立即给客人倒茶水、递送酒单和菜单，同时询问客人是否需要饭前酒的服务，如果需要，将酒水准备妥后，接受客人的点菜。在点菜前移动增减客人所使用的餐具，作适当的安排并利用托盘处理；推荐销售开胃小菜或由主管主动赠予客人食用，同时摊开口布及送上小毛巾供客人用餐时使用。

4. 推荐与接受客人点菜

点菜工作均由领班级以上干部负责，组长也可视情况予以协助点菜。

必须在营业前与厨房主厨联系，研究当日菜式可能的变化（如缺货）或是欲促销的菜色，以便在点菜时给客人满意的安排。

菜单内容大致分为酒席类与小吃类两种：酒席类菜单因性质不同，菜式安排上亦有所不同，如喜宴、寿宴、生日宴、一般聚餐及正式宴会的菜单安排等；小吃类可依餐厅的性质及服务方式分为一般点菜及特别安排的套餐等。

菜单的介绍除提供餐厅内较特殊或较有特别口味的菜式外，介绍的内容必须要考虑到客人用餐的意愿及较能接受的菜式，同时包括合理的价格及用餐人数等的考虑，否则容易影响餐厅的销售目标及效果。

对菜式应了解其烹饪的方式，配合客人的嗜好，予以调配合适的口味，如蒸、炒、炸、烩、卤、炖、烤、煮等，带给客人更好的享受。

对菜的烹调方法的安排，绝对不作相关或重复的调配，避免影响客人的食欲。

5. 三联点菜单如何开立

将客人所点的菜，依客人所交代的烹饪要求，记在点菜单上，并按出菜的顺序，详细填入点菜单内；并依据菜单开立的规定，如实将桌面人数、菜名称、分量、人数及负责开单人员的名字，一并详细填入点菜单内，经确认后打上时间，交给出纳人员签字认可。

将三联点菜单的第一联送入厨房，作为厨房工作人员备餐的依据；第二联为出纳入账之用；第三联置于客人的餐桌上或服务台旁，以备上菜服务核对确认之用。

6. 传菜及上菜前后的服务工作要求

传菜人员及现场服务人员应先了解客人所点的菜式、分量及先后的上菜顺序，与厨房密切配合，对客人用餐的时间适当掌握，避免上菜时机不对，太快或太慢，影响客人用餐的情绪。

传菜人员应事前准备传菜时所需的大小托盘及配合上菜时所需使用的器皿，如保温用的盘、盖等及上菜时所需附带的作料。

传菜用的托盘务必随时擦拭，保持干净及美观。

上菜前服务人员先询问主人用餐时间的长短，配合出菜的时间予以服务。

上菜前，先服务客人所要求准备的酒水，如啤酒倒入所准备的啤酒杯，绍兴酒或花雕酒倒入公杯内再由公杯分别斟入预先准备的小酒杯。公杯应以两人使用一个公杯为服务的标准，公杯内的酒以不超过七分满为标准，以方便客人倒入个人所使用的小酒杯而不溢出来。服务人员应视客人饮用的情况，随时予以添加。饮用绍兴酒类的客人如需柠檬或话梅等添加品时，服务人员应立即给予添加。

上菜前的准备工作就绪后，只等待传菜生按菜单所列的顺序将菜逐项传送上桌，并由服务人员再给予客人服务。

当服务人员将菜准备上桌前，必须先核对传菜生所传到的菜是否与菜单上所列正确无误，若无任何疑问时，方可上桌。

服务人员上菜前先将上菜的位置腾出，位置应在主人座位的右前方处，然后再由主人的右侧将菜端上；但必须先让主人过目后上桌，并将该菜的菜名清楚地念出并简单地作说明让所有客人了解；然后再依所上菜品的内容，在主人或主客处予以服务，避免上菜位置不正确，造成客人用餐时不便。

所有菜肴均由主人右侧上桌后，再将该菜利用桌上的转台转至主客面前；随后由服务人员顺时针按主客的位置，依次予以分菜服务；汤类应在主人处派妥后，再依主客顺序服务。

分菜时服务人员应特别留意客人对该菜的反应，如果有忌食者，或对该菜有异议，服务人员均应反映给主人或餐厅的主管，予以最适当的处理，使每位用餐的客人均能获得最满意的服务。

每道菜于客人用毕后，即更换干净的碗盘，以便配合另一道新上菜色使用。收回的脏盘由传菜生上菜后回程时顺便带回。

每道菜在分派完毕后，如仍有剩余时，则应移置于适当较小的盘内再放回转台，客人需要时可再取食。

客人用餐时服务人员应随时随地注意客人的一举一动，给予最迅速、最周到的服务，如倒酒水、点烟等。

客人所需的饮料如需再增加时，必须征求主人的意见与决定方可补充，不得自作主张，避免让客人觉得有强迫推销之感。

客人用餐完毕时，应询问餐饮是否满意或足够与否，作为下次服务的检讨与改进的依据；更换新的茶水（温度要热）或是以较特别的中国的功夫茶招待客人，使客人饭后更觉得愉快满意。

7. 客人用餐后的服务工作

清理客人面前使用过的餐具及不必要留下的饮料或食物，并同时询问主宾对未喝完的饮料酒水及未吃完的食物的处理方式，并予以配合作事前的服务，尽量避免客人离去前再作类似的处理，耽搁客人离去的时间。

对客人用餐完毕前的所有点菜单进行核对与确认，准备随时配合客人结账的要求。

客人欲结账时，服务人员应向主宾说明今日宴席所饮用的酒水情形，以及一些特别要求服务项目，如代支及代买等服务费用的确认，以便买单时与客人作必要的核对。

服务人员将确认的点菜单（包括酒水的饮料单等）第三联送交柜台出纳人员，与出纳的第一联菜单互相核对是否有误，再次确认，避免不必要的错误发生。

8. 送客服务

客人准备离去时，所有的服务人员，尤其是客人桌的服务人员或是贵宾室的服务人员，应暂时停止工作站立门口或桌边，向离去的客人作有礼貌的答谢，同时诚心诚意地向客人表示欢迎再来的热忱。

9. 整理及善后工作

按准备工作时的态度与方法，有条有理地将餐厅内所使用过的一切器皿及餐具作整理，并送洗涤。

洗涤后的干净器皿与餐具应放回原处或按规定予以摆妥，准备第二次或次日的营业，并作检查。一切就绪后，服务的工作即告完成。

四、西餐服务程序

西餐服务员的工作包括准备工作、迎宾、餐前服务、开胃品服务、汤或色拉（第二道菜）服务、主菜服务、餐后服务、收尾工作等内容。

1. 准备工作

服务员应在早餐开始前半小时全部到岗，开简短的碰头会，检查员工仪容仪表，布置当日工作，分配员工工作岗位，介绍厨房当日菜肴和推销菜肴；领班和服务员按区域检查台子、台布、口布、餐用具、玻璃器皿、不锈钢器皿、各种调味品、托盘、烟缸、火柴、花瓶等是否齐全、清洁、明亮，摆放是否规范，整个餐厅是否统一；准备好菜单、饮料单（饮料单、菜单须清洁），配合厨房摆放自助餐用具和食品，所有用具要保证一定的周转量，以备更换。

2. 迎宾

打招呼、问候并引客入座。

3. 餐前服务

服务面包和水，客人点餐前饮料；呈递菜单、酒单；解释菜单（在服务饮料时进行）；服务饮料；点菜（在服务饮料后进行，如有必要，也可在呈递菜单时进行）；送点菜单到厨房。

4. 开胃品服务

服务开胃品；服务开胃酒（应在上开胃品前服务到餐桌）；开瓶、倒酒（可在上开胃品前，也可在上开胃品后进行）；清理开胃品盘（全桌客人用完后撤盘、杯）；加冰水（清理完盘、杯后，主动为客人加满冰水），直到服务甜点。

5. 汤或色拉（第二道菜）服务

服务汤或色拉；服务第二道菜用酒（同第二道菜一起服务）；清理第二道菜餐具（全桌客人用餐完毕，撤走餐具及酒杯）。

6. 主菜服务

服务主菜（清理完第二道菜的餐具后进行）；服务主菜用酒（酒杯在上主菜前服务，上菜后递酒、开瓶、倒酒）；清理主菜盘及餐具（客人用完主菜后清理主菜盘、旁碟、空杯等，只留水杯或饮料杯，撤换桌上烟灰缸）；清理调料（撤走所有调料，如盐、胡椒、番茄酱等）；清扫桌上的面包屑（用刷子将桌上的面包屑扫进餐盘，而不是扫到地上）。

7. 餐后服务

布置甜点餐具，摆上甜点盘、甜点叉、甜点刀、茶匙；布置服务咖啡或茶的用品，摆上乳脂、糖、牛奶等以及热杯与杯碟；服务甜点（清理完主菜餐具后进行）；服务咖啡或茶（服务甜点后或与甜点同时服务）；清理甜点盘（当全部客人用餐完毕后进行）；服务餐后饮料（客人点完饮料后进行）；加满咖啡或茶（应主动问客人是要咖啡还是茶，并为客人加满咖啡或茶，不要等客人要求时再加）。

8. 收尾工作

呈递账单（闲暇用餐服务，要等客人要求时呈递；快速用餐服务在上完主茶或者加咖啡或加茶时呈递）；收款（根据餐馆规定收取现金、信用卡、旅行支票、个人支票等）；送客（当客人离开时要说“谢谢光临，很高兴为您服务”，并欢迎再次光临）。

第四节　宴会的组织与管理

宴会是各社会团体、企业单位或个人为了表示欢迎、答谢、祝贺等社交目的以及庆贺重大节日而举行的一种隆重的、正式的餐饮活动。

宴会具有聚餐式、规格化、社交化、礼仪性四大特点，在管理上具有设计的综合性、实施的仔细性、档次的差异性等明显特点，是餐饮部创收的主要渠道之一。

一、饭店宴会的种类与特点

饭店宴会种类较多，按其内容和形式可分为中餐宴会、西餐宴会、冷餐宴会、鸡尾酒会等。根据其规格标准、服务水平，可划分为高级宴会、普通宴会、便宴会。

1. 国宴

国宴是国家元首或政府首脑为国家的庆典，或为外国元首、政府首脑来访而举行的正式宴会，规格很高。宴会厅内悬挂国旗，安排乐队演奏国歌及席间乐，席间致辞或祝酒。

2. 正式宴会

除不挂国旗、不奏国歌以及出席规格不同外，其余安排大体与国宴相同，有时亦安排乐队奏席间乐。宾主均按身份排位就座。许多国家正式宴会十分讲究排场，在请柬上注明对客人服饰的要求。外国人对宴会服饰比较讲究，往往从服饰规定体现宴会的隆重程度。对餐具、酒水、菜肴道数、陈设以及服务员的装束、仪态都要求很严格。通常，菜肴包括汤和几道热菜（中餐一般用四道，西餐用二至三道），另有冷盘、甜食、水果。外国宴会餐前上开胃酒，常用的开胃酒有雪利酒、白葡萄酒、马丁尼酒、金酒加汽水等。

3. 冷餐会

冷餐会又称冷餐招待会、自助餐，是一种方便灵活的宴请形式。这种宴请形式，一是不设固定席位，客人可以自由活动，边走边吃；二是便于接触交谈，广泛交往；三是可以容纳更多的来宾。其布置也比正式宴会简便，可以在室内也可在院子里进行。

4. 家宴

即一般在家中设便宴招待客人，以示亲切、友好。它在社交和商务活动中发挥着敬客和促进人际交往的重要作用，西方人喜欢采取这种形式。

5. 中餐宴会

中餐宴会是中国传统的聚餐形式。宴会遵循中国的饮食习惯，以饮中国酒、吃中国菜肴、用中国餐具、行中国传统礼为主。其装饰布局、台面布置及服务等无不体现中国的饮食文化特色。

6. 西餐宴会

西餐宴会是按照西方国家的礼仪习俗举办的宴会。其特点是遵循西方的饮食习惯，采取分食制，以西餐为主，用西式餐具，讲究酒水菜肴的搭配。其布局、台面布置和服务等具有鲜明的西方特色。

二、宴会席位的安排

1. 正式或大型宴会

正式或大型宴会一般都排席位，也可只排部分客人席位，其他人员只排桌次或自由入座。

(1) 宴会席位主要是根据出席人员礼宾次序安排的，同时还要综合考虑政治关系、语言使用、宗教信仰和专业等诸因素。

(2) 同一桌上，席位的高低以离主人的座位远近而定，右高左低。

(3) 两桌以上的宴会，当两桌横排时，以右为尊，以左为卑，其他桌第一主人的位置可以与主桌主人位置同向，也可以面对主桌的位置为主位。

(4) 如遇主宾身份高于主人，为表示对他的尊重，可以把主宾摆在主人的位置上，而主人则坐在主宾位置上，第二主人在主宾的左侧。

(5) 如果出席人员中有身份高于主人者，可以由身份高者坐主位，主人坐在其左侧。

(6) 有女宾时，中国习惯把女方排在一起，即主宾坐男主人右上方，主宾夫人坐女主人右上方。按照国际一般惯例，不安排夫妇坐在一起，通常是将男女穿插安排，以女主人为准，主宾在女主人右上方，主宾夫人在男主人右上方。

(7) 主宾带夫人，而主人的夫人又不能出席，通常可请其他身份相当的妇女做第二主人。如无适当身份的妇女出席，也可以把主宾夫妇安排在主人的左右两侧。

(8) 如使用长桌，一桌 6 人、10 人或 14 人时，男女主人可坐在餐桌两端的传统位置上；如果一桌 8 人或 12 人时，男女主人就只宜坐在长桌两端。

(9) 如使用圆桌，译员一般安排在主宾的右侧；使用长桌时，也可以安排在主宾与主人的对面；译员不上席时，则坐在主宾和主人的身后。

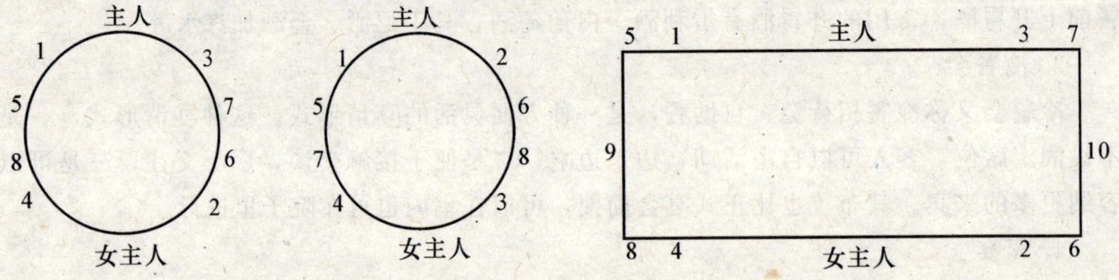

图 6-23 常见的席位安排

2. 较小型或非正式餐会

招待客人进餐时，必须判断上、下位的正确位置。以下的座位是上位：窗边的席位、里面的席位、能眺望美景的席位。

安排座位时，请客人先入座；和上司同席时，请上司在身旁的席位坐下，自己应站在椅子的左侧，右手拉开椅子，而且不发出声响。

三、饭店宴会预订程序

1. 接受预订

热情接待每位前来预订宴会的宾客。在宾客询问前，预订员应掌握本饭店宴会厅的状况（如宴会厅的面积、亮度、采光、通风、装饰、最大客容量、各类宴会标准所提供的菜肴品种、烹调方法等），做到心中有数。

在洽谈宴会业务时，按照宴会预订表的内容向宾客了解所有细节，尽量满足宾客的各种要求。

2. 填写宴会预订单

根据面谈细节所得到的信息逐项填写清楚宴请客人的单位名称、被宴请人的单位名称、宾主身份、宴会的时间、标准、人数、场地的布置要求、菜肴饮料要求等。

3. 填写宴会安排日记簿

在宴会安排日记簿上按日期标明活动地点、时间、人数等事项，注上是否需要确认的标记。

4. 签订宴会合同书

一旦宴会安排得到确认，经过认可的菜单、饮料、场地布置示意图等细节资料应以确认后的方式迅速送交宾客，并附上第一、二两联宴会合同书，经双方签字后生效。

5. 跟踪查询

如果是提前较长时间预订的，应主动用信函或电话方式保持联络，并进一步确认日期及有关细节；对暂定的预订，应进行密切的跟踪查询。

6. 收取定金

为了保证宴会预订的成功，可以要求顾客预付一定的定金。饭店的常客并享有良好信誉者，可以不必付定金。

7. 确认和通知

在宴请活动前两天，必须设法与顾客联络，进一步确认已谈妥的所有事项，确认后提前填写宴会通知单送往各部门；若确认的内容与原定有异，应立即填写宴会变更通知单发送有关部门，变更通知单上注意写明原预订订单的编号。

8. 督促检查

宴会预订员在活动举行的当日应督促检查大型宴会活动的准备工作，发现问题随时纠正。

9. 取消预订

如果宾客取消预订，预订员应填写取消预订报告送至有关职能部门，并为不能向宾客提供服务表示遗憾，希望今后能有合作的机会。

10. 信息反馈并致谢

如果活动结束，应主动向宴会主办单位或主办个人征求意见，发现问题及时补救改进，并向他们表示感谢，以便今后加强联络。

11. 建立宴会预订档案

将宾客的有关信息和活动资料整理归档，尤其是宾客对菜肴、场地布置等的特殊要求；对常客，更要收集详细资料，以便下次提供针对性服务。

四、宴会服务程序

宴会的设计就是酒店宴会部在受理客人的宴会预订到宴会结束全过程中组织管理的内容和程序。在计划组织环节中，根据宴会规格不同的要求，宴会的组织实施计划也不同。

宴会的组织必须严格执行宴会的活动计划，这是为了确保宴会的质量，也是企业的生命。

宴会的程序分为三个阶段，即准备阶段、进行阶段和结束阶段。这三个阶段又可细分为受理预订、计划组织、执行准备、全部检查、宴前接待、开宴服务、结账送客和整理结束七个环节。

1. 宴会的准备阶段

接受宴会预订时，应根据宴会的人数、要求、标准为宴会做好准备工作。准备工作应以宴会通知单和工作程序的形式通知有关部门。对于大型宴会和高规格宴会，在宴会前应召集所有的宴会服务人员和厨师长开会，介绍宴会程序，安排任务，使所有工作人员都了解情况，了解特殊菜肴的制作过程和上菜技艺。这样，可以防止宴会服务过程中出现手忙脚乱的情况，确保宴会有条不紊地进行。各项工作准备好后，宴会经理应对每一项工作仔细地进行检查，发现问题及时纠正，为整个宴会举行做好各项准备工作。

向顾客了解所有同宴会有关的要求，如举行宴会的日期、参加宴会的人数、宴会的形式、每人消费的标准以及所需提供的额外服务和物品、客人口味有什么特殊要求等。如果客人已决定预订，可将这些信息直接记入宴会登记本，这样可以防止与其他宴会重叠。宴会登记本上应把所有预订好的宴会和与此有关的事项记录下来，如宴会的时间、地点等，必须有专人组织和布置这些事项。对未定下来的宴会，要与举办者保持联系，以求得最终的确定。

对已预订宴会的顾客同样需要保持联系，以便及时了解人数、日期的变更等信息。如果客人取消预订，则应和蔼地了解取消的原因。

对于大型宴会和高档次宴会，必须与客户签订合同，合同中要明确双方的权利和义务，所有经双方同意的特殊要求的项目亦要记入合同。签完合同后，通常应收取一定比例的预付金，假如举办者临时取消宴会，则根据合同规定将全部预付金或部分预付金还与客人。收取预付金及退回预付金的数目各餐厅是不同的，一般由餐厅根据情况而定。

在签署合同后，就应当画出宴会的场地安排图，这一般是对大型宴会而言。这些安排图应送至有关部门并形成宴会通知单，也称工作指令。它是根据合同制定的，是员工工作的依据。有些规定很细的合同复印件可作为宴会单使用，但应将价格抹去。

宴会开始前，客房与餐厅应确定宴会的所有细节安排，以使双方满意。

2. 宴会的进行阶段

客人开始进餐后，应通知厨房，以便安排热炒及时上桌。上菜应按照菜单的顺序一道一道上。对于大型宴会，上菜的时间要听从宴会经理统一安排，以免错上、漏上或造成各桌进餐速度不一致的现象。上菜的速度与节奏应掌握好，如太快会显得仓促忙乱，客人享受不到品尝的乐趣；太慢了则可能使宴会出现中断，造成尴尬的局面。每上一道菜都应向客人介绍菜名和烹制方法，如客人有兴趣则可以简单介绍与地方名菜相关的民间故事。有些特殊的菜应介绍食用方法。在介绍前，将菜放在转台上展示菜的造型，使客人能领略到菜的色、香、味、形态，边介绍边转圈、转台，让所有客人均看清楚。

3. 宴会的结束阶段

宴会结束后，应当以文字形式征询客人的意见，这将加深经营者与顾客之间的感情，为进一步的合作奠定基础。负反馈可指出需要改进的地方，正反馈将增强餐厅的信心。宴会部门所做的每月宴会详细业务表是一种有效的工具，它将有助于分析宴会的收入和成本，使今后的宴会预算有一个数字依据。

最后，要建立客源形式档案系统，它可以为今后的业务提供历史资料，如某些企业的周年庆典日、某个领导生日等，这样，推销人员便可有目的地进行推销。

宴会反映了特殊的市场需要，宴会的销售往往带来较高的利润，从而提高企业的效益。如果宴会的推销业务较多，则需要设置专门的宴会经理来完成此项工作。宴会管理人员应具备有关的食品服务管理和其他相关业务知识。一个成功的宴会，主要表现在三个方面：经营的财务控制、员工的组织以及在已定的费用标准下安排好合适菜单和服务标准。

事先精心计划和预测，对可能发生的问题做到心中有数，这是宴会成功的关键。宴会负责人应将所有需检查的问题以表格形式列出，然后按表逐项检查，将所有纰漏都在萌芽状态时处理好，并将宴会程序中所有的细节告诉员工，因为大家心中有数比一人心中有数要好。

【案例】

送　客

在一个深秋的晚上，三位客人在南方某城市一家饭店的中餐厅用餐。他们在此已坐了两个多小时，仍没有去意。服务员心里很着急，到他们身边站了好几次，想催他们赶快结账，但一直没有说出口。最后，她终于忍不住对客人说："先生，能不能赶快结账，如想继续聊天请到酒吧或咖啡厅。"

"什么！你想赶我们走，我们现在还不想结账呢。"一位客人听了她的话非常生气，表示不愿离开。另一位客人看了看表，连忙劝同伴马上结账。那位生气的客人没好气地让服务员把账单拿过来。看过账单，他指出有一道菜没点过，但却算进了账单，请服务员去更正。这位服务员忙回答客人，账单肯定没错，菜已经上过了。几位客人却辩解说没有要这道菜。服务员又仔细回忆了一下，觉得可能是自己错了，忙到收银员那里去改账。

当她把改过的账单交给客人时，客人对她讲："餐费我可以付，但你服务的态度却让我们不能接受。请你马上把餐厅经理叫过来。"这位服务员听了客人的话感到非常委屈。其实，她在客人点菜和进餐的服务过程中并没有什么过错，只是想催客人早一些结账。

"先生，我在服务中有什么过错的话，我向你们道歉，还是不要找我们经理了。"服务员用恳求的口气说道。

"不行，我们就是要找你们经理。"客人并不妥协。

服务员见事情无可挽回，只好将餐厅经理找来。客人告诉经理，他们对服务员催促他们结账的做法很生气，另外，服务员把账目多算了，这些都说明服务员的态度有问题。

"这些确实是我们工作上的失误，我向大家表示歉意。几位先生愿意什么时候结账都行，结完账也欢迎你们继续在这里休息。"经理边说边让那位服务员赶快给客人倒茶。在经理和服务员的一再道歉下，客人们终于不再说什么了，他们付了钱，仍面含余怒地离去了。

分析：

送客是礼貌服务的具体体现，表示餐饮部门对宾客的尊重、关心、欢迎和爱护，在星级饭店的餐饮服务中是不可或缺的项目。在送客过程中，服务人员应做到礼貌、耐心、细致、周全，使客人满意。其要点是：

(1) 宾客不想离开时绝不能催促，也不要做出催促宾客离开的错误举动。

(2) 客人离开前，如愿意将剩余食品打包带走，应积极为之服务，绝不要轻视他们，不要给宾客留下遗憾。

(3) 宾客结账后起身离开时，应主动为其拉开坐椅，礼貌地询问他们是否满意。

(4) 要帮助客人穿戴外衣、提携东西，提醒他们不要遗忘物品。

(5) 要礼貌地向客人道谢，欢迎他们再来。

(6) 要面带微笑地注视客人离开，或亲自陪送宾客到餐厅门口。

(7) 领位员应礼貌地欢送宾客，并欢迎他们再来。

(8) 遇特殊天气，处于饭店之外的餐厅应有专人安排客人离店，如亲自将宾客送到饭店门口、下雨时为没带雨具的宾客打伞、扶老携幼、帮助客人叫出租车等，直至宾客安全离开。

(9) 对大餐饮活动的欢送要隆重、热烈，服务员应穿戴规范，列队欢送，使宾客真正感受到服务的真诚和温暖。

[复习思考题]

1. 餐饮服务人员应具备哪些素质？
2. 消费者类型包括哪些？分别有什么特点？
3. 中餐摆台程序是怎样的？
4. 西餐摆台程序是怎样的？

第七章　酒吧经营管理

第一节　酒水基础知识

一、酒水的含义

酒，是人们熟悉的含有乙醇的饮料，是多种化学成分的混合物，其中以乙醇为主，包含有酸、酯、醛、醇等。这些化学物质含量很低，但决定了酒的质量和特点。

水，是饭店业和餐饮业的专业术语，指不含酒精的饮料或饮品，如茶、咖啡、果汁等。

二、酒的风格

酒的风格也是乙醇的风格，不同的酒，具有不同的风格，甚至同一种酒，也会有不同的风格。酒讲究的是色、香、味一体。

1. 色

色是人们首先接触到的酒的风格。世上各种酒色应有尽有，而且层出不穷。酒的色泽之所以如此繁多，主要有三个方面的原因：是大自然的造化；是生产过程中由于温度的变化、形态的改变等原因而使原料本色随之发生变化的自然生色；是增色。

增色分人工增色和非人工增色。酒的色泽千差万别，表现出的风格也不尽相同。高品质的酒，其色泽应该能充分体现出酒品内在的质地和个性，使人观其色就会产生嗅其香、知其味的感觉。

2. 香

香是继色之后作用于人的感官的另一种酒品的风格。

中国白酒生产工艺独特，结构成分复杂，香气形态多样，风格表现丰富。中国白酒的香型颇为复杂，主要来自酒的主要原料自身的香气、酵母、增香物质及在酿造过程中形成的外来香气，其中酒窖和发酵过程起到了明显的作用。

中国白酒的酒香风格有清香型、浓香型、酱香型、米香型和复香型等五大种类。

3. 味

味是人们最关心、印象也是最深刻的酒品风格。味的好坏，基本决定了酒的身价。名酒佳酿味道优美，风格动人。人们常常用甜、酸、苦、辛、咸、涩六味来评价酒品的口味风格。

三、酒的分类

世界各地酒水繁多，分类方法也各不一样。常见的分类方法有以下几种。

（一）按生产工艺分类

酒按生产工艺可分为三种：发酵酒、蒸馏酒、配制酒。

1. 发酵酒

发酵酒是以水果或谷物为原料，经过发酵制成的低度酒。葡萄酒、啤酒、米酒、黄酒和水果酒等都是发酵酒。

2. 蒸馏酒

蒸馏酒是发酵的原料经过一次、两次或多次的蒸馏而制成的酒精含量较高的烈性酒。

蒸馏酒酒味十足，气味香醇，可以长期储存，可以纯饮用，也可以加冰块，与无酒精饮料或果汁混合后饮用。其种类有：白兰地酒、威士忌酒、金酒、朗姆酒、伏特加酒、特基拉酒和中国白酒（如茅台酒、五粮液酒）等。

3. 配制酒

配制酒是以烈性酒或葡萄酒为基本原料，配以糖蜜、蜂蜜、香草、水果或花卉等制成的混合酒。常用的配制方法有浸泡、混合、勾兑等几种。

配制酒又称为再加工酒，都是以葡萄酒或烈性酒为原料，配以增香、增味、增甜物质及某些营养物质制成。

（二）按餐饮习惯分类

按西餐配餐的方式，酒水可分为四个类型：餐前酒、佐餐酒、甜点酒、餐后酒。

1. 餐前酒

餐前酒也称开胃酒，是指在餐前饮用，刺激人的胃口，增加食欲的酒。比如说味美思、比特等品种。

2. 佐餐酒

佐餐酒即葡萄酒，是西餐配餐时的主要酒类。

佐餐酒是用新鲜的葡萄汁发酵制成，含有酒精、天然色素、脂肪、维生素、碳水化合物、矿物质、酸和单宁酸等营养成分，对人体非常有益。常用的佐餐酒包括红葡萄酒、白葡萄酒、波特酒和汽酒。

3. 甜点酒

甜点酒是在西餐就餐过程中佐助甜食时饮用的酒。

甜点酒口味较甜，常以葡萄酒为基酒加葡萄蒸馏而成。常用的甜点酒有波特酒、雪利酒等。

4. 餐后酒

餐后酒又被称为利口酒，是供餐后饮用且含糖分较多的酒类。

这类酒有多种口味，原材料一般分为三类：果实类、植物类和其他类。制作时用蒸馏酒或食用酒精为原料，加入各种配料和糖蜜酿制而成。

（三）按酿制酒水原料分类

1. 粮食酒

粮食类酒精饮料主要是指以谷物为原料，经过发酵或蒸馏等工艺酿制而成的酒，如啤酒、中国白酒、威士忌等。

粮食类非酒精饮料主要有以大麦为原料的麦芽饮料和大麦茶，以糯米为原料的江米甜酒等。

2. 水果酒

水果类酒精饮料主要有以富含糖分的水果为原料，经过发酵与蒸馏等工艺酿制而成的酒品，如葡萄酒、苹果酒、白兰地等。

水果类非酒精饮料是指将植物的果实经过压榨、调配等工艺获取的果汁饮品，包括原果汁、果汁饮料、果粒饮料、果浆饮料等。

3. 其他酒

其他类的酒精饮料泛指那些以非谷物、水果为原料酿制的酒，如使用奶、蜂蜜、植物的根和茎等酿制的酒，主要包括朗姆酒、特基拉酒、马奶酒等，其他类的非酒精饮料主要是指乳饮料、茶、咖啡、可可、蜂蜜等。

四、发酵酒

发酵酒又称原汁发酵酒或酿造酒，是将含有淀粉和糖质的酿酒原料，经过糖化和液化处理后，发酵产生的含有酒精的饮料。

发酵酒的主要酿制原料是水果或谷物。发酵酒营养价值高，酒精含量低，适量饮用有益于人的身体健康。

（一）葡萄酒

葡萄酒是采用新鲜果汁经过压榨、糖化、发酵而得到的含酒精的酒。葡萄酒除了含有葡萄果实的营养外，在发酵过程中还产生了许多新的有益成分。葡萄酒中所含的酚类物质——白藜芦醇，是近几年来科学研究的热点，它具有抗氧化、防衰老、预防冠心病等作用。葡萄酒由于酒精度低、营养价值高而深受人们的喜爱，成为人们日常最主要的餐桌饮品。

决定葡萄酒质量高低的因素主要有葡萄品种，葡萄种植地的气候、土壤、湿度，葡萄园管理和酿酒技术等。

世界葡萄酒主要产地有法国、意大利、西班牙、美国、智利、澳大利亚、南非。

1. 酿酒葡萄的品种

葡萄是人类广泛种植的水果之一，全世界葡萄产量的70%～80%是用来酿酒的，有近70个国家生产葡萄酒。世界上葡萄的品种有很多，但适合酿制葡萄酒的葡萄与我们日常生活中所食用的水果葡萄存在着很大的区别，只有少数的几种葡萄才能作为特定的葡萄酒的原料。

酿酒葡萄种植主要在北纬30°～52°、南纬15°～42°的区域内。

2. 葡萄酒的分类

国际葡萄和葡萄酒组织（OIV）将葡萄酒分为两大类，即葡萄酒和特殊葡萄酒。

（1）葡萄酒

葡萄酒，也称无泡葡萄酒，是将葡萄压榨、发酵而得到的含酒精的饮料。

一般无泡葡萄酒从颜色上来划分，可分为红葡萄酒、桃红葡萄酒和白葡萄酒。红葡萄酒是以红葡萄为原料，将红葡萄肉和皮一次进行发酵而得到的酒液；白葡萄酒是以青葡萄为原料，以青葡萄汁进行发酵而得到的。

（2）特殊葡萄酒

特殊葡萄酒是以新鲜葡萄、葡萄汁或葡萄酒为原料，在采摘或酿造工艺中使用特定方法酿成的葡萄酒。其特性不仅仅取决于葡萄本身，而且取决于采用的酿制生产技术。

特殊葡萄酒的种类有起泡葡萄酒、强化葡萄酒、加香葡萄酒、冰葡萄酒等六种。

（3）葡萄酒的标签

葡萄酒的标签包含了非常多的关于此瓶酒的信息。按照不同国家和地区的规定，有些内容是必须写在酒的标签上的，特别是酒的等级归属、原产地、酒精含量、酿制年份、生产厂家的名称和地址等内容。

法国无泡葡萄酒的等级：

A. O. C——原产地名称协会监制。

V. D. O. S——特酿葡萄酒，限定区域的上等葡萄酒，这是必须经过法国原产地名称协会审核才能上市的特酿。

vin de pays——土产葡萄酒，由商标上某一个县或村产原料酿造而成的葡萄酒。

vin de table——餐前葡萄酒，一般的日常饮用酒，此酒不标原产地名称。

（二）中国黄酒

黄酒是中国现有最古老的、特有的酒精饮料。黄酒的主要原料为糯米，经蒸煮、摊晾后加入酒曲和浸米或酵母搅拌，在缸内进行糖化和发酵，经过多种微生物共同作用，酿制成低度原汁酒，最后经过压榨而成。

黄酒的主要成分包括糖、糊精、有机酸、氨基酸、酯类、甘油、微量的高级醇和一定数量的维生素等。

黄酒风味独特，营养丰富，不仅是我国传统的饮料，许多地方还作为妇女产后的滋补品。今天，黄酒越来越受到消费者的喜欢，成为佐餐或餐后的上好饮品。

（三）啤酒

啤酒是一种营养价值比较高的谷物类发酵酒，它是以大麦、小麦、黑麦、玉米为原料，经过糖化、发酵后加入酒花而得到的一种含有二氧化碳、气泡的低酒精度的饮料酒。因啤酒内含有许多人体所需营养，又易被人体吸收，所以有“液体面包”的美誉。

世界各地人民都有自己喜爱的风味啤酒。如英国人最喜欢喝苦啤酒；非洲人善于用香蕉酿造啤酒；比利时人爱喝酸啤酒；俄罗斯人佐餐时离不开黑麦酿制的格瓦斯；美国人则偏爱在啤酒中兑上番茄汁，制成另一种颇具特色的鸡尾酒。

著名的啤酒品牌有：喜力（Heineken）、百威（Budweiser）、嘉士伯（Carlsberg）、科罗娜（Corona）、贝克（Beck's）、青岛等。

五、蒸馏酒

蒸馏酒是将经过发酵的水果或谷物等酿酒原料加以蒸馏提纯酿制而成的、酒精含量较高的饮料。蒸馏酒通常指酒精度在38°以上的烈酒。

蒸馏酒的酒度依照各国规定而有所不同，美国规定为37°以上，欧洲国家则需40°以上。作为中国蒸馏酒代表的中国白酒，其著名酒品的酒度通常在38°～60°。

蒸馏酒因酒精含量高、杂质含量少，可以在常温下长期保存，所以蒸馏酒可以用于散卖、调配，甚至可以经常开盖而不必考虑其是否很快变质。

蒸馏酒的酒味十足，气味香醇，可以纯饮，也可以与冰块、其他酒水混合后饮用，它还是鸡尾酒调制必不可少的基本原料。

蒸馏酒的种类很多，根据世界各国生产与消费的特点，目前世界上著名的蒸馏酒主要有白兰地酒、威士忌酒、伏特加酒、金酒、朗姆酒、特基拉酒和中国的白酒。

（一）白兰地

白兰地这一名称是从荷兰语 Brandewijn 演变而来。这一词前面的 Brande 是燃烧的意思，而后面的 wijn 是指葡萄酒。这里所说的“燃烧”即是指加热蒸馏，故 Brande 可说是把葡萄酒加以蒸馏而成的酒，转变成英语即成 Brandy。

白兰地是由水果的汁液、果肉或残渣发酵、蒸馏及混合而成，为了保有其风味、芳香与特性，蒸馏酒精含量低于 95%。

在法国当地流传这样一句谚语：男孩子喝红酒，男人喝波特，要想当英雄，就喝白兰地。人们授予白兰地至高无上的地位，称其为英雄的酒。

白兰地一词有狭义和广义之说。从广义上讲，所有以水果为原料发酵蒸馏而成的酒都称为白兰地，例如苹果白兰地；但现在已经习惯把葡萄酒经过蒸馏和放在木桶里经过相当时间的陈酿而成的酒，称为白兰地。白兰地通常的意思是“葡萄酒的灵魂”。

1. 白兰地的酿制

任何一种葡萄酒都能蒸馏成白兰地，然而，以白葡萄所酿制的白兰地酒最令人喜爱，几乎全世界都用它来制造白兰地。即使是优良的葡萄酒，若年份过久，所生产出来的仍是粗劣的白兰地。一般而言，塔式蒸馏器的蒸馏酒精度接近 85%，若超过 85%，则必须注明“无色白兰地”（Neutral Brandy）。白兰地至少必须贮存于橡木桶内两年使其成熟，否则瓶上要标示“未成熟”（Immature）。

通常，卷标上若未标明年份，表示其年份在 3～8 年之间。

2. 白兰地的贮陈

白兰地酒之所以经贮陈后口感醇厚、芳香浓郁，是因为所用的橡木桶对白兰地有微妙的“交换作用”，使本来没有颜色的酒，神奇地变成橡木桶的琥珀色，而且增添了特有的香气。不过白兰地本身也要付出一定的代价，因为一部分白兰地会随着时间的推移慢慢地蒸发掉。

据说，仅在法国干邑地区，一年蒸发掉的酒就有约 2000 万瓶，难怪有人笑称这些蒸发掉的酒是给天使偷喝去了。由于橡木对白兰地的酒质影响很大，所以酒厂对木材的选择和酒桶的制造也非常讲究。

首先，被伐下来的橡木需经两年以上的风干以后，才可以用来做木桶，以防橡木中的水分渗出而影响白兰地的醇美口味；并且，所有的木桶都应该纯粹用橡木镶嵌而成，其间不用一颗铁钉或一滴胶水，也不能用锯子来割，以确保贮陈过程中不影响酒的色泽和口味。

装入橡木桶中的酒因进入一部分空气，会使酒质发生变化，使原本无色的酒变为晶莹的琥珀色，味道也大有改进。

陈酿时间越久，白兰地的风格越柔顺，香气也越醇美，价格也越高昂。最好的白兰地是由不同酒龄、不同来源的多种白兰地掺兑而成的。白兰地与葡萄酒不一样，不在瓶中沉淀，入瓶以后就成为定型产品，只要避光、低温保存、不泄漏，就可长期留用。

品质优良的白兰地与所选用的原料和加工工艺有关，通常用白葡萄酒酿制比用红葡萄酒酿制好。为了突出贮陈年限，抬高酒价，酒瓶的商标上还要有醒目的特殊标记，这些标记各有不同的意义。

3. 干邑白兰地（Cognac）

白兰地最著名的产地当属法国，但当人们提到极品白兰地的时候，不是泛指法国白兰地，而是指干邑白兰地。干邑是法国南部的一个地区，是法国白兰地最古老、最著名的产区。干邑地区生产白兰地有其悠久的历史和独特的加工酿造工艺，干邑之所以享有盛誉，与其原料、土壤、气候、蒸馏设备及方法密切相关，干邑白兰地又被称为“白兰地之王”。

干邑白兰地酒体呈琥珀色，清亮透明，口味讲究，风格“豪壮英烈”，十分独特，酒度为43°。

干邑白兰地是白兰地的极品，受到法国政府的严格限制和保护。依照1909年5月1日法国政府颁布的法令：只有在干邑地区（包括夏朗德省及附近的7个区）生产的白兰地才能称为干邑，并受国家监督和保护。

4. 雅邑白兰地（Armagnac）

仅次于干邑的白兰地是雅邑白兰地。雅邑位于干邑南部，即法国西南部的热尔省境内，以产深色白兰地驰名，虽没有干邑著名，但风格与其很接近。雅邑白兰地酒体呈琥珀色，发黑发亮，因贮存时间较短，所以口味烈。陈年或远年的雅邑白兰地酒香袭人，风格“稳健沉着”，醇厚浓郁，回味悠长，留杯许久，有时可达一星期之久，酒度为43°。雅邑也是受法国法律保护的白兰地品种，只有雅邑当地产的白兰地才可以在商标上冠以“Armagnac”字样。

雅邑白兰地的名品有：卡斯塔浓（Castagnon）、夏博（Chabot）、珍尼（Janneau）、索法尔（Sauval）、桑卜（Semp）。

5. 其他国家和地区的白兰地

除了干邑、雅邑以外，世界上还有其他许多国家和地区生产葡萄蒸馏酒，均可称之为白兰地。

法国白兰地：指除干邑、雅邑以外的法国其他地区生产的白兰地，与其他国家的白兰地相比，品质上乘。

西班牙白兰地：除法国以外，西班牙白兰地是最好的。有些西班牙白兰地是用雪利酒蒸馏而成的。目前，西班牙白兰地主要是用各地产的葡萄酒蒸馏混合而成。此酒在味道上与干邑和雅邑有显著的不同，味较甜而带土壤味。

美国白兰地：大部分产于加州，它是以加州产的葡萄为原料，发酵蒸馏至42.5%而成的，贮存在白色橡木桶中至少两年，有的加焦糖调色而成。

除此之外，葡萄牙、秘鲁、德国、希腊、澳大利亚、南非、以色列和意大利、日本也主产优质白兰地。

6. 法国白兰地酒年限表示法

干邑白兰地在法国分为好几种等级，一般而言从低到高有以下几种：

(1) ☆☆☆或V.S.（Very Superior的缩写），表示熟化3年的优质酒。

(2) V.O.（Very Old的缩写），不少于4年熟化的佳酿。

(3) V.S.O.P.（Very Superior Old Pale的缩写），不少于4年熟化的优质酒。

(4) X. O.（Extra Old 的缩写），熟化期不少于 5 年的优质陈酿白兰地酒。

(5) Reserve，表示贮存期不少于 5 年的优质陈酿白兰地酒。

(6) Napoleon（拿破仑），表示贮存不少于 5 年的优质陈酿白兰地酒。

(7) Paradise（伊甸园），表示贮存 6 年以上的优质陈酿白兰地酒。

(8) Louis XIII（路易十三），表示贮存 6 年以上的优质陈酿白兰地酒。

(9) Fine Champagne，表示只使用大香槟和小香槟地区生长的葡萄，酒中至少含有 50% 香槟地区的酒液。

当然，这样的分级标准主要指同一家酒厂，因为在分级制中，仅规定最低陈年数。所以，有的酒厂也会将陈年超过六年的白兰地标成 VSOP，这样也是符合分级标准的。不同的酒厂，若依等级来评判酒的价值，是比较不客观的。但有一点可以肯定，在酒标上若还特别注明了 Fine Champagne 或 Grande Champagne 的白兰地，则表示其酿酒的葡萄一半以上是来自大、小香槟区，这样当然又更高一等级了。

（二）威士忌

威士忌（Whisky）是以大麦、黑麦、玉米等谷物为原料，经发酵、蒸馏后放入旧的木桶中进行醇化而成的。英国人称之为“生命之水”。

根据国际法，只有在苏格兰境内蒸馏和醇化的威士忌才能称苏格兰威士忌。所有苏格兰威士忌均以三种天然原料酿制而成：谷物、水和酵母，需经历最少 3 年的醇化过程。

威士忌只有两种：一种是大麦威士忌，例如仅以大麦芽酿成的格兰威特；另一种是混合威士忌，例如芝华士，它是以各种大麦和谷物混合调配而成，酒味独特，如交响乐一般。

所有威士忌均需经历最少 3 年的醇化过程。实际上，大部分苏格兰威士忌均较其所示年份被醇化了更长的时间。

威士忌瓶上印有年份，表明了酒液在橡木桶中醇化的时间。威士忌的价格与年份成正比。威士忌年份所表示的“时间投资”，是威士忌定价的一个重要因素。

世界上许多国家和地区都有生产威士忌的酒厂，最著名最具代表性的威士忌分别是苏格兰威士忌、爱尔兰威士忌、美国威士忌和加拿大威士忌四大类。

1. 苏格兰威士忌

原产于苏格兰，用经过干燥、泥炭熏焙产生独特香味的大麦芽做酵造原料制成。其酿制经数道工序，即将大麦浸水发芽、烘干、粉碎麦芽、入槽加水糖化、入桶加入酵母发酵、蒸馏两次、陈酿、混合。

苏格兰威士忌起码要贮存 8 年以上，15～20 年为最优质的成品酒，超过 20 年的质量会下降。苏格兰威士忌色泽棕黄带红，清澈透亮，气味焦香，带有浓烈的烟味。

2. 爱尔兰威士忌

原产于爱尔兰，用小麦、大麦、黑麦等的麦芽作为原料酿造而成，经过三次蒸馏，然后入桶陈酿 8～15 年。装瓶时也要掺水稀释。因原料不用泥炭熏焙，所以没有焦香味，口味比较绵长柔润，适合制作混合酒与其他饮料共饮。

3. 美国威士忌

以玉米和其他谷物为原料，原产于美国南部，用加入了麦类的玉米作为酿造原料，经发酵、蒸馏后放入内侧熏焦的橡木酒桶中酿制 4～8 年。装瓶时加入一定数量蒸馏水加以稀释。美国威士忌没有苏格兰威士忌那样浓烈的烟味，但具有独特的橡树芳香。

4. 加拿大威士忌

主要由黑麦、玉米和大麦混合酿制，采用二次蒸馏，在木桶中贮存 4 年、6 年、7 年、10 年不等，出售前要进行勾兑稀释。加拿大威士忌气味清爽，口感轻快、舒爽，不少北美人士都喜爱这种酒。

各种威士忌的区别如下：

(1) 纯麦威士忌和混合威士忌的区别

苏格兰人的评价是，纯麦威士忌在口味上比较好，混合威士忌香味较佳；纯麦威士忌烟香味很重，混合威士忌的很淡。

(2) 爱尔兰威士忌与苏格兰威士忌的区别

爱尔兰威士忌是 12 年陈酿，口味柔和，微甜，成熟度高，苏格兰威士忌只需 5～6 年陈酿；爱尔兰威士忌无烟香味，苏格兰威士忌有烟香味；爱尔兰威士忌只有纯麦威士忌，苏格兰威士忌既有纯麦威士忌又有混合威士忌。

威士忌的品牌主要有：芝华士威士忌（Chivas Regal）、皇家礼炮 21 年（Roya Salute 21 Years Old）、皇家礼炮 50 年（Royal Salute 50 Years Old）、格兰利威（Glenlivet）。

（三）金酒

金酒又被称为毡酒或琴酒，又因其含有特殊的杜松子味道，所以又被称为杜松子酒。金酒的宜人香气主要来自杜松子。

世界上的金酒名字很多，荷兰人称之为 Gellever，英国人称之为 Hollamds 或 Genova，德国人称之为 Wacholder，法国人称之为 Genevieve，比利时人称之为 Jenevers。

金酒不用陈酿，但也有的厂家将原酒放到橡木桶中陈酿，从而使酒液略带金黄色。金酒的酒精度一般在 35°～55°之间，酒精度越高，其质量就越好。比较著名的金酒有荷式金酒、英式金酒、美式金酒和其他国家的金酒。

1. 荷式金酒

荷式金酒产于荷兰，主要的产区集中在斯希丹一带，是荷兰人的国酒。

荷式金酒是以大麦芽与裸麦等为主要原料，配以杜松子酶为调香材料，经发酵后蒸馏三次获得的谷物原酒；然后加入杜松子香料再蒸馏，最后将蒸馏而得的酒贮存于玻璃槽中待其成熟，包装时再稀释装瓶。荷式金酒色泽透明清亮，酒香味突出，香料味浓重，辣中带甜，风格独特。无论是纯饮或加冰都很爽口，酒度为 52°左右。因香味过重，荷式金酒只适于纯饮，不宜做混合酒的基酒，否则会破坏配料的平衡香味。

荷式金酒在装瓶前不可贮存过久，以免杜松子氧化而使味道变苦；但装瓶后可以长时间保存而不降低质量。荷式金酒常装在长形陶瓷瓶中出售。新酒叫 Jonge，陈酒叫 Oulde，老陈酒叫 Zeet oulde。比较著名的荷式金酒品牌有：亨克斯（Henkes）、波尔斯（Bols）、波克马（Bokma）、邦斯马（Bomsma）、哈瑟坎坡（Hasekamp）。

荷式金酒的饮法也比较多，在东印度群岛流行在饮用前用苦精洗杯，然后注入荷兰金酒，大口快饮，痛快淋漓，具有开胃之功效。饮后再饮一杯冰水，更是美不胜言。荷式金酒加冰块，再配以一片柠檬，就是世界名饮干马天尼（Dry Martini）的最好代用品。

2. 英式金酒

大约是在 17 世纪，威廉三世统治英国时，发动了一场大规模的宗教战争，参战的士兵将金酒由欧洲大陆带回英国。1702～1704 年，当政的安妮女王对法国进口的葡萄酒和白兰地苛以重税，而对本国的蒸馏酒降低税收，金酒因而成了英国平民百姓的廉价蒸馏酒。另外，金酒的原料低廉，生产周期短，无须长期增陈贮存，因此经济效益很高，不久就在英国流行起来。

当时一家小客栈打出一个非常有趣的招牌，由此可以看出当时的金酒是何等的便宜：

Drunk for a penny（一分钱喝个饱）；

Dead drunk for two pence（二分钱喝个倒）；

Clean straw for nothing（穷小子来喝酒，一分钱也不要）。

英式金酒的生产过程较荷式金酒简单，它用食用酒糟和杜松子及其他香料共同蒸馏而得干金酒。由于干金酒酒液无色透明，气味奇异清香，口感醇美爽适，既可单饮，又可与其他酒混合配制或作为鸡尾酒的基酒，所以深受世人的喜爱。英式金酒又称伦敦干金酒，属淡体金酒（意思是不甜，不带原体味，口味与其他酒相比比较淡雅）。

英式干金酒的商标有：Dry Gin、Extra Dry Gin、Very Dry Gin、London Dry Gin 和 English Dry Gin。著名的金酒品牌有：英国卫兵（Beefeater）、歌顿金（Gordon's）、吉利蓓（Gilbey's）、仙蕾（schenley）、坦求来（Tangueray）、伊丽莎白女王（Queen Elizabeth）、老女士（Old Lady's）、老汤姆（Old Tom）、上议院（House of Lords）、格利挪尔斯（Greenall's）、博德尔斯（Boodles）、博士（Booth's）、伯内茨（Burnett's）、普利莫斯（Plymouth）、沃克斯（Walker's）、怀瑟斯（Wiser's）、西格兰姆斯（seagram's）等等。

伦敦干金酒也可以冰镇后纯饮。冰镇的方法有很多，例如将酒瓶放入冰箱或冰桶，或在倒出的酒中加冰块，但大多数客人喜欢将之用于混饮（即做混合酒的基酒）。

3. 美式金酒

美国金酒为淡金黄色，因为与其他金酒相比，它要在橡木桶中陈酿一段时间。美国金酒主要有蒸馏金酒（Distilled gin）和混合金酒（Mixed gin）两大类。通常情况下，美国的蒸馏金酒在瓶底部有“D”字，这是美国蒸馏金酒的特殊标志。混合金酒是用食用酒精和杜松子简单混合而成的，很少用于单饮，多用于调制鸡尾酒。

4. 其他国家的金酒

金酒的主要产地除荷兰、英国、美国以外，还有德国、法国、比利时等国家。比较常见和有名的金酒有：辛肯哈根（schinkenhager）、布鲁克人（Bruggman）、西利西特（Schlichte）、菲利埃斯（Filliers）、多享卡特（Doornkaat）、弗兰斯（Fryns）、克丽森（Claessens）、海特（Herte）、罗斯（Loos）、康坡（Kampe）、拉弗斯卡德（Lafoscade）、万达姆、比利时（Vanpamme）、布苓吉维克（Brinevec）。

干金酒中有一种叫 Sloe gin 的金酒，但它不能称为杜松子酒，因为它所用的原料是一种野生李子，名叫黑刺李。Sloe gin 习惯上可以称为金酒，但要加上“黑刺李”，称为“黑刺李金酒”。

金酒按口味风格可分为辣味金酒（干金酒）、老汤姆金酒（加甜金酒）、荷兰金酒和果味金酒（芳香金酒）四种。辣味金酒质地较淡，清凉爽口，略带辣味，酒度在 40°～47°；老汤姆金酒是在辣味金酒中加入 2%的糖分，使其带有怡人的甜辣味；荷兰金酒除了具有浓烈的杜松子气味外，还具有麦芽的芬芳，酒度通常在 50°～55°；果味金酒是在干金酒中加入了成熟的水果和香料，如柑橘金酒、柠檬金酒、姜汁金酒等。

（四）朗姆酒

朗姆酒（Rum）是以甘蔗糖蜜为原料生产的一种蒸馏酒，也称兰姆酒。

朗姆酒的主要生产特点是：选择特殊的生香（产酯）酵母加入产生有机酸的细菌共同发酵后，再经蒸馏陈酿而成。

朗姆酒是古巴人的一种传统饮料。古巴朗姆酒是由酿酒大师把以甘蔗蜜糖为原料制得的甘蔗烧酒装进白色的橡木桶，经过多年精心酿制而成的。它有一股独特的、无与伦比的口味，从而成为古巴人喜欢喝的一种饮料，并且在国际市场上获得了广泛的欢迎。朗姆酒属于天然产品，由制糖甘蔗加工而成，整个生产过程中，无论是对原料的精心挑选，还是随后酒精的蒸馏，甘蔗烧酒的陈酿，把关都极其严格。朗姆酒的质量由陈酿时间决定，有一年的也有好几十年的。

市面上销售的朗姆酒通常为 3 年和 7 年的，它们的酒精含量分别为 38°和 40°，生产过程中除去了重质醇，把使人愉悦的酒香保存了下来。

1. 制作方法

朗姆酒生产的原料为甘蔗汁、糖汁或糖蜜。甘蔗汁原料适合生产清香型朗姆酒。甘蔗汁经真空浓缩被蒸发掉水分，可得到一种较厚的带有黏性的液态的糖浆，适宜制备浓厚型朗姆酒。

原料预处理：糖蜜的预处理可分成几个不同的阶段。首先要通过澄清去除胶体物质，尤其是硫酸钙，以免在蒸馏时结成块状物质。糖蜜预处理的最后阶段是用水稀释，经冲稀后的低浓度溶液中，总糖含量为 10～12 克每 100 毫升，是适宜的发酵浓度，并添加硫酸铵或尿素。

朗姆酒可以直接单独饮用，也可以与其他饮料混合成好喝的鸡尾酒，在晚餐时作为开胃酒来喝，也可以在晚餐后喝。在重要的宴会上，它是极好的饮品。

2. 朗姆酒的分类及代表品牌

（1）银朗姆（Silver Rum）。银朗姆又称白朗姆，是指蒸馏后的酒需经活性炭过滤后入桶陈酿一年以上。酒味较干，香味不浓。

（2）金朗姆（Golden Rum）。金朗姆又称琥珀朗姆，是指蒸馏后的酒需存入内侧灼焦的旧橡木桶中至少三年。酒色较深，酒味略甜，香味较浓。

（3）黑朗姆（Dark Rum）。黑朗姆又称红朗姆，是指在生产过程中需加入一定的香料汁液或焦糖调色剂的朗姆酒。酒色较浓（深褐色或棕红色），酒味芳醇。

朗姆酒的代表品牌主要有波多黎各的百加地（Bacardi）、牙买加的摩根船长（Captain Morgan）、美雅士（Myers）等。

（五）伏特加

伏特加（Vodka）是从俄语的“水”一词派生而来的，是俄国具有代表性的白酒。伏特加开始是用小麦、黑麦、大麦等做原料，经粉碎、蒸煮、糖化、发酵和蒸馏制得优质酒精，再进一步加工而成。也有以马铃薯为主要原料酿造的。伏特加制造的工艺流程为：将优质酒精加水稀释，制成酒精和水的混合物，经第一次过滤、活性炭处理、第二次过滤，最后调至规定的酒精浓度，即可装瓶出售。伏特加一般不需陈酿。

18 世纪以后开始使用土豆和玉米作为原料，将蒸馏而成的伏特加原酒经过 8 小时以上的缓慢过滤，用活性炭吸收它的味道。

伏特加无色、无香味，具有中性的特点，不需贮存即可出售。由于伏特加无色透明，因此与金酒一样，可与其他酒类混合调成各种混合饮品和鸡尾酒。

1. 伏特加的特点

伏特加是以多种谷物（马铃薯、玉米）为原料，用重复蒸馏、精炼过滤的方法，除去酒精中所含毒素和其他异物的一种纯净的高酒精浓度的饮料。伏特加无色无味，没有明显的特性，但很提神。伏特加口味浓烈，劲大刺鼻，但由于酒中所含杂质极少，口感纯净，并且可以以任何浓度与其他饮料混合饮用，所以经常用于做鸡尾酒的基酒。伏特加酒精度一般在40°～50°之间。

2. 伏特加的酿造方法

伏特加的传统酿造法是以马铃薯或玉米、大麦、黑麦为原料，用蒸馏法蒸馏出酒精度高达96%的酒精液，再使酒精液流经盛有大量木炭的容器，以吸附酒液中的杂质（每10升蒸馏液用1.5千克木炭连续过滤不得少于8小时，40小时后至少要换掉10%的木炭），最后用蒸馏水稀释至40%～50%的酒精度而成的。此酒不用陈酿即可出售、饮用，也有少量的如香型伏特加在稀释后还要经串香程序，使其具有芳香味道。伏特加与金酒一样都是以谷物为原料的高酒精度的烈性饮料，并且不需贮陈；但与金酒相比，伏特加干烈、无刺激味，而金酒有浓烈的杜松子味道。

3. 伏特加的分类

（1）俄罗斯伏特加

俄罗斯伏特加最初用大麦为原料，以后逐渐改用含淀粉的马铃薯和玉米，制造酒醪和蒸馏原酒并无特殊之处，只是过滤时将蒸馏而得的原酒注入白桦活性炭过滤槽中，经缓慢的过滤程序，使蒸馏液与活性炭分子充分接触而净化，将所有原酒中所含的油类、酸类、醛类、酯类及其他微量元素除去，得到非常纯净的伏特加。俄罗斯伏特加酒液透明，除酒香外，几乎没有其他香味，口味浓烈，劲大冲鼻，火一般刺激。

其名品有：波士伏特加（Bolskaya）、苏联红牌（Stolichnaya）、苏联绿牌（Mosrovskaya）、柠檬那亚（Limonnaya）、斯大卡（Starka）、朱波罗夫卡（Zubrovka）、俄国卡亚（Kusskaya）、哥丽尔卡（Gorilka）。

（2）波兰伏特加

波兰伏特加的酿造工艺与俄罗斯相似，区别只是波兰人在酿造过程中，加入一些草卉、植物果实等调香原料，所以波兰伏特加比俄罗斯伏特加酒体丰富，更富韵味。

其著名品牌有：兰牛（Blue Rison）、维波罗瓦红牌（Wyborowa）、维波罗瓦蓝牌（Wyborowa）、朱波罗卡（Zubrowka）。

（3）其他国家和地区的伏特加

除俄罗斯与波兰外，其他较著名的生产伏特加的国家和地区还有：

英国——哥萨克（Cossack）、夫拉地法特（Viadivat）、皇室伏特加（Imperial）、西尔弗拉多（Silverad）。

美国——宝狮伏特加（Smirnoff）、沙莫瓦（samovar）、菲士曼伏特加（Fielshmann's Royal）。

芬兰——芬兰地亚（Finlandia）。

法国——卡林斯卡亚（Karinskaya）、弗劳斯卡亚（Voloskaya）。

加拿大——西豪维特（Silhowltte）。

（六）特基拉

特基拉酒是墨西哥的特产，被称为墨西哥的灵魂。特基拉是墨西哥的一个小镇，此酒以产地得名。

特基拉酒有时也被称为龙舌兰烈酒，是因为此酒以龙舌兰为原料。

龙舌兰是一种仙人掌科的植物，通常要生长 12 年。龙舌兰成熟后被割下送至酒厂，再被割成两半后泡洗 24 小时；然后榨出汁来，汁水加糖送入发酵柜中发酵两天至两天半，然后经两次蒸馏，酒精纯度达 52%～53%。此时的酒香气突出，口味凶烈。然后把它放入橡木桶陈酿。陈酿时间不同，颜色和口味差异很大。白色者未经陈酿，银白色贮存期最多 3 年，金黄色贮存至少 2～4 年。特级特基拉需要更长的贮存期，装瓶时酒度要稀释至 40°～50°。

特基拉酒的口味凶烈，香气很独特。特基拉酒是墨西哥的国酒，墨西哥人对此情有独钟，饮酒方式也很独特，常用于净饮。每当饮酒时，墨西哥人总先在手背上倒些海盐末来吸食，然后用腌渍过的辣椒干、柠檬干佐酒，恰似火上浇油，美不可言。另外，特基拉酒也常作为鸡尾酒的基酒。

1. 特基拉的种类

特基拉酒在制法上也不同于其他蒸馏酒，它需要进行两次蒸馏。和伏特加酒一样，特基拉酒在完成了蒸馏工序之后，酒液要经过活性炭过滤以除去杂质。至此，特基拉酒的定义已一目了然，它是由一种被称为龙舌兰的植物经过发酵和蒸馏而获得的一种烈酒，酒精含量在 35%～55%之间。我们通常能够见到的无色特基拉酒并非陈年特基拉酒，金黄色特基拉酒为短期陈酿，而在木桶中增陈 1～15 年的，称为老特基拉酒。

2. 特基拉的由来

美酒通常都是由酒鬼研发出来的。西班牙的酒鬼士兵们占领墨西哥的时候，由于从欧洲运输红酒和其他烈性酒来美洲成本昂贵，于是设法就地取材造酒。他们最后选中的原料是一种芦荟科植物的球茎（也有人说是仙人掌），酿出了一种烈性酒 Tequila，中文名为龙舌兰酒。现在中美洲各国都出产此酒，当然以墨西哥的最地道。为了区别，现在规定只有一定地区产的用特定原料制成的龙舌兰酒才可以叫特基拉。

3. 特基拉的喝法

特基拉的酒性比较凶悍，牙买加产的一种特基拉可以达到 90°的酒精度。按照这里青年人的习惯，一般在酒吧里聚会喝到八分醉意的时候才一人要一杯特基拉，抹一点盐在手背上，一块儿大吼一声，舔一舔盐然后一口干掉杯中酒。

4. 特基拉酒的名品

特基拉酒的品牌主要有：凯尔弗（Cuervo）、斗牛士（EI Toro）、索查（Sauza）、欧雷（O1e）、玛丽亚西（Mariachi）、特基拉安乔（Tequila Aneio）。

（七）中国白酒

中国白酒是中国特有的一种蒸馏酒，由淀粉或糖质原料制成酒醅或发酵醪经蒸馏而得。酒质无色（或微黄）透明，气味芳香纯正，入口绵甜爽滑，酒精含量较高，经贮存老熟后，具有以酯类为主体的复合香味。

白酒的主要成分是乙醇和水（占总量的98%～99%），而溶于其中的酸、酯、醇、醛等种类众多的微量有机化合物（占总量的1%～2%）作为白酒的呈香呈味物质，决定着白酒的风格（又称典型性，指酒的香气与口味协调平衡，具有独特的香味）和质量。乙醇化学能的70%可被人体利用，1克乙醇供热能20.9千焦。酸、酯、醇、醛等这些并没有多少营养，只有香味而已。

中国白酒在饮料酒中，独具风格，与世界其他国家的白酒相比，具有特殊的不可比拟的风味。白酒洁白晶莹、无色透明，香气宜人，甘润清洌，回味悠久，给人以极大的欢愉和幸福之感。

白酒的名称繁多。有的以原料命名，如高粱酒、大曲酒、瓜干酒等，就是以高粱、大曲、瓜干为原料生产出来的酒；有的以产地命名，如茅台、汾酒、景芝白干、曲阜老窖、兰陵大曲等；有的以名人命名，如杜康酒、范公特曲等；还有的按发酵、贮存时间长短命名，如特曲、陈曲、头曲、二曲等；二锅头、回龙酒等，则是以生产工艺的特点命名的。二锅头是我国北方固态法白酒的一种古老的名称，现在的二锅头是在蒸酒时，掐头去尾取中间馏出的酒。真正的二锅头系指制酒工艺中在使用冷却器之前，以古老的固体蒸馏酒方法，即以锅为冷却器，二次换水后而蒸出的酒。所谓回龙酒，就是将蒸出的酒重烤一次。

1. 中国白酒的作用

饮适量白酒，可促进血液循环。有失眠症者睡前饮少量白酒，有利于睡眠，并能刺激胃液分泌与唾液分泌，起到健胃作用。白酒有通风、散寒、舒筋、活血作用，例如红花酒治疗血淤性痛经症，龟肉酒治疗多年咳嗽，蛇血酒补养气血，桃仁酒治疗肾虚腰痛等。

科学饮用白酒，有益身体健康。由于白酒中含有乙醇，少量饮用后能刺激食欲，促进消化液的分泌和血液循环，使人精神振奋。饮用白酒过量则会刺激胃黏膜，不利于消化，轻者过度兴奋、皮肤充血、意识模糊、控制能力降低，重者会出现知觉丧失、昏睡等症状。因此，为了消费者的身体健康，建议不要过量饮用白酒。

我国白酒的酒度早期很高，有67°，65°，62°之高。度数这样高的酒在世界其他国家是罕见的。近几年，国家提倡降低白酒度数，有不少较大的酒厂，已试制成功了39°，38°等低度白酒。低度白酒出现于市场初期，大多数消费者不太习惯，饮用起来总觉得不够味，“劲头小”。20世纪90年代初，城市消费者已经开始习惯低度白酒，低度白酒在宴席上已经逐渐成为一个较好的品种。

2. 中国白酒的香味与香型

白酒香味成分有：醇类、酯类、酸类、醛酮类化合物、缩醛类、芳香族化合物、含氮化合物和呋喃化合物等。醇类除乙醇外，最主要的是异戊醇、异丁醇和正丙醇，在浓香型和酱香型白酒中还含有一定量的正丁醇，它们对形成酒的风味和促使酒体丰满、浓厚起着重要的作用。醇类也是酯类的前驱物质。酯类是具有芳香的化合物，在各种香型白酒中起着重要作用，是酒体香气浓郁的主要因素。酸类主要是乳酸、乙酸、丁酸和已酸等有机酸类，影响白酒的口感和后味，也是影响口味的主要因素。

中国白酒产品种类繁多，1979年全国第三次评酒会首次提出：按酒的香型可将白酒划分为五种香型，又称五种风格。

(1) 酱香型：以贵州茅台酒为代表，又称茅型，具有酱香、细腻、醇厚、回味长久等特点。

(2) 清香型：以山西汾酒为代表，又称汾型，具有清香、醇甜、柔和等特点，是中国北方的传统产品。

(3) 浓香型（大曲香型）：以四川泸州老窖大曲酒为代表，又称泸型，具有芳香、绵甜、香味谐调等特点。

(4) 米香型：以广西桂林三花酒为代表，具有蜜香、清雅、绵柔等特点。

(5) 其他香型：具有各自独特的生产工艺和口感风味，其主体香及香型尚未确定，如贵州董酒、陕西西凤酒等。

第五次评酒会提出了“四大香型、六小香型”的概念，除前文所述的“浓、清、酱、米”四大香型外，新增凤香型、兼香型、芝麻香型、特型、豉香型、董型（药香型）六种香型。

中国名酒繁多，主要有：贵州茅台酒、山西汾酒、四川五粮液、江苏洋河大曲、四川剑南春、安徽古井贡酒、贵州董酒、陕西西凤酒、四川泸州老窖特曲、四川全兴大曲、江苏双沟大曲、湖北特制黄鹤楼酒和四川郎酒等。

另外，优质白酒必须有适当的贮存期。泸型酒至少贮存 3～6 个月，多在 1 年以上；汾型酒贮存期为 1 年左右；茅型酒要求贮存 3 年以上。

3. 中国白酒中的有害成分

在白酒生产中，必然会产生一些杂醇油、醛类、甲醇、铅、氰化物、黄曲霉毒素、农药等有害杂质，有些是原料带入的，有些是在发酵过程中产生的。对于这些有害物质，必须采取措施，降低它们在白酒中的含量。

六、配制酒

配制酒又称为制酒，是指以发酵酒或蒸馏酒作为酒基，配加一定比例的可食用辅料（如着色剂、甜味剂、香精、花果、药材等）而制成的酒。这类酒含有糖分、色素以及不同量的固形物，依酒的种类不同而有区别，如桂花酒、橘子酒、人参酒、虎骨酒、蛇酒、五加皮酒、玫瑰酒等。另外，汽酒也属于配制酒，它是以不低于 20% 发酵原果酒，添加一定比例允许使用的可食辅料，配制成的含乙醇 3%～5%（体积分数）的酒精性饮料。

配制酒又称再加工酒，都是以葡萄酒或烈性酒为原料，配以增香、增味、增甜物质及某些营养物质制成。

配制酒主要包括利口酒、开胃酒和甜点酒三大类。

（一）利口酒

利口酒（Liqueurs)，有人又将它译为力娇酒。它是在中性酒如白兰地、威士忌、朗姆酒、金酒、伏特加或葡萄酒中加入一定的加味材料（如树根、果皮、香料等），经过蒸馏、浸泡、熬煮等过程而制成，且至少含有 2.5% 的甜浆。甜浆可以是糖或蜂蜜，大部分的利口酒含甜浆量都超过 2.5%。

利口酒味道香醇，色彩艳丽。利口酒的基本酿造方法有蒸馏、浸渍、渗透过滤、混合等。

利口酒主要是在餐后饮用，以助消化。此外，利口酒还可以加汽水、碎冰饮用。利口酒在欧美厨房里也扮演重要角色，它不但可以用于烹饪、烧烤，甚至还可用于做冰淇淋、布丁的淋汁、水果盅附味等。

利口酒的种类较多，主要有以下几类：柑橘类利口酒、樱桃类利口酒、桃子类利口酒、奶油类利口酒、香草类利口酒、咖啡类利口酒。除上述几大类风味特点十分显著的酒品外，还有其他很多种独具特色的利口酒。

(1) 蛋黄白兰地（Advocaat）：荷兰生产，酒的浓度较大，有蛋黄味道，酒精度为20%左右。

(2) 茴香酒（Anisette）：是一种法国产的八角香料酒，酒精度为25%～30%。

(3) 杏仁白兰地（Aphcot Brandy）：用杏和杏的果仁制成，酒精度为30%～50%。

(4) 杜林标（Drambuie）：是用苏格兰威士忌和蜂蜜酿制而成，酒精度为40%左右，是上好的利口酒。

(5) 爱尔兰蜜糖酒（IrishMist）：是爱尔兰生产的一种香草蜜糖利口酒，其酒精度为40%。

（二）开胃酒

开胃酒又称餐前酒，在餐前喝能够刺激胃口、增加食欲。开胃酒主要是以葡萄酒或蒸馏酒为原料加入植物的根、茎、叶、药材、香料等配制而成。

开胃酒主要分为三种类型：味美思、比特酒、茴香酒。

1. 味美思

味美思是以葡萄酒为基酒，加入植物、药材等物质浸制而成，酒度在18°左右。最好的味美思是法国和意大利出的，目前几乎所有酒吧用的味美思都是这两个国家出产的。

味美思分特干（extra dry）、干（dry）、甜（sweet）三种，主要是根据酒中含糖分的多少来区分。从颜色上分又有白和红两种。干是指含糖分极少或不含糖分；甜是指含糖较多。通常，干味美思的颜色是无色透明的或浅黄色的，甜味美思是红色的或玫瑰红的。

常用的味美思名牌有：法国产的乐华里，意大利产的马天尼（白/红）、仙山露（白/红）等。

2. 比特酒

比特酒也称必打士，是用葡萄酒或某些蒸馏酒加入植物根茎和药材配制而成，酒度在18°～45°之间，味道苦涩。

比特酒的主要品牌有：金巴利，颜色鲜红，酒度26°；杜本那，暗红色，酒度18°，味道苦中带甜；菲奈特·布兰卡，酒度45°；西娜尔，酒度18°；安德卜格，殷红色，酒度49°，是一种由多种药材浸制而成的烈酒，有解酒作用，通常是5.6毫升的小瓶包装；安哥斯特拉，褐红色，酒度44°，140毫升小瓶包装，是一种很特别的苦酒，调酒中常用，但刺激性很强，有微量毒素，喝多会有害人体健康。

3. 茴香酒

茴香酒是用蒸馏酒与茴香油配制而成的，口味香浓刺激，分染色和无色，一般有明亮的光泽，酒度约为25°。

（三）甜点酒

甜点酒是指以葡萄为主要原料，酒中勾兑了白兰地酒或食用酒精，是欧美人与甜食一起食用的酒，因此也称甜食酒或点心酒。它是以葡萄酒为基酒，在葡萄的发酵过程中，为了保留葡萄酒中所含有的天然葡萄糖分，勾兑蒸馏酒（白兰地）来终止葡萄酒的发酵过程，从而酝酿而成的一种酒精含量高的葡萄酒。

甜点酒以西班牙和葡萄牙的最为著名，常见的品种有波特酒、雪利酒、马德拉酒和马萨拉酒等。

1. 波特酒

波特酒是葡萄牙产的强化葡萄酒，用葡萄酒和白兰地勾兑而成。根据葡萄牙政府的政策，如果酿酒商想在自己的产品上写“波特”（Port）的名称，必须有三个条件：一是用斗罗河上游的奥特·斗罗（Alto Douro）地域所种植的葡萄酿造。为了提高产品的酒度，用来勾兑的白兰地也必须使用这个地区的葡萄酿造。二是必须在斗罗河口的维拉·诺瓦·盖亚酒库（Vila Nova de Gaia）内陈化和贮存，并从对岸的波特港口运出。三是产品的酒度在16.5°以上。如不符合三个条件中的任何一个，即使是在葡萄牙出产的葡萄酒，都不能冠以“波特酒”的名称。

波特酒酒味浓郁芬芳，酱香和果香兼有，在世界上享有很高的声誉。波特酒也以陈化时间长为佳，通常在商标上标有陈化年份。

较有名的波特酒品牌有：道斯（Dow's）、泰勒（Taylors）、西法（Silva）、方斯卡（Fonseca）。

2. 雪利酒

雪利酒又称雪梨酒，其风味轻快香甜，是由西班牙的特有酿酒葡萄品种 Palomino 所酿制。除此之外，雪利酒的酿制更有别于一般的葡萄酒。雪利酒的酿造，是要将它装入橡木桶中，曝晒在艳阳之下，三个月后，收起来冷冻贮存。由于处理方法的不同，致使葡萄糖的变化也相异于其他葡萄酒，因此雪利有一种特殊的风味。

根据所生产的葡萄种类、陈酿时间及生产过程的不同，雪利酒主要分为非诺（Fino）和奥罗露索（Oloroso）两大类。

3. 马德拉酒

马德拉的丰年葡萄酒，虽然产量不大，却是世界上寿命最长的酒。它能够在各种温度下成长，并能在200年内仍然保持其味道和芳香不变。

现今的马德拉酒，都是以品种和商标的知名度来判别其品质。Sercial 是最不甜的，Verdelho 次之，Bual 柔和而甜，Malmsey 则甜而带葡萄鲜味。美国人发明的 Rainwater Madeira 综合了轻淡与柔和，介于 Sercial 与 Verdelho 之间。

马德拉酒的味道和其他葡萄酒不同，与雪利酒相比，马德拉酒是越不甜越好喝，冰凉后可作为饭前酒。甜熟的马德拉，可作为点心酒、饭后酒，下午或傍晚喝，不需冰凉，佐以干果、饼干或蛋糕都可以。

其酿造方法通常是用普通的手法将葡萄汁变成酒，再加入白兰地，然后将酒放在罐中加热到30℃～50℃催熟。高温同时也具有杀菌的作用，这跟黄酒的酿造有类似之处，如黄酒的最高杀菌温度达90℃。有的马德拉酒是放在木桶中成熟的，同时，也要将存放木桶的房间的温度提高，至于陈放时间，根据不同的需要有所不同。

4. 马萨拉酒

马萨拉酒产于意大利西西里岛北部的马萨拉地区，是只用葡萄原汁酒与葡萄蒸馏酒勾兑混合而成的一种白葡萄酒品。

著名的马萨拉酒品牌有：厨师长（Cran chef）、佛罗里欧（Florio）、佩勒克里诺（Peliegrino）、拉罗（Rallo）等。

七、鸡尾酒

鸡尾酒是以一种或几种蒸馏酒作为基酒，与其他配料如汽水、果汁等用一定方法调制后经装饰而成的混合饮料。

“鸡尾酒”一词的来源，众说纷纭。19 世纪时，鸡尾酒开始在英国及美国社交界流行，到了 20 世纪，美国的调酒师们因为 1920 年的禁酒法而前往欧洲等地，将在美国日益盛行的鸡尾酒推广到世界各地。鸡尾酒诞生至今已逾 200 余年，可以说它颠倒众生的魅力至今不减。讲究生活艺术，雅俗共赏的鸡尾酒文化，是调剂、舒缓现代人压力的桃花源，如今更成为一种优雅的生活情调。其魅力源于其灵活性，可根据个人的喜好和口味自由搭配。

评定一杯鸡尾酒的好坏，主要标准是平衡：一杯在分量、外观、浓度以及味道均达到平衡的鸡尾酒就是成功；失去平衡的酒不是鸡尾酒，而是混合酒。

（一）鸡尾酒的结构

鸡尾酒的种类款式繁多，调制方法各异，但任何一款鸡尾酒的基本结构都有共同之处，即由基酒、辅料和装饰物三部分组成。

（二）调制鸡尾酒的基本手法

鸡尾酒是需要调酒师以最快的速度出品的酒，不同的鸡尾酒所用的调制手法也不一样。其中，常用到的有摇荡法、搅拌法、直调法、果汁机混合法四种。

1. 摇荡法

摇荡法是调制鸡尾酒最普遍而简易的方法，即将酒类材料及配料冰块等放入雪克壶内，用劲来回摇动，使其充分混合。

使用摇荡法前需准备的基本器材有雪克壶、夹冰器、冰块。将材料以量杯量出正确分量后，倒入打开的雪克壶中，再以夹冰器夹取冰块，放入雪克壶中；盖好雪克壶后，以右手大拇指抵住上盖，食指及小指夹住雪克壶，中指及无名指支持雪克壶。左手无名指和中指托住雪克壶底部，食指及小指夹住雪克壶，大拇指压住过滤盖。双手握紧雪克壶，手臂抬高至肩膀，用手腕来回甩动。摇荡时速度要快，来回甩动约 10 次，再以水平方式前后来回摇动约 10 次即可。

2. 搅拌法

搅拌法是将材料倒入调酒杯中，用调酒匙充分搅拌的一种调酒法，常用于调制烈性的、后劲较强的鸡尾酒。

首先要准备调酒杯、调酒匙、量杯、隔冰器、酒杯（有时可直接在酒杯中搅拌）。将材料以量杯量出正确分量后，倒入调酒杯中；再以夹冰器夹取冰块，放入调酒杯中，然后用调酒匙在调酒杯中前后来回搅三次，再正转两圈倒转两圈；最后移开调酒匙，加上隔冰器滤除冰块，把酒液倒入酒杯内。

3. 直调法

直接法是把材料直接注入酒杯的一种鸡尾酒调制法，做法非常简单，只要把材料的分量控制好即可。Gin Tonic，Bloody Mary 等著名鸡尾酒都是用这种方法调制的。

使用直调法需准备的基本器材有：鸡尾酒杯、量杯、冰块、夹冰器。将基酒以量杯量出正确分量后倒入鸡尾酒杯中；然后以夹冰器夹取冰块，放入调酒杯中；最后倒入其他配料至满杯即可。

4. 果汁机混合法

用果汁机取代摇荡法，主要用于水果类块状材料需要搅拌时，也是目前最流行的做法，混合效果相当好。事先准备细碎冰或刨冰，在果汁机上座倒入材料；然后加入碎冰(刨冰)，开动电源混合搅拌；约 10 秒左右关闭电源，等马达停止时拿下混合杯，把酒液倒入酒杯内即可。

八、无酒精饮料

无酒精饮料又被称为软饮料（Soft Drink），是指一种酒精浓度不超过 0.5%的提神解渴饮料。绝大多数无酒精饮料不含有任何的酒精成分，但也有极少数饮料含有微量酒精成分，不过其作用也仅仅是调剂饮品的口味或改善饮品的风味而已。软饮料是日常生活中人体水分的来源之一，碳酸饮料和果汁、茶等不仅能解渴，还能使人产生舒畅愉快的感觉。

（一）茶

茶是风靡世界的三大饮料之一。很多人认为饮茶是中国人首创的，世界上其他地方的饮茶习惯、种植茶叶的习惯都是直接或间接从中国传过去的。但是也有人找到证据指出，茶不仅仅是中国人发明的，在世界上的其他一些地方也有茶的发明地，例如印度、非洲等地。

1. 茶的种类

(1) 绿茶

这是我国产量最多的一类茶叶，其花色品种之多居世界首位。

绿茶是不经过发酵的茶，即将鲜叶经过摊晾后直接下到一二百摄氏度的热锅里炒制，以保持其绿色的特点。绿茶具有香高、味醇、形美、耐冲泡等特点。其制作工艺都经过杀青—揉捻—干燥的过程。由于加工时干燥的方法不同，绿茶又可分为炒青绿茶、烘青绿茶、蒸青绿茶和晒青绿茶。

绿茶的名贵品种有：龙井茶、碧螺春茶、黄山毛峰茶、庐山云雾茶、六安瓜片茶、蒙顶茶、太平猴魁茶、君山银针茶、顾渚紫笋茶、信阳毛尖茶、平水珠茶、西山茶、雁荡毛峰茶、华顶云雾茶、涌溪火青茶、敬亭绿雪茶、峨眉峨蕊茶、都匀毛尖茶、恩施玉露茶、婺源茗眉茶、雨花茶、莫干黄芽茶、五山盖米茶、普陀佛茶等。

(2) 红茶

红茶与绿茶恰恰相反，是一种全发酵茶（发酵程度大于 80%）。红茶的名字得自其汤色。红茶与绿茶的区别，在于加工方法不同。红茶加工时不经杀青，而且萎凋，使鲜叶失去一部分水分，再揉捻（揉搓成条或切成颗粒），然后发酵，使所含的茶多酚氧化，变成红色的化合物。这种化合物一部分溶于水，一部分不溶于水而积累在叶片中，从而形成红汤、红叶。红茶主要有小种红茶、工夫红茶和红碎茶三大类。

名贵红茶品种有：祁红、滇红、英红等。

(3) 乌龙茶（青茶）

乌龙茶也就是青茶，是一类介于红、绿茶之间的半发酵茶。乌龙茶在六大类茶中工艺最复杂，泡法也最讲究，所以喝乌龙茶也被人称为喝功夫茶。

乌龙茶属半发酵茶，即制作时适当发酵，使叶片稍有红变，是介于绿茶与红茶之间的一种茶类。它既有绿茶的鲜浓，又有红茶的甜醇。因其叶片中间为绿色，边缘呈红色，故有“绿叶红镶边”之称。

(4) 白茶

白茶是我国的特产。它加工时不炒不揉，只将细嫩、叶背满茸毛的茶叶晒干或用文火烘干，而使白色茸毛完整地保留下来。白茶主要产于福建的福鼎、政和、松溪和建阳等县，有“银针”、“白牡丹”、“贡眉”、“寿眉”几种。

(5) 黄茶

黄茶是指在制茶过程中，经过闷堆渥黄，因而形成黄叶、黄汤。黄茶分黄芽茶（包括湖南洞庭湖君山银芽、四川雅安名山县的蒙顶黄芽、安徽霍山的霍内芽)、黄小茶（包括湖南宁乡的沩山毛尖、浙江平阳的平阳黄汤、湖北远安的鹿苑等)、黄大茶（包括安徽的霍山黄大茶等）三类。

(6) 黑茶

黑茶原料粗老，加工时堆积发酵时间较长，使叶色呈暗褐色，是藏、蒙、维吾尔等少数民族不可缺少的日常必需品。黑茶有湖南黑茶、湖北老青茶、广西六堡茶、四川西路边茶、南路边茶、云南紧茶、扁茶、方茶和圆茶等品种。

(7) 再加工茶

以各种毛茶或精制茶再加工而成的茶称为再加工茶，包括花茶、紧压茶、液体茶、速溶茶及药用茶等。

药茶：将药物与茶叶配比，制成药茶，以发挥和加强药物的功效，利于药物的溶解，增加香气，调和药味。这种茶的种类很多，如午时茶、姜茶散、益寿茶、减肥茶等。

花茶：这是一种比较稀有的茶叶花色品种。它是用花香增加茶香的一种产品，在我国很受欢迎。花茶一般是用绿茶做茶坯，少数也有用红茶或乌龙茶做茶坯的。它根据茶叶容易吸收异味的特点，以香花为原料加工而成，所用的花品种有茉莉花、桂花等，以茉莉花最多。

2. 茶的作用

茶的最早发现与利用，是从药用开始的。“神农尝百草，日遇七十二毒，得茶而解之。”茶叶具有药理作用的主要成分是茶多酚、咖啡碱、脂多糖等。具体作用有：提神清心、清热解暑、消食化痰、去腻减肥、清心除烦、解毒醒酒、生津止渴、降火明目、止痢除湿等，对现代疾病，如辐射病、心脑血管病、癌症等也有一定的药理功效。

3. 喝茶的讲究

古语说得好：“工欲善其事，必先利其器。”具体到泡茶来说，茶具的使用直接影响到茶的质量。

一般喝茶时我们所选用的器具材质有玻璃、紫砂和瓷三种。喝乌龙茶最好用紫砂茶具。紫砂茶具买回来以后，要放在锅里，加上一把粗茶叶，煮上半个小时，为的是去掉茶壶表面的蜡质和杂质，使手感比较舒服。

泡乌龙茶的时候，水温一定要高，最好在95℃以上。因为用热水来泡乌龙茶可以比较快地让茶香飘出来，让茶汤的颜色变得浓郁起来。

泡绿茶的时候首先要注意两点：第一就是要用没有盖的玻璃杯来泡；第二点就是要注意水温，泡绿茶的水温不能过高，大约在80℃左右就可以了。

不同的茶叶也有不同的投茶时间，一般投茶的方式分为上投、中投和下投三种。上投为先放茶叶，后倒开水，适合头形比较紧的茶叶；中投为先倒入1/3的开水，投入茶叶后再注开水至7分满，适合头形比较松散的茶叶；下投为先倒入水后再投入茶叶，适合一般的草青茶。

（二）咖啡与可可

咖啡与可可是与茶并称的世界三大饮料。咖啡是世界各国人民所喜爱的一种传统饮料，可可已成为世界食品工业中的重要原料。

1. 咖啡

咖啡的诞生地为埃塞俄比亚的咖发（Kaffa），咖啡这个名称则源自阿拉伯语“Qahwah”，即植物饮料的意思。后来咖啡流传到世界各地，就采用其来源地“Kaffa”命名，直到18世纪才正式以“coffee”命名。咖啡中的咖啡因难溶于冷水，却易溶于热水。咖啡因会刺激大脑皮质，消除睡意，促进感觉与思考力，可做调节心脏机能的强心剂，也有扩张肾脏血管、利尿等作用。通常，一杯咖啡含咖啡因60～65毫克。

表7-1 各国咖啡参照表

主要味道	巴西	喀麦隆	危地马拉	肯尼亚	哥斯达黎加	哥伦比亚	墨西哥
烈味	20%	60%	20%	0	0	0	0
酸味	0	0	25%	50%	25%	0	0
水果味	0	0	0	0	20%	60%	20%
甜味	70%	0	0	0	0	10%	20%
香味	0	0	30%	0	60%	10%	0

（1）咖啡的种类与产地

①蓝山咖啡

蓝山咖啡是咖啡中的极品，产于牙买加的蓝山。受到加勒比海环抱的蓝山，每当太阳直射蔚蓝海水时，便反射到山上而发出璀璨的蓝色光芒，故而得名。此种咖啡拥有所有好咖啡的特点，不仅口味浓郁香醇，而且由于咖啡的甘、酸、苦三味搭配完美，所以完全不具苦味，仅有适度而完美的酸味。一般都单品饮用，但是因产量极少，价格昂贵无比，所以市面上一般都以味道近似的咖啡调制。

②哥伦比亚咖啡

产地为哥伦比亚，烘焙后的咖啡豆会释放出甘甜的香味，具有酸中带甘、苦味中平的良质特性。因为浓度合宜的缘故，常被应用于高级的混合咖啡之中。

③爪哇咖啡

产于印尼的爪哇岛，属于阿拉比卡种咖啡，烘焙后苦味极强而香味极为清淡，但感觉不到任何酸味，这种口味深受荷兰人的喜爱。此种咖啡豆最常使用于混合咖啡与即溶式冲泡咖啡。

④曼特宁咖啡

产于印尼苏门答腊，酸味适度，带有极重的浓香味，口味较苦，但有种浓郁的醇香。

一般咖啡的爱好者大都单品饮用，但也是调配混合咖啡不可或缺的品种。

⑤摩卡咖啡

主要产于埃塞俄比亚，豆小而香浓，其酸、醇味强，甘味适中，风味特殊，经水洗处理后是颇负盛名的优质咖啡。普通皆单品饮用，但若能调配混合，更是一种理想风味的综合咖啡。

⑥危地马拉咖啡

产于危地马拉，属于波旁种的咖啡豆，是酸味较强的品种之一，味道香醇而略具野性，最适合用来调配成混合咖啡。

（2）咖啡的烘焙

焙炒是咖啡加工中最重要的阶段。在生咖啡阶段，它的味道平淡无奇，只有施以温度以后其味道才能改善。咖啡豆所独具的芳香、味道和色泽都是经过烘焙而产生的。咖啡豆的烘焙分为三种：浅焙、中焙、深焙。

浅焙的咖啡豆颜色浅，味道较酸；中焙的咖啡豆颜色较深，味道适中；深焙的咖啡豆颜色较深，有苦香味。

2. 可可

可可原产于南美洲亚马孙河上游的热带雨林，主要分布在赤道南北纬 10°以内较狭窄地带，主产国为加纳、巴西、尼日利亚、科特迪瓦、厄瓜多尔、多米尼加和马来西亚，主要消费国是美国、德国、俄罗斯、英国、法国、日本和中国。1922 年，我国台湾省引种试种成功，内地现主要种植地在海南。

可可豆为制造可可粉和可可脂的主要原料。可可脂与可可粉主要用作饮料，制造巧克力糖、糕点及冰淇淋等食品。干豆可做病弱者的滋补品与兴奋剂，还可做饮料。

（三）其他软饮料

其他软饮料一般有碳酸饮料、果汁、矿泉水、乳品饮料与果蔬饮料等。

第二节　酒水生产管理

酒吧的酒水生产要做到符合顾客的期望标准和饮料调配标准，需制定一定的程序。酒吧管理人员必须搞好饮料配制过程中各种成分用量和比率的控制，并制定每杯酒水容量标准，使每杯酒水都符合顾客的期望。

标准化管理包括：配方、用量、载杯、酒牌、操作程序和成本的标准化。酒吧经理必须制定行之有效的生产标准。

一、吧台酒水管理制度

吧台内酒水的管理应有相关的管理规程与制度，其具体内容如下：

(1) 设立完备的酒水领发、保管、核账岗位，工作时间内始终保持有岗、有人、有服务、有规范、程序完善。

(2) 上岗的工作人员按规定着装，做到仪表整洁，合乎员工守则要求。

(3) 热情主动为前台服务，及时了解和掌握酒吧的业务情况以及重大活动，配齐和备足所需的各类酒水，保证供应不脱节。

(4) 经常与总仓沟通联系，及时提出申购计划，按照经济批量法原则，控制好酒水的领进量和仓储量，确保不过多积压。

(5) 领取或发生每笔酒水，均需填单登记，确保数量、品种的准确，并做到经常盘点核对，保证账物相符。

(6) 各类酒水、饮料摆放整齐，周转快、领量大的应放在出入方便、易拿易存的位置；名贵的、用量较少的酒，应妥善存放在柜子内或板架上，确保安全无流失。

(7) 各种存放必须符合保质要求，在保质期以内使用，无破损酒瓶流入营业场所。

(8) 做好各类空废瓶、罐及酒水周转箱的回收工作，减少浪费。

(9) 保持营业环境以及仓库的干净整洁，要求摆放整齐有序，无积灰、无垃圾、无四害、无蜘蛛网。酒水仓库内保持通风，温度适当，无潮湿霉味。

(10) 建立财产三级账，做好各种设备设施的经常检查和清点工作，对财产的报废、添置均应有记录。

(11) 消防设施齐全有效，工作人员具有一定的消防常识并熟悉灭火装置的位置及使用方法。

(12) 对前台部门反映的意见处理及时，并有记录。

(13) 全体员工遵守员工守则和各项规章制度，不利用职务之便私吃私拿或馈送他人。

(14) 做好交接班工作，交接清楚，并有记录。

二、酒水成本的标准化

酒水成本是指酒水在销售过程中的直接费用和支出，其构成因素包括酒水原料、人工成本、经营费用。

1. 总毛利的核算

$$\text{总毛利}=\frac{\text{总销售额}-\text{总成本}}{\text{总销售额}}\times 100\%$$

2. 零杯酒水成本的核算

$$\text{每杯成本}=\frac{\text{每瓶酒成本}}{(\text{每瓶酒容量}-\text{每瓶标准流失量})/\text{每杯酒容量}}$$

如：白兰地每瓶成本 7500 元，每瓶容量 33 盎司（1 盎司＝28.4 毫升），每瓶标准流失量为 0，每杯酒容量为 1 盎司，则

$$\text{每杯成本}=\frac{7500}{(33-0)/1}\approx 227\text{（元）}$$

3. 鸡尾酒成本的核算

$$\text{每杯成本}=\frac{\text{每瓶成本}}{(\text{每瓶酒容量}-\text{每瓶标准流失量})/\text{每杯酒容量}}+\text{每份配料成本}+\text{装饰成本}$$

如：马天尼鸡尾酒每瓶 180 元，每瓶容量 32 盎司，每瓶标准流失量为 1 盎司，每杯酒容量为 2 盎司；干味美思每瓶 160 元，每瓶容量 34 盎司，每瓶标准流失量为 1 盎司，每杯酒容量为 0.5 盎司；配料与装饰成本为 1.5 元。则

$$\text{每杯成本}=\frac{180}{(32-1)/2}+\frac{160}{(34-1)/0.5}+1.5\approx 15.5\text{（元）}$$

4. 酒水原料成本率核算

$$成本率=\frac{酒水成本}{酒水销售}\times100\%$$

如：一瓶芝华士威士忌成本为 175 元，销售价格为 418 元，则

$$成本率=\frac{175}{418}\times100\%\approx42\%$$

三、管理标准化

酒水在生产管理上也有一定的管理方法，除了要计算、控制成本外，酒吧人员还要填写相应的表格、单据。在填写过程中严格控制分单，包括作废单，并由专人确认签字，防止作弊行为的发生。

相应表格如下：

表 7－2　物料单

品　名	单　位	上月结余	今领入	今销售	今结余	备　注

注：上月结余栏一般填写吧台存货数量。

表 7－3　酒水报损单

品　名	单　位	数　量	金　额	原　因

表 7－4　（散装物品）标准出品表格

品　名	单　位	容　量	标准数额	实际数额	备　注

表 7－5　品种定价表

品　名	单　位	成　本	利　率	价　格	调　价	备　注

注：调价一栏根据市场参考而有相应变动。

第三节　酒吧经营运作管理

一、酒水经营的含义

酒水经营组织是按照经营目标和管理模式建立起来的酒水经营整体。

由于酒水组织规模不同、经营目标不同、设备与设施的不同，因此酒水经营组织的结构也不同。

各岗位人员为实现共同经营目标分工协作，酒水经营组织必须有层次和相应责任。

酒水经营的管理结构要表现在两个方面：一是经营效率高；二是满足顾客要求。

二、酒水经营设备

1. 洗涤与消毒设备

一般在工作台的旁边，必须安装洗涤槽和消毒柜，方便操作人员的清理与回收利用的运作。

在酒吧里一般都会安置洗杯机来清洗酒杯与餐具，但最好把烟缸分开来清洗与消毒，这样更方便和卫生。

2. 储存设备

酒吧里的储存设备有酒架，杯架，酒水展示柜，冷藏箱、柜，储藏室等。

3. 电源设施

在吧台附近配备电源插座，一般安在操作台内部，远离水槽。

4. 其他设备

除了以上设备外，还会用到收款机、制冰机、电动搅拌机、咖啡机、苏打机、葡萄酒展示柜、榨汁机、刨冰机、冰淇淋机、咖啡炉、磨豆机等设备。

三、酒水经营用具

1. 常用用具

在酒水的生产到出品的过程中，会用到以下用具：冰桶、榨汁机、开瓶器、调酒棒、调酒匙、冰锥、量杯、液体量杯、计量器、计量匙、调酒器、开瓶器、砧板、水果刀、吸管、杯垫、冰夹、冰铲、冰桶、水果签、滤冰器、托盘、雀仔头、节流器、香槟桶、罐头刀、打蛋器、冰淇淋勺、柠檬夹等。

2. 常用酒具

酒吧用杯非常讲究，不仅型号要与饮料品种相配，材质、形状也有很高的要求。根据不同的饮料品种与酒吧环境气氛，杯具常用的有：葡萄酒杯、香槟杯、威士忌杯、白兰地杯、利口酒杯、鸡尾酒杯、海波杯、啤酒杯、果汁杯、热饮杯、咖啡杯等。

四、酒水经营与管理

酒水经营与管理是酒吧企业产、供、销一条龙服务的形式。

1. 物料

一般来说是采用“日清月结”的形式，也就是每日清点，月底盘存。

2. 人员

各部门要相互合作，合理地推销酒水。

3. 经营

经营与管理相辅相成，缺一不可。

五、酒吧人员管理

酒吧人员配备，根据两项原则：酒吧工作时间与酒吧营业状况。

一般酒吧营业时间为上午 11：00 至次日凌晨 1：00，傍晚至午夜是营业高潮时间。状况主要看每天营业额及供应酒水的杯数。

一般的酒吧，座位在 30 个左右，每天可配备调酒师 4～5 人。酒廊或服务酒吧可每 50 个座位每天配备调酒师 2 人，如果营业时间短可相应减少人员配备。

六、酒吧服务标准

在酒吧，客人与调酒员只隔着吧台，调酒员的任何动作都在客人的目光之下。因此，调酒员不但要注意调制的方法、步骤，还要留意操作姿势及卫生标准。

1. 姿势、动作

调酒时要注意姿势端正，不要弯腰或蹲下调制，尽量面对客人，不要掩饰；动作要潇洒、轻松、自然、准确，不要紧张；用手拿杯时要握杯子的底部，不要握杯子的上部，更不能用手指碰杯口；调制过程中尽可能使用各种工具，不要用手，特别是不准用手抓冰块放进杯中来代替冰夹；不要做摸头发、揉眼、擦脸等小动作，也不准在酒吧中梳头、照镜子、化妆等。

2. 先后顺序与时间

调制出品时要注意客人到来的先后顺序，要先为早到的客人调制，同来的客人要为女士和老人、小孩先配制；调制任何酒水的时间都不能太长，以免客人不耐烦，这就要求调酒师平时多练习，调制时动作快捷熟练；一般的果汁、汽水、矿泉水、啤酒可在 1 分钟内完成，混合饮料可用 1～2 分钟完成，鸡尾酒包括装饰品可用 2～4 分钟完成。

有时五六个客人同时点酒水，也不必慌张忙乱，可先一一答应下来，再按次序调制。一定要答应客人，不能不理睬客人只顾自己做。

3. 卫生标准

在酒吧调酒一定要注意卫生标准，稀释果汁和调制饮料用的水都要用冷开水，无冷开水时可用容器盛满冰块倒入开水中，但不能直接用自来水。调酒师要经常洗手，保持手部清洁。配制酒水时有时允许用手，例如拿柠檬片、做装饰物。凡是过期、变质的酒水不准使用，腐烂变质的水果及食品也禁止使用。要特别留意新鲜果汁、鲜牛奶和稀释后果汁的保鲜期。

4. 观察、询问与良好服务

要注意观察酒吧台面，看到客人的酒水快喝完时要询问客人是否再加一杯；客人使用的烟灰缸要经常更换；酒吧台表面如有酒水残迹，应用干净湿毛巾擦抹；要经常为客人斟酒水；客人抽烟时要为他点火。让客人在不知不觉中获得各项服务。总而言之，优良的服务在于留心观察加上必要而及时的行动。在调酒服务中，因各国客人的口味、饮用方法不尽相同，有时会提出一些特别要求与特别配方，调酒员甚至酒吧经理也不一定会做，这时可以询问、请教客人怎样配制。

5. 清理工作台

工作台是配制供应酒水的地方，位置很小，要注意经常性的清洁与整理。每次调制完酒水后一定要把用完的酒水放回原来位置，不要堆放在工作台上，以免影响操作。斟酒时滴下或不小心倒在工作台上的酒水要及时抹掉。专用于清洁、擦手的湿毛巾要叠成整齐的方形，不要随手抓成一团。

七、酒吧服务程序

1. 迎接客人

主动打招呼，面带微笑。

2. 递酒水单

客人入座后将酒水单递上，先递给女士。酒水单要直接递到客人手中，不要放在台面上。如客人在交谈，可以稍等几秒，或说："对不起，先生/小姐，请看酒水单。"

3. 客人点酒水

先询问客人的口味，再作介绍。

4. 写酒水供应单

等客人点酒水后要重复一次酒水名称，客人确认后再填酒水供应单。

5. 酒水供应服务

上酒水给客人的时候，从客人的右手端上。如果记不清哪一位客人要什么酒水，要问清楚后再端上去。

6. 更换烟灰缸

用右手拿起一个干净的烟灰缸，盖在台面上有烟头的烟灰缸上，两个烟灰缸一起拿到托盘上，再把干净的烟灰缸拿到客人桌子上。绝不可以直接拿走有烟灰的烟灰缸，再摆放干净的烟灰缸。

7. 撤换空杯或空罐

经常注意客人的饮料是否快喝完了，如杯子里只剩一点饮料，而台面上已没有饮料罐，就可以去问客人是否再来一杯。如果客人点的下一杯饮料和杯子里的饮料相同，就不要求换杯，否则需要换杯。

当杯子喝空后，需要询问客人并得到同意后方可撤走空杯；空瓶、空罐可以直接撤走。

8. 结账

客人要求结账时，要立即到收款台取账单。

拿到账单后，检查台号、酒水品种、数量是否准确，并向客人报告金额。

如账单有误，不可争辩，应立即到收款员那里重新把供应单和账单核对并道歉；如没有错，可以向客人解释每一项目的价格，取得客人的谅解。

9. 送客

客人准备离开，可以帮客人移开椅子让客人移步。如客人有存放的衣物，根据记号牌，帮客人取回，询问客人是否拿漏或拿错，然后送到门口，说"多谢光临"或"再见"。

10. 清理台面

客人离开后，用托盘将台面上所有的杯、瓶等收掉，擦干台面，重新摆放干净用具。

八、酒水供应程序

(1) 客人点酒水。客人点酒水时，调酒员要耐心细致。有些客人会询问酒水品种的质量、产地和鸡尾酒的配方内容，调酒员要简单明了地介绍，千万不要表现出不耐烦的样子。还有些无主见的客人请调酒员介绍品种，调酒员介绍时应先询问客人所喜欢的口味，再介绍品种。如果一张台有若干客人，务必对每一个客人点的酒水做出记号，以便正确地将客人点的酒水送上。

(2) 调酒员或服务员开单。调酒员或服务员在填写酒水供应单时要重复客人所点的酒水名称、数目，避免出差错。酒吧中有时会由于客人的发音不清楚或调酒员精神不集中听错而制错饮品，所以要特别注意听清楚客人的要求。酒水供应单一式三联，填写时要清楚地写上日期、经手人、酒水品种及数量、客人的特征或位置及客人所提的特别要求，填好后交收款员。

(3) 收款员立账。收款员拿到供应单后应马上立账单，将第一联供应单与账单钉在一起，第二联盖章后交还调酒员（当日收吧后送交成本会计），第三联由调酒员自己保存备查。

(4) 调酒员配制酒水。调酒员凭经过收款员盖章后的第二联供应单才可配制酒水，没有供应单的调酒属违反规章制度，不管理由如何充分都不应提倡。凡在操作过程中因不小心调错或翻倒浪费的酒水需填写损耗单，列明项目、规格、数量后送交酒吧经理签名认可，再送成本会计处核实入账。配制好酒水后按服务标准送给客人。

九、营业后的工作程序

营业后的工作程序包括清理酒吧、完成每日工作报告、清点酒水、检查火灾隐患、关闭电器开关等。

1. 清理酒吧

营业结束后要等客人全部离开后，才能动手收拾酒吧，绝不允许赶客人出去。先把脏的酒杯全部收起送清洗间，等清洗消毒后全部取回。垃圾桶要送垃圾间倒空，清洗干净。把所有陈列的酒水小心取下放入柜中，散卖和调酒用过的酒要用湿毛巾把瓶口擦干净再放入柜中。水果装饰物要放回冰箱中保存并用保鲜纸封好。凡是开了罐的汽水、啤酒和其他易拉罐饮料（果汁除外），要全部处理掉，不能放到第二天再用。酒水收拾好后，酒水存放柜要上锁，防止失窃。酒吧台、工作台、水池要清洗一遍。单据表格夹好后放入柜中。

2. 每日工作报告

每日工作报告主要有几个项目：当日营业额、客人人数、平均消费、特别事件和客人投诉。每日工作报告主要供上级掌握各酒吧的营业详细状况和服务情况。

3. 清点酒水

把当天所销售出的酒水按第二联供应单数目及酒吧现存的酒水确实数目填写到酒水记录簿上。这项工作要细心，不准弄虚作假。特别是贵重的瓶装酒要精确到 0.1 瓶。

4. 检查火灾隐患

全部清理、清点工作完成后要把整个酒吧检查一遍，看有没有会引起火灾的隐患，特别是掉落在地毯上的烟头。消除火灾的隐患在酒店中是一项非常重要的工作，每个员工都要担负起这一责任。

5. 关闭电器开关

除冰箱外所有的电器开关都要关闭，包括照明、咖啡机、咖啡炉、生啤酒机、电动搅拌机及空调和音响。最后留意把所有的门窗锁好，再将当日的供应单（第二联）与工作报告、酒水调拨单送到酒吧经理处。通常，酒水领料单由酒吧经理签名后可提前投入食品仓库的领料单收集箱内。

[复习思考题]

1. 什么是酒水？
2. 葡萄酒的等级有哪些？
3. 蒸馏酒有哪几类？其特点是什么？
4. 酒吧服务标准是什么？

第八章　餐饮娱乐项目开发与利用

第一节　餐饮娱乐项目的规划设计

一、餐饮娱乐项目的发展及其种类

（一）餐饮娱乐项目的发展

餐厅娱乐经营是一种把娱乐表演同餐饮服务结合在一起的经营形式。中国现代餐厅娱乐项目的经营可以追溯到20世纪30年代的上海，以当时的周璇等人在上海献唱为开端。早期的形式就是以唱歌为主。到20世纪40年代，在茶棚里，点上一杯清茶就可以听一晚上的歌。那时，除了纯唱歌外，还有舞池供人跳舞。

改革开放以后，随着合资和外方独资的大餐饮企业在我国的不断出现和发展，中餐厅里也引进了很多西方人的饮食习惯，其中就包括了西方人尤其是美国人喜欢的边吃边唱边跳舞的用餐方式。为满足客人这种追求浪漫情调的心理要求，西餐厅中常在客人进餐时弹奏钢琴来助兴，高级一点的餐厅常有乐队现场演奏，而简单些的形式就是播放轻柔和古典音乐。

近几年来，随着现代娱乐活动的不断发展，我国沿海一些开放城市率先在餐厅中举办时装表演、歌舞表演、卡拉OK等活动，迎合了中国人用餐喜欢场面热闹的心理。其中，卡拉OK这种娱乐形式，被内地的餐厅普遍接受并广泛采用，把餐厅娱乐项目经营推向高峰。

（二）餐饮娱乐项目的种类

餐厅娱乐根据餐厅档次、规格和接待对象的不同而有差别，而且越来越向豪华、精致、高雅的经营方向发展。常见的餐厅娱乐项目大致可以分为以下几类：

1. 娱乐休闲项目

娱乐休闲项目是为客人提供一定的环境、设施、设备和服务，由客人积极参与，全身心投入，使其得到精神满足的活动。娱乐休闲活动要求创设优雅的环境氛围，设置高级的视听和电子游艺设施、设备。每个娱乐项目往往由多人一起或一个人独自完成，是一项娱乐性、趣味性、智力对抗性较强的活动项目。

(1) 歌舞类娱乐活动

歌舞类娱乐活动是指客人在具有舞台、灯光、音响设施、设备条件的环境氛围中，借助一定的音响效果来唱歌或跳舞，从中得到精神放松。根据娱乐的方式可分为跳舞、演奏、时装表演、卡拉OK、KTV等多种形式。

(2) 棋牌类娱乐活动

棋牌活动是一人或多人一起运用棋、牌，在特定的环境中，按约定的规则、布局或组合方式进行的较量智力水平的游艺活动。棋牌是世界性的娱乐项目，是人们在空闲之余常进行的一项娱乐活动。它能提高人们的思考能力，培养顽强意志，陶冶情操，有益于人们的身心健康。棋牌类项目一般分为中国象棋、国际象棋、围棋、扑克牌、麻将牌等。

（3）游艺类娱乐活动

游艺类娱乐活动是人们借助现代高科技的电子游艺机设施、设备，运用智力、技巧与反应能力来控制机器、模拟现实、达到阶段目标的游戏活动。随着科学技术的发展，游艺机的科技含量越来越高，不断有新的机种问世。餐饮企业设立电子游艺机室，相对投资较少，占地面积也小，且经济效益较高，其趣味性、娱乐性极强，对各年龄段的客人都具有很大的吸引力。游艺机根据功能特点可分为台框式游艺机、体感式游艺机和应用最新电脑技术的虚拟现实游艺机。

2. 康体休闲项目

康体休闲项目是借助一定的运动设施、设备和场所，通过客人积极主动参与活动，全身心投入，在愉悦的气氛中促进身心健康的活动项目。康体休闲项目不是广义上的体育运动项目，而是一些具有较强娱乐性、趣味性的运动项目。康体休闲项目的特点包括：设备科学，设施完善，场馆豪华；运动量适中，以普通顾客身体承受力为限，以增强体质为主要功能；运动的娱乐性、趣味性较强，能提高参与者的兴致。目前常见的康体休闲项目主要包括健身房、保龄球、壁球、桌球、高尔夫球（至少 9 洞）、网球、游泳、赛车、攀岩、乒乓球，其他还有跑马、射击、射箭、溜冰、室外滑雪、潜水、海上冲浪、钓鱼等。

3. 保健美容休闲项目

保健美容类项目是指通过环境设施作用于人们身体或由专业服务人员提供相关的服务，从而使人达到放松身心、恢复体力、振作精神、焕发活力目的的活动项目。保健美容类项目按功能形式一般可分为桑拿浴、保健按摩、美容美发等。

（1）桑拿浴

桑拿浴是一种蒸汽浴，是浴者在气温高达 60℃～80℃的空间里以蒸汽沐浴的活动。桑拿分干桑拿与湿桑拿两种。无论干、湿桑拿，都是经过高温，使浴者出一身大汗，以改善人体血液循环、调节生理机能、促进新陈代谢，从而达到消除疲劳、恢复体力、振作精神的目的。除此以外，还可以开展冲浪浴、日光浴等项目。

（2）保健按摩

按摩是通过专业按摩人员的手法动作或特定的器械设备，作用于人体体表的特定部位或经络，调节机体的生理状况，促进血液循环，使经络运行通畅，达到消除疲劳、增进健康甚至治疗的目的。当然，这里所说的按摩不完全是医疗范围的按摩，而是休闲性质的达到健体目的的按摩。按摩一般可分为人工按摩和设备按摩，其中设备按摩的种类很多，主要有热能按摩和水力按摩等。

（3）美容美发

美容美发是拥有现代化的美容美发设施、设备，清洁卫生的美容美发工具和技艺高超的美容美发师，为客人提供包括化妆、美发、皮肤养护、修甲等内容在内的服务，以满足客人不同要求的活动。

二、餐饮娱乐康乐项目的选择原则

随着竞争越来越激烈，酒店行业的平均利润水平越来越低，酒店除了在住宿、餐饮方面竞争外，还必须努力发掘新的收入来源。随着现代人越来越多地追求精神生活享受，餐饮娱乐康乐项目必然成为酒店开发项目的首选，又因康乐项目的种类繁多，文化性强，因此容易形成经营特色和产生利润倍增的效应。

康乐项目开始出现在餐饮企业时，只是一些不起眼的附属项目，有的归属于前厅部，有的归属于客房部，有的归属于餐饮部。随着客人对康乐需求的扩大，餐饮娱乐康乐设施和康乐项目不断增加，它的赢利也越来越多，它在餐饮企业经营中的地位和作用也越来越重要。

餐厅设置餐饮娱乐康乐项目，可以起到满足客人需要、稳定和增加客源、增加经济效益等作用。为了保证这些目的的达成，餐饮娱乐康乐项目设置应遵循一些基本原则。

1. 经济效益原则

餐饮娱乐康乐项目的经济效益是从两方面取得的：一方面是直接经济效益，另一方面是间接经济效益。目前，大部分餐饮娱乐康乐项目是单独收费的，如保龄球、台球、美容美发等。这些项目的经济效益比较容易统计，是由经营直接产生的。

有些消费档次较低的旅游者，也希望得到康乐享受，但他们希望在餐厅就餐之后不再另行收费。即便是档次较高的消费者，也不希望在就餐费用之外另行收费。因此，很多餐饮企业的餐饮娱乐康乐项目采用少收费或不收费的经营方式。

其实这是把餐饮娱乐康乐项目所收费用打在餐饮费用当中了，通过这种隐性收费的方式使客人感到实惠，从而提高餐厅到客率，达到提高餐饮企业经济效益的目的。对康乐项目来说，这是一种间接的经济效益。

2. 社会效益原则

许多餐饮企业餐饮部响应有关部门“加强全民健身运动、提倡文明的康乐活动”的号召，尽量满足社会对餐饮娱乐康乐活动的需求，将餐饮娱乐康乐项目对外开放，在对住店客人提供服务的同时，又对非住店客人提供服务，而且取得了很好的经济效益和社会效益。

3. 满足客人正当需求原则

客人对康乐的正当需求包括：趣味性、健身性、高雅性、新奇性及刺激性等。其中，刺激性这个词比较敏感，要注意掌握。例如：竞争是一种刺激；惊险（娱乐项目应该有惊无险）也是一种刺激；新奇的项目也具有刺激性；赌博和色情也会产生刺激，但这是不健康的刺激，是一小部分客人的不正当要求。这种不健康的刺激性项目不得为客人提供。

4. 因地、因店、因时制宜原则

餐饮企业的建设，要根据地理位置、环境、客人数量和客人层次的不同特点而决策。餐饮企业的设施配备应尽量达到客人的期望值，满足不同客人的不同需求。因此，餐饮企业康乐设施的设置以及各个康乐项目的配备，都应因地、因店、因时不同而有所不同。

受场地限制的餐饮企业不可能设置占地面积很大的乡村高尔夫球场，如果希望打高尔夫球的客人多的话，可考虑建模拟高尔夫球场或城市高尔夫球场。如果餐饮企业的规模较小，就不必建夜总会这样的项目。寒冷地区的餐饮企业一般不宜建室外泳池，如果建了室外泳池，受气候和季节的影响，利用率也必然较低。值得注意的是，近年来，国内外有越来越多的人喜欢冬泳，国外已经出现了温水露天冬泳泳池，国内的冬泳爱好者还主要在天然水域冬泳。

开设冬泳露天泳池会满足冬泳爱好者的需求，不过要注意，我国北方冬季风沙较大，水质清洁的工作量将会很大，冬季池水结冰时有可能损坏池壁。

5. 项目合理配套原则

餐饮娱乐康乐项目的市场定位应该以市场细分为基础，在细分过程中，通过对市场各个层面的分析比较来选择适合自己进入的市场层面。

三、餐饮娱乐项目的规划设计

（一）娱乐休闲项目规划设计

1. 多功能娱乐包间（打球、唱歌、跳舞、游戏）

多功能娱乐包间是一种最新的休闲活动，也叫“L－C 包间”（Leisure China）。

在 L－C 包间里，可以打 9 洞或 18 洞的微型高尔夫球；可以在小舞池里随着音乐翩翩起舞；可以任意点歌唱卡拉 OK；也可以面对投影电视的战斗画面，进行互动的激光射击游戏。

L－C 多功能娱乐包间的面积为 30～50 平方米，有一个铺设人造草坪的高尔夫球场“小果岭”，面积为 25～35 平方米，果岭外设有安放沙发、茶几的舒适雅座，还有高清晰度投影电视机、卡拉 OK 点唱机和激光射击系统（包括激光枪、多媒体计算机、专用 CCD、控制台、视频处理模块、微机接口模块和相应的游戏软件）。

2. 歌舞厅

歌舞厅是指那些以专业人员进行歌舞表演为主要内容的娱乐场所，是一种出现最早、最为普及的歌舞娱乐设施。作为现代夜总会中的主要项目，歌舞厅表演衍化于正规的舞台表演，舞台的灯光和音响不仅专业而且华丽，只是与舞台表演相比，形式较为随便，气氛更为轻松，演出内容通俗并有极强的娱乐性而较少有艺术欣赏性。演出队伍通常是临时邀请的一组或几组在娱乐市场上比较受欢迎但称不上艺术家的演出团体和个人，将他们的节目串在一起，因此演出的内容多样而随意，演出人员繁多而调换频繁。将这些杂乱的节目有机地串接起来并营造热烈的娱乐气氛，完全依靠歌舞厅专门设置的节目主持人。主持人是整台演出的灵魂，需要有相当强的语言表达能力和应变能力，能够出口成章地将毫无关系的节目连在一起，并使整台晚会显得主题鲜明；要能及时发现并处理演出中经常出现的各种尴尬问题，使一切失误都变成欢笑；还要能及时把握和调整场内的气氛，保证不出现冷场，并在客人情绪高涨时，适时地改变原有的节目安排，让客人有机会参与演出，使激昂的情绪得以宣泄，同时给其他客人带来一份意外的快乐，使演出真正达到娱乐的目的。

这样的娱乐场所投资巨大。歌舞厅内除了需要豪华的环境装饰之外，还必须让客人有舒适的座位，有可伸缩移动、适合各种表演的舞台，还要有专业的灯光设计、音响设置和高科技的效果模拟设备。这些设备越先进，出乎意外，就越能吸引客人，取得好的经济效益。在美国，这样的歌舞厅随处可见。如拉斯维加斯的 CIRCUS CIRCUS 饭店的豪华歌舞厅，其舞台不仅可以伸缩以进行时装表演，而且可以旋转以便快速换幕，还可以上下升降，而升上来的舞台竟然是一个巨大的封闭型“鱼缸”，真人在缸中作美人鱼表演，而顶层舞台是真冰溜冰场，由专业溜冰运动员作冰上芭蕾表演。更令人惊奇的是，舞台上的各种模拟设施极其先进，可以忽而大火熊熊，忽而大雨滂沱、霹雳闪电，而水、火全部是真水、真火，使人在大惊失色之余得到前所未有的畅快和娱乐。当然，所有这些都是以巨额投资为前提的。

3. 卡拉 OK

卡拉 OK 起源于 1972 年的日本神户，在录音机问世之后。“卡拉”在日语中是“空”的意思，“OK”是日语外来语 orchestra（英语“乐队”）的汉语音译，“卡拉 OK”本意是“无乐队伴奏的演唱”或“为练唱者准备的空伴奏”。最初，是为音乐爱好者事先将歌曲的伴奏录下来，使他们能够在没有乐队伴奏的情况下，以录音伴奏进行演唱练习甚至演出，其效果与乐队伴奏无异。卡拉 OK 由这种伴奏声带起步，随着现代电子技术的日新月异，这种“空伴奏”形式也迅速地进化和完善，伴奏声带中加入了混响效果，并进行功率放大，使演唱者的演唱与伴奏完全糅合，声音中的瑕疵也被尽量掩盖，听起来都似乎有职业歌手的演唱效果。同时，伴奏影带迅速取代了声带，在影带中不仅可以看到与歌曲意境相配的画面和原唱明星的表演，还可以随着音乐的节律为演唱者提示歌词，使演唱者再不用为无法记忆冗长的歌词而为难，他们可以轻松地演唱多年前学会的老歌和刚刚听到的新曲。此后不久，图像清晰、逼真的激光影碟很快又取代了影带。由于卡拉 OK 为演唱提供了极大的方便和乐趣，它一经问世就被消费者所接受和喜爱，成为一种为普通人服务的娱乐形式，继而进入欧洲大陆，风靡全球。

4. 夜总会

夜总会是由西方引进的，英文为“Night Club”，直译为“夜间俱乐部”。简单地说，夜总会是夜间吃喝玩乐的场所，其形式为客人一边吃喝一边观看多种形式的文艺表演。演出形式为唱歌、舞蹈、杂技等。有的夜总会还有伴舞乐队和舞池，除表演节目外，客人还可以即兴跳舞。供应的食品可以是精美的小食品，也可以是宴席大菜。夜总会的环境较为高雅，气氛较为活跃。

夜总会具有表演性、刺激性、交际性、在夜间运作等综合特点。在具体的运作管理中，它要求场地负责人除了对硬件设施进行管理外，还要在软件上把好演艺、公关与酒水饮料服务三大关，要求管理人员具有一定组织、协调、控制等能力。在硬件上，要求设备豪华、环境幽静，音响灯光设备一流，演出器材良好，处于良好的运作状态。由于演出人员多数属临时合约应聘，在日常管理中，要求演艺人员注意仪容仪表，服饰、演出风度符合餐饮企业的档次与标准，在演出内容上，绝不可有低级庸俗的表现。演艺人员必须遵守酒店的有关规章制度，演出时声情并茂，态度不卑不亢，不演奏和表演不熟悉、低级、黄色的曲目，给人以高尚的享受。由于夜总会里的客人较复杂，要求管理人员具有良好的人际处理能力，发生事情要冷静妥善处理，对待超出要求的服务能不卑不亢，巧妙地加以处理解决，自己处理不了的要及时报告值班经理及保安部处理。由于夜总会里灯光较暗（一般点蜡烛式酒精灯），服务时要求服务人员要勤巡视、勤观察、勤为客服务，饮料、酒水、食品供应充分，勤加推销。

（二）康体休闲项目规划设计

餐饮企业设置健身中心，在规划设计中应注意以下几个问题：

（1）尊重整体。选择的健身项目要基于目标市场的需求，同时应严格遵循餐饮企业的整体设计风格；选配的设施、器械品种、规格能符合餐饮企业的要求。

（2）时尚布局。简洁、明亮的整体布局，绿色环保及人性化设计是健身领域的流行趋势，餐饮企业在规划设计时应考虑这一因素。

（3）以人为本。多数餐饮企业的健身项目都是作为餐饮企业的配套项目，来支撑客户对餐饮企业的满意度和认同感。它是餐饮企业关心顾客需求而采取的重要措施之一。在项目规划设计中，餐饮企业应重视项目的合理性和有效利用。

（4）重视效益。特色健身项目是餐饮企业的招牌，也是餐饮企业的重要收益来源；常规健身项目具备一定的创收能力，未来它将是餐饮企业赢利并为赢利创造条件的重要组成。

第二节　餐饮娱乐项目经营管理

一、组织与人力资源管理

（一）组织机构模式

康乐部或娱乐部作为餐饮企业的一个部门，集健身、娱乐于一体，是饭店或餐饮企业除客房、餐饮之外的一个重要而必不可少的配套服务部门。随着娱乐项目的发展，各种娱乐设施将越来越被各餐饮企业作为竞争手段而倍加重视。

根据餐饮企业的规模和娱乐部在餐饮企业中的经济作用，不同的餐饮企业在确定娱乐部的组织机构时有不同的做法。现今比较有代表性的做法主要有两种。

1. 欧美模式

这是一种赋予餐饮企业娱乐部较高地位的模式，是近些年来才出现的比较先进、比较流行的模式。当餐饮企业的发展进入现代高速扩张时期，餐饮企业的功能早已走出了只为客人提供吃喝服务的简单化阶段，大多数饭店或餐饮企业都以能够向客人提供包括大量娱乐活动在内的综合性服务为新的追求目标，通过设立和扩大餐饮企业的娱乐部来为餐饮企业开辟一条新的收入渠道，增加餐饮企业的经济效益。这种情况在欧美最为明显。在新建和改建餐饮企业的过程中用于娱乐项目的投资额逐年增加，有时竟超过了食宿设备的投入，同时娱乐部的收入也成为许多餐饮企业不可忽视的一部分。

2. 保证娱乐设备的正常运行

由于娱乐设备的种类多、数量大、涉及面广，因此管理的工作量大，管理的方法应科学合理。一般采用分级管理、分工协作、专人负责的方法。企业要建立科学的管理体制，制定完善的管理制度，培养优秀的服务与维修人员，保证娱乐设备的正常运行。

3. 制定科学的保养维修制度

娱乐设备的保养和维修是保证其正常运行、延长其使用寿命的重要环节，应该引起管理人员的重视。在管理工作中，还应该制定相应的制度，制度的内容包括设备的检查制度、对服务员进行的相关的设备培训制度、设备的保养标准程序以及设备的维修标准程序等，通过制度的管理，促进员工做好设备保养维修工作。

4. 加强设备的更新改造

随着社会的进步和经济的发展，人们对娱乐活动的需求不断提高。企业必须不断地对原有的设备和项目进行更新改造，以适应市场的变化，提高企业的竞争力。

（二）娱乐设备管理的基本方法

1. 建立设备技术档案

娱乐设备的种类和数量都很多，使用范围广，维修量大，更新周期不一样。为了加强管理，便于维修，降低损耗，延长使用寿命，必须建立设备档案。这项工作应由工程部、财务部和娱乐部的工作人员共同完成。

建立设备档案的工作分两步：第一步是对设备进行分类编号。一般采用三节编码法，第一节表示设备种类，第二节表示使用部门，第三节表示设备序号。这样的编号便于检索和查对。第二步是对相关的技术资料进行整理归类，即将设备的品种、名称、规格、价值、数量、生产厂家、购买日期、使用部门、技术数据以及使用说明书等有关资料按编号整理保存。

2. 制定科学的使用、操作、保养、维修规程

在设备管理中，可以采用按类归口、分片包干、将责任层层落实到班组和个人的办法，还应当制定统一的使用、操作、保养、维修制度。

3. 定期考核设备管理效果

娱乐部的设备管理水平，对企业的经营活动的开展和经济效益的提高会产生很重要的影响。因此，有必要定期考核设备管理和使用效果，以评定娱乐部的设备管理水平。主要考核内容有：

(1) 设备完好率。娱乐设备必须随时处于完好状态，可以用设备完好率来考核设备管理的效率。

(2) 设备维修费用率。设备在使用过程中，每年都要支付一定的维修费用，一定的经营条件下和时间内，维修费用越低，说明设备管理越好。设备维修的费用情况，可以用年度百元营业额的维修费用率来考核。

第三节 餐饮娱乐项目的开发与创新

一、餐饮娱乐项目的开发

随着餐饮休闲娱乐消费日趋高涨，很多餐饮企业已经把餐饮休闲娱乐作为重要的赢利点来培养，甚至产生了一些以餐饮娱乐休闲为主导的“娱乐休闲餐饮企业”。内容丰富、个性突出的餐饮休闲娱乐项目已成为餐饮产品的重要组成，对提升餐饮企业核心吸引力具有重要作用。然而，餐饮企业要想在日臻成熟的休闲娱乐方面推陈出新，保持持续发展的势头，必须不断创新。

餐饮娱乐项目开发的主要类型有：

1. 运动保健型

运动保健型项目是在室内休闲娱乐提出来之后被首先引入到这个行业中的，这与人们越来越关注健康有着密切关系，也因此而使得运动保健型项目成了室内休闲娱乐的主要组成部分。运动保健型休闲娱乐项目的主要特点是以健身为主，活动项目主要包括各种球类(乒乓球、保龄球、壁球、沙弧球、台球)、游泳、健身、桑拿、洗浴、美容美发、足底按摩、水疗 SPA 等。

2. 游乐刺激型

游乐刺激型项目的主要特点是刺激并富有挑战性，能够满足人们释放情绪的需要。其主要娱乐方式包括酒吧、夜总会、量贩式 KTV、舞厅、电子游戏室、激光靶场、激光狩猎、射箭、室内水上游乐中心等。

3. 文化休闲型

文化休闲型项目主要是针对具有一定文化品位的群体而设置的，因此餐饮的整体环境氛围设计要求相对安静、闲适、文化气息浓厚。其主要活动内容包括书吧、茶馆、水吧、咖啡厅、棋牌室、麻将厅、陶吧、工艺自助吧、网吧、玩具吧等。

4. 观赏体验型

观赏体验型项目是以影视播映、歌舞文艺表演及其他表演等视听欣赏为主的休闲娱乐项目，主要休闲方式包括设立影视厅，播放诸如环幕电影、动感电影、水幕电影等，以及建立音乐厅、剧院等来满足顾客精神方面的需求。

二、餐饮娱乐项目开发经营应注意的几个问题

1. 客源结构的差异性决定了餐饮娱乐消费的水平

餐饮娱乐消费与客房、餐饮等消费一个明显的差异就是餐饮娱乐消费作为人们精神享受的一部分，具有很大的弹性。如在酒店业中，20%的合资和外资酒店，其营业收入占到整个酒店业的 80%。一个最重要的原因是这 20%的酒店，垄断了 90%以上的国际商务客源和其他类型的海外旅游者。这些客人除了住宿以外，在餐饮、娱乐、购物等方面的消费

能力较强，使酒店整体经营设施得到充分利用，促进了酒店整体经营业绩的提高。其他80%的内资酒店，主要是以国内客源为主，这些客源中绝大部分人在酒店的消费主要是满足住宿等基本需要，而在酒店进行餐饮、娱乐消费的却很少。所以，客源的结构决定了消费能力，而消费能力又影响餐饮娱乐项目的消费水平。

2. 餐饮娱乐功能定位的不同反映娱乐在不同餐饮企业中的地位差异

在酒店经营过程中，酒店中的餐饮娱乐功能，最初是按西方人追求健康和缓解工作压力的需要而设立的，在相当长的一段时间，因国内顾客缺少对酒店娱乐设施的需求，酒店中的餐饮娱乐设施大多处于闲置状态，酒店的餐饮娱乐部门一直处于从属地位。近几年来，随着国内居民可支配收入和可支配时间增加，人们对休闲、娱乐、健身等更高层次的精神消费需求也随之增加。人们越来越认识到娱乐的重要性，也越来越多在娱乐上作快乐投资，娱乐正在改变着不同地区人们的生活。中国一些酒店为了适应这种需要，适时调整酒店娱乐市场定位，娱乐部门不仅逐步从其附属的部门中独立出来，形成一个专业化的管理部门，成为与客房、餐饮等部门平行的重要部门，而且面向当地市场经营，使酒店娱乐项目成为当地人们消费的代表性场所。如深圳三九大酒店的月光娱乐城以其趣味性、新奇性及刺激性的娱乐内容，在过去几年里一直成为深圳人的首选；阳光大酒店的阳光俱乐部以其健身性、休闲性、高雅性，面向深圳本地人开展会员制服务；东华假日酒店的娱乐中心以其高标准的服务和规模特色，也成为当今人们调节身心、恢复体力和振作精神的场所。酒店无论其类型如何，只要从市场需求出发将娱乐功能进行合理准确的定位，使酒店娱乐功能符合时代发展的趋势，就能在目前微利的环境中不断创新，推出符合市场需求的特色项目，使酒店的娱乐设施得到充分利用，成为酒店营业收入的重要来源。

3. 餐饮娱乐项目的选择影响了酒店娱乐的赢利能力

酒店经营者过去因对餐饮娱乐经营的不重视，在项目选择上都赶潮流，市场上流行什么就经营什么，内容雷同，人为造成了酒店餐饮娱乐经营的难度。中国新的《酒店星级的划分与评定》中只保留必备的健身设施，如健身房、游泳池、美容美发中心等，其他大部分内容被调整到加分项目中，酒店在餐饮娱乐项目的设置上有了很大的选择权。酒店不仅可以选择歌舞厅、音乐厅、投影电视厅、迷你电影厅、卡拉 OK 厅、夜总会歌舞厅、地方特色的民俗风情表演，如茶道、民歌、民族舞蹈等娱乐项目，而且可以选择网球、保龄球、桌球、乒乓球、高尔夫球、射击或射箭、溜冰、潜水或冲浪、游艇、儿童娱乐室、室内游泳等运动休闲项目，还可以选择棋牌室、桑拿、美容、按摩等保健服务项目。这样，将引导酒店在提供基本餐饮娱乐服务项目的同时，可因地、因店、因时不同而选择特色服务项目，从而形成特色的经营。例如，都市中心的商务酒店由于受场地限制，不可能设置占地面积很大的乡村高尔夫，但为了满足日益增多的高尔夫爱好者的需要，可考虑造小型高尔夫球场或室内模拟高尔夫练习球场。市场的运作机制是优胜劣汰，而竞争压力将始终驱使酒店合理选择餐饮娱乐项目，实现资源的优化配置。

4. 餐饮娱乐项目的特色功能体现现代酒店经营趋势

尽管现在的星级酒店有“浓缩型社会”或“袖珍式社会”之称，酒店内客房、餐饮、餐饮娱乐等服务项目基本满足了顾客的工作、旅游的便利，然而，由于受到经营场地等各方面条件的限制，必须在餐饮娱乐经营上形成特色。

(1) 娱乐部的地位越来越重要。娱乐部是高星级酒店的重要标志之一，目前，酒店为了适应竞争的需要，不断引进新的餐饮娱乐设备，完善其服务设施，这样对娱乐部的管理和职能要求也越来越高，娱乐部的管理内容也随着规模的扩大而繁多。娱乐部必须在提高酒店各种餐饮娱乐项目赢利能力的同时，尽可能地降低能源、原材料、配件和人力消耗。

(2) 餐饮娱乐项目是酒店特色经营的体现。酒店实施差异化经营战略关键在于推出不同于竞争对手的特色产品，为顾客创造更多的价值。而餐饮娱乐项目正是酒店彰显个性和突出风格，体现酒店的事业性和独特性的重要内容，有利于形成具有特色的酒店品牌，并最终赢得市场的认可。北京前门酒店的老舍茶馆，展示了以京剧为特色的中国传统文化的形象；杭州国际大厦 Radisson 广场酒店就成功地树立了一个现代化歌剧院的独特品牌形象。

(3) 餐饮娱乐项目延长了旅客停留时间，提高了酒店接待能力。酒店餐饮娱乐项目不仅为度假旅游的客人提供了休闲、游玩、社交的场所，而且为商务客人提供了健身、运动的基本条件。酒店具有特色的休闲、餐饮娱乐项目，丰富了酒店内容，形成了特有的市场吸引力。如商务酒店的客房新增交互式多媒体游戏、卡拉 OK 点播、网上博弈、视频点播、收费电视、音乐与剧场转播、频道租用等餐饮娱乐项目，提高了客房出租率，延长了旅客的停留时间，增加了酒店收益。

5. 餐饮娱乐经营的环境较差导致酒店经营的风险大于机会

目前，中国有关餐饮娱乐经营管理的相关法律法规还不能与餐饮娱乐业的发展同步，甚至滞后，造成对餐饮娱乐经营者管理的盲目性，执法者处罚的随意性。酒店餐饮娱乐经营的环境差导致经营风险大，从而使一些酒店业主的经营行为短期化，要么不开发餐饮娱乐经营项目，要么钻法律空子进行投机经营，甚至进行某些不法的营销活动。

6. 餐饮娱乐管理模式呈多样性反映酒店经营的多样化

不同类型的酒店为了实现经济效益最大化，在不断推出新颖和具有市场吸引力的娱乐项目的同时，也在探索切实可行的管理体系来规范和管理娱乐项目的经营。娱乐部的管理模式目前常见的有以下三种：

(1) 传统自营式管理模式。娱乐部的人、财、物和所有业务由酒店统一经营和管理。这种模式的优势是酒店能根据自己的发展需要统一规划，协调发展；不足是适应市场变化的能力较差，这也是大部分酒店餐饮娱乐经营赢利性差的原因之一。

(2) 业务外包式管理模式。酒店将餐饮娱乐经营外包给专业型的企业来经营和管理，也就是购买第三方的服务而不是由酒店内部员工来完成这些工作。这有利于酒店将注意力集中到自己的有竞争力的核心业务上。从事专业餐饮娱乐经营管理的公司，不仅在项目经营上具有可靠性、专业性、前瞻性、系统性的特点，而且能降低经营成本，比酒店做更有把握。酒店业务外包在国外是比较流行的一种管理模式，在中国也成为酒店业的一种发展趋势，但业务外包应选择专业特征明显并具有一定知名度的服务企业或机构。

(3) 独立实体式管理模式。当娱乐部门独立对外的业务量比较大，市场影响力较大时，为了便于开发餐饮娱乐业务，餐饮娱乐从酒店中独立出来，以新的合资、股份或作为酒店子公司等独立实体存在，来经营餐饮娱乐业务。这样，酒店可以将餐饮娱乐经营的风险或不确定性转变成在正常的和可预见的环境中经营。

总之，由于人们观念的更新，审美情趣的变化，酒店经营者应对那些餐饮娱乐形式单调、内容不受消费者欢迎的项目加以改造，使其内涵加深、外延拓宽，从形式和内容上都更符合客人的需要。

三、餐饮娱乐项目的发展趋势

1. 餐饮娱乐的项目、设施与经营场所数量大幅度增加

随着人们生活水平的提高，人们将更加讲究生活的质量，更加关心自己的身体和心理健康，关注生活中一切美的享受，追求科学、健康、积极和美好的生活方式。可以预见，餐饮娱乐项目与设备将会越来越多，参与餐饮娱乐项目活动的人也会越来越多。

2. 不断开发新颖的餐饮娱乐活动项目

欧美发达国家在餐饮娱乐项目的开发方面已积累了丰富的经验，打下了良好的基础。餐饮娱乐项目的开发速度越来越快，开发周期也越来越短。如为适应餐饮企业场地等客观条件而设计的电子模拟高尔夫球练习场，在桑拿浴基础上发展的蒸汽浴、药物浴、水力按摩，还有攀岩、滑雪（人造雪）等新的娱乐项目，满足了人们的娱乐需求。

3. 餐饮娱乐项目的科技含量将会不断增加

欧美国家已运用其先进的科技优势来开发、制造娱乐设施设备。从高尔夫球的球杆、多功能健身器、人工造雪场、攀岩，到保龄球道、桌球台、电子模拟高尔夫球练习场，都能反映出娱乐项目设备的合理、科学、精确、完美。

4. 高刺激、高惊险的餐饮娱乐项目逐渐落户我国

近年来，富有刺激性的赛车运动、摩托艇等项目也在中国逐步兴起。

[复习思考题]

1. 餐饮娱乐康乐项目应该如何选择？
2. 简述餐饮娱乐项目的种类。
3. 餐饮娱乐项目开发经营应注意哪几个问题？
4. 请你说说餐饮娱乐项目的发展趋势。
5. 请你结合实际，讲讲你所知道的餐饮娱乐项目所用到的创新手法。

第九章　餐饮企业营销管理

第一节　餐饮市场营销组合策略

一、餐饮市场营销概述

（一）餐饮市场的含义

（1）餐饮市场是餐饮产品交换买卖的场所，是某类或某种菜肴以及酒水的消费需求，是一定地区内菜肴和酒水供应与需求的关系。

（2）餐饮市场必须包括买方（即顾客）、卖方（即饭店或餐厅）、餐饮产品（即菜肴和酒水及相应的服务）。此外，还经常包括买卖双方可接受的价格和其他条件，例如餐饮产品的特色、饭店和餐厅的地点、饭店和餐厅的环境、饭店和餐厅的级别和规格、饭店和餐厅的声誉和知名度等。

（3）餐饮市场是一种经济关系。这种经济关系由饭店或餐厅和消费者等构成。他们参加交换的目的各不相同，饭店或餐厅以赢利为目的，顾客用餐的目的通常包括平时用餐、宴请、品尝特色菜肴等。因此，只有处理好企业和顾客之间的经济和其他的关系，餐饮交易才能成功。

（4）餐饮市场是人群、购买力和购买欲望的综合体现。餐饮市场的范围很广，包括各个阶层的顾客、各种年龄的顾客、各种用餐需求的顾客。此外，当代的餐饮市场已具有世界性，因此，不同的顾客其购买餐饮产品的目的也不相同。市场营销学对应的英文单词为 Marketing，目前国内理论界一致认为 Marketing 是动名词，译名应反映其动态的意义，译为市场营销学是最合理的。餐饮市场营销则是市场营销学理论在餐饮市场中的具体应用。

（二）餐饮市场营销的概念

餐饮市场营销是指餐饮企业为使顾客满意，并实现餐饮经营目标而开展的一系列有计划、有组织的整体活动。

餐饮市场营销包含以下几层意思：

（1）满足顾客需要是餐饮市场营销的起点和终点。

（2）实现交换是餐饮市场营销的核心。

（3）计划、组织整体营销活动是餐饮市场营销的保证。

（4）获得利益是餐饮市场营销的目的。

餐饮市场营销过程如图 9－1 所示。

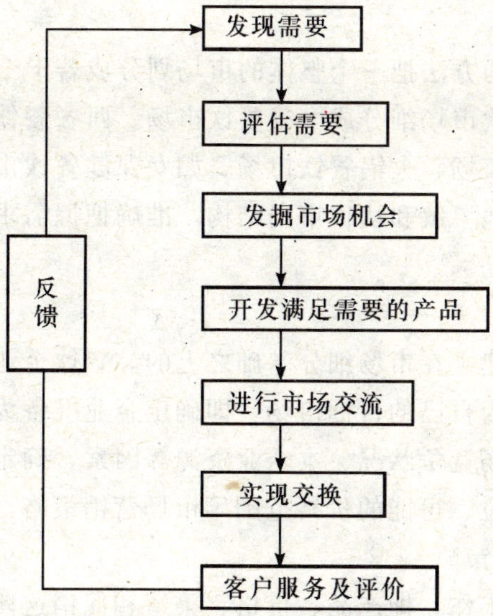

图 9-1　餐饮市场营销过程

(三) 餐饮市场营销理念在营销过程中的表现

销售和推销活动并不是餐饮市场营销的全部，而只是餐饮市场营销“冰山”的顶端。一味片面地试图通过各种促销活动来挽救餐饮企业的经营，往往显现出无助。实现产品销售并获取理想的利润是餐饮企业的目的，这是由企业经济组织的性质决定的。但要实现销售就必须依靠市场营销有计划、有组织的一系列整体活动来完成，可以用“营销—销售金字塔”图来较形象地说明，如图 9-2 所示。

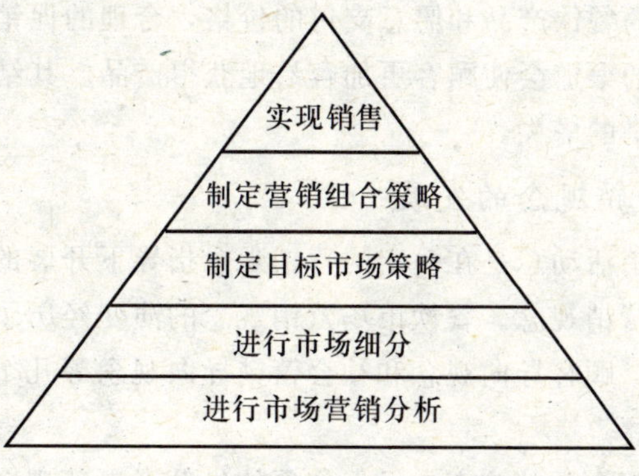

图 9-2　营销—销售金字塔

任何一项餐饮产品和服务项目的推出和成功都不是盲目的，也不是通过单纯的推销就能实现的，都要经历从塔基到塔尖的操作程序，即从市场营销分析、市场细分、制定目标市场策略、制定市场营销组合策略到实现销售这样一个过程。

1. 市场营销分析

市场营销分析是餐饮市场营销的基础性工作，它能帮助企业了解市场情况，包括市场容量、供给量、消费者特征等；有助于企业把握市场上餐饮产品的基本情况和各类产品的实际销售情况等产品信息；有助于对竞争者进行分析研究；还能获取宏观层面的相关信息。

2. 市场细分

市场细分就是按一定的方法把一个整体的市场划分成若干个具有显著不同消费特征的亚市场，比如将完整的餐饮市场细分成中餐餐饮市场、西餐餐饮市场、快餐餐饮市场、中老年餐饮市场、儿童餐饮市场、火锅餐饮市场、妇女保健餐饮市场等亚市场。通过市场细分，餐饮企业可以更清晰地了解和认识市场结构，准确把握需求，找准市场机会，为餐饮企业确定目标市场提供帮助。

3. 制定目标市场策略

制定目标市场策略是建立在市场细分基础之上的。餐饮企业应结合市场营销分析的信息，选择适当的亚市场作为自己的目标市场，即确定企业准备为之服务的消费群体，针对目标顾客的需求特征和市场竞争状况、本企业资源等因素，确定自己的产品方向、产品特征、产品或品牌的形象定位、可能的价格范围等市场营销策略，为日常的经营提供依据。

4. 制定市场营销组合策略

这是餐饮企业常规性工作，即产品、价格、渠道和促销这四个从产品产出到产品售出所采用的市场营销工具的使用策略。这也是确定 4Ps 市场营销组合策略的过程。所谓"组合"，是指产品、价格、渠道和促销四个营销因素不是孤立的，它们之间要形成有效的组合配置才能实现市场营销的目标，否则很有可能无法实现销售或让消费者满意。

因此，依据目标市场策略所指明的市场营销方向，合理地进行产品规划、价格决策、销售渠道选择和促销宣传，并使之相互协调，就是确定 4Ps 市场营销组合的基本任务。

5. 实现销售

从"营销—销售金字塔"可以看出，建立在塔基之上、有效的 4Ps 市场营销组合，意味着顾客将接受到喜欢的餐饮产品和愿意支付的价格，合理的促销行为又更加激发顾客的消费意愿，方便而畅达的渠道会使顾客更加容易地获得产品。其结果是使销售成为一种必然，最终顺利达到金字塔的塔尖。

（四）餐饮市场营销观念的发展

餐饮企业的市场营销活动总是在一定的营销观念指导下开展的，餐饮经营的效果受制于经营者所持有的市场营销观念。餐饮市场营销观念的演变经历了生产导向观念、产品导向观念、销售导向观念、顾客导向观念和社会营销导向观念等几个不同的阶段，它们分别适用于不同的历史阶段。

了解餐饮市场营销观念及其演变，可促使餐饮经营者更新观念，发现和摒弃头脑中的旧的、与经营背景不相适应的观念，并建立起适应当代餐饮经营的顾客导向和社会导向观念。同时，通过正确处理餐饮企业与餐饮消费者以及餐饮企业与社会利益之间的关系，加强市场营销管理，可使餐饮市场走上健康和可持续发展的轨道。

（五）当今世界餐饮市场的形势与变化

(1) 在当今的餐饮经营中，越来越多的新技术和艺术运用到餐饮产品的生产和服务中，同时，这些新的餐饮产品又促进餐饮服务和餐饮生产技术的发展。例如，用计算机筹划菜单和制作菜单，将美学和雕刻艺术用于菜肴和酒水的制作和造型，将某些西餐烹调技术用于中餐制作，将西餐服务中的某些优势经过修改用于中餐等。

（2）当今的餐饮市场已经变得对餐饮产品质量越加敏感。例如近几年，顾客对餐饮品牌愈加信赖。因此，餐饮产品质量已经成为饭店和餐厅市场营销成功的关键。当今，越来越多的饭店和餐厅将全面质量管理作为企业的战略，以控制餐饮产品的质量，达到提高利润和提高饭店竞争力的目的。

（3）当今，顾客对餐饮产品的价格越加敏感。尽管少数人仍然有对声誉价格的追求，但是，根据对国际上和我国餐饮市场的调查，绝大多数的顾客更讲究实惠。因此，饭店和餐厅必须降低经营成本和控制餐饮成本，提高菜肴和酒水的内在价值，才能使本企业的餐饮产品价格有竞争力。

二、餐饮市场营销的特点

1. 现代餐饮市场营销的特点

（1）餐饮市场营销是以市场为中心，为满足顾客需求，实现饭店和餐厅的经营目标，综合运用各种营销手段，将餐饮产品销售给顾客的一系列经营活动。

（2）现代餐饮市场营销包括餐饮营销的战略决策，即餐饮的营销计划、餐饮产品的生产、餐饮产品的销售和服务等全过程。

（3）现代餐饮市场营销必须以顾客需求为中心。饭店和餐厅必须尊重顾客，接受顾客至上的经营思想，并且认识到满足顾客的需求和实现企业的利润的一致性和顾客的需求与企业的赢利的依存关系。

（4）现代餐饮市场营销必须具备创新意识并付诸行动。随着时间的推移，餐饮产品的市场需求也在不断地变化和发展，竞争对手在不断地出现，市场上的新品种也在不断地增多。因此，企业只有不断地创造新的菜肴、酒水和服务，才能在市场竞争中取胜。

（5）现代餐饮市场营销必须发挥企业自身优势，做到知己知彼，才能取胜。同时，应善于找出自己的优势和劣势，扬长避短，及时开发与设计新的餐饮产品、新的餐饮服务风格和方法，制定符合目标顾客的餐饮产品价格及创新的营销策略等。

2. 结合餐饮服务特点和餐饮业的特殊性进行营销策划

餐饮业是提供食品烹饪和助餐服务的服务业，区别于食品零售业；餐饮业营销是烹饪和助餐服务营销，具有服务产品营销的相关特征。餐饮企业可以根据服务的一般特点和结合餐饮业的特殊性进行营销策划。

服务产品具有区别于实物产品的四个特点，即无形性、不可分离性、易变性、不可储存性，如图 9 - 3 所示。

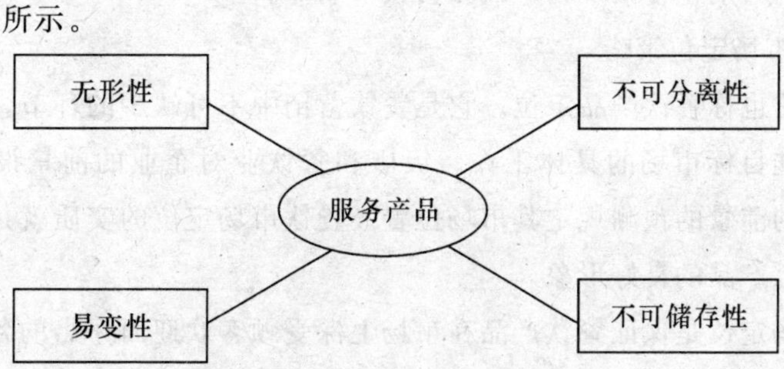

图 9 - 3　服务产品的一般特点

三、餐饮市场营销策略

1. 餐饮营销市场细分策略

(1) 根据顾客的需求、顾客的购买行为和顾客的消费习惯的差异性把餐饮市场划分为不同类型的消费者群，每个消费者群就是一个细分市场。这样，一个餐饮市场可以分成若干个餐饮细分市场，每个细分市场基本上都是由有相同餐饮产品需求的消费者组成。餐饮市场细分是客观存在的，在具体实施过程中，可以根据企业自身的条件选择适当的餐饮目标市场，拟定最佳的经营体制，制定最佳的营销组合，降低餐饮经营费用，充分利用企业的人力、财力、设备等一切资源，并且对社会和企业都具有现实意义。

(2) 餐饮市场细分必须带来显著的经营特性和经济效益。餐饮市场细分必须显示顾客消费层次和菜肴的特色风味等；餐饮市场细分必须是饭店或餐厅经营可达到的；餐饮市场细分必须为饭店或餐厅带来经济效益。

2. 餐饮目标市场营销策略

(1) 饭店和餐饮企业在选择目标市场时，可以把整个餐饮市场作为自己的目标市场。例如，饭店和餐饮业管理人员认为任何旅游和外出办事人员都需要在餐厅就餐，这些顾客的需求没有什么差异，只要饭店和餐厅的菜肴、酒水和服务优良，顾客满意，企业就会获利。

(2) 饭店或餐厅根据顾客对餐饮产品需求程度的差异，将餐饮市场划分为若干个需求不同的市场，然后针对这些市场特点，采取不同的生产和经营手段，满足不同餐饮市场的需求以获得利润。如根据不同的消费水平建立不同级别的餐厅（高级餐厅或大众餐厅）；根据不同的餐饮消费习惯和目的，建立不同类型的餐厅（快餐厅、中餐厅、咖啡厅、西餐厅、多功能厅等）。

(3) 许多饭店和餐饮企业选择密集型餐饮市场。这种市场营销策略要求饭店或餐饮企业选择一个和几个餐饮细分市场，实行餐饮产品专业化生产和销售。餐厅经营项目不一定大而全或小而全，而是集中在某一特定餐饮市场目标，如汉堡包、比萨饼、上海菜、包子或饺子等。某些餐厅的经营策略集中在特定的消费市场、特定的品种等，如中式快餐市场、中餐或西餐的大众化餐饮市场、风味餐饮市场等。

3. 餐饮营销市场定位策略

餐饮市场定位也称餐饮产品定位。它是餐饮营销中不可缺少的环节，是饭店和餐饮企业规划自己的最佳目标市场的具体工作。饭店和餐饮业对企业的前景设定应该从产品开始，根据对产品的前景的预测规定其市场位置。餐饮市场定位的实质就是饭店和餐饮业在顾客面前树立自己产品的良好形象。

餐饮营销市场定位是保证餐饮产品在市场上深受顾客欢迎而作出的各种决策和进行的各种活动。餐饮营销市场定位的主要目的是增加饭店和餐饮企业的知名度和美誉度。

餐饮市场定位离不开自身的知名度与美誉度。如果通过市场调查，目标市场顾客半数以上熟悉某饭店和餐厅，并且喜欢这家饭店和餐厅，那么说明这家饭店和餐厅有较高的知名度和美誉度。当然，这家饭店或餐厅必定会认为自己的市场定位决策是正确的。然而，有些饭店和餐厅通过市场调查并不那么受欢迎，例如，一些饭店和餐厅有较高的知名度、较低的美誉度，一些饭店和餐厅有较高的美誉度、较低的知名度，还有一些餐厅的知名度与美誉度都比较低。那么，如何通过市场定位增加饭店和餐厅的知名度和美誉度是非常关键的问题。

4. 餐饮市场营销组合策略

(1) 餐饮市场营销组合是饭店和餐饮企业为争取最佳经济效益，对本企业的餐饮产品策略、产品价格策略、产品的销售渠道策略及产品的促销策略等因素进行组合，使之互相配合成为最佳的营销组合。餐饮市场营销组合是饭店和餐饮企业经营的战略核心。

(2) 餐饮市场的营销组合策略首先包括餐饮产品的策略。餐饮产品策略是一切策略的基础，它包括餐饮产品生产方向策略、餐饮产品组合策略、餐饮产品开发策略和餐饮产品生命周期策略。生产方向策略是产品决策的基础；餐饮产品组合策略包括产品专业化策略、市场专业化策略、产品多样化策略、产品组合的广度及深度和一致性策略、产品组合调整策略等；餐饮产品的开发策略包括全新的产品策略、经过改进的产品策略、引进的新产品策略等；餐饮产品生命周期策略包括产品介绍期策略、产品成长期策略、产品成熟期策略、产品衰退期策略等。

(3) 餐饮产品价格策略是餐饮营销组合中直接影响饭店和餐厅经营收入和利润的因素，因此价格策略在营销组合中有着非常重要的作用。餐饮产品的价格受多种因素的影响。通常，价格愈高，需求愈少；产品的成本与经营费用愈高，价格愈高。同时，价格还受到市场价格的约束。餐饮产品的价格策略包括新产品价格策略、折扣定价策略、心理定价策略（尾数、声望等)、成本定价策略、边际贡献价格策略、需求定价策略、竞争定价策略等。

(4) 餐饮营销渠道策略包括直接销售渠道和间接销售渠道。直接销售渠道将自己生产的餐饮产品直接地销售给顾客；间接销售渠道常通过中间商销售自己生产的产品。例如，快餐连锁店和航空公司快餐业常通过中间商销售餐饮产品。此外，销售渠道的宽与窄及销售渠道的管理都是影响餐饮营销渠道策略的重要因素。

(5) 餐饮产品促销策略包括广告决策、公关决策、推销决策等。举办各种美食节、利用店内外的广告宣传、制造餐厅内外的环境与气氛及培训职工的推销技巧、经常采用优惠的价格及赠送适当的礼品等方法都是非常有效的餐饮市场营销决策。

5. 餐饮市场营销决策

餐饮市场营销决策是餐饮经营管理的重要组成部分。它包括餐厅的地点营销决策、餐厅广告的营销决策、餐厅名称的营销决策、餐厅的外观营销决策、餐厅的特色营销决策、餐厅的清洁营销决策、全员参与的营销决策、餐厅菜单的营销决策、举办营销活动的决策、餐厅赠品的营销决策、食品原料与菜肴展示的营销决策和餐厅服务的营销决策等。

第二节　餐饮企业产品定价

市场发展过程一般包括初期缓增长阶段、腾飞阶段、高峰稳定阶段和下降阶段，不同的市场发展阶段要求制定不同的价格策略。

餐饮产品的价格是否合理，对产品的销售、企业在市场中的竞争力及市场占有率、企业的营业收入和利润等都会产生极大的影响。因此，价格历来是企业经营管理中最敏感的问题，必须引起餐饮企业管理者的高度重视。

餐饮企业在制定产品价格时的影响因素很多，餐饮企业的管理人员必须予以认真、充分的分析和研究，才有可能制定出有利于企业生存与发展的合适的餐饮产品价格。影响餐饮产品定价的因素一般说来可分为两大类，即内部因素与外部因素。

（一）影响餐饮产品定价的内部因素

影响餐饮产品定价的内部因素是指餐饮企业在定价时自己有能力控制的因素，如成本和费用、餐饮产品、档次、原料、工艺、人力资源、经营水平等。

1. 成本和费用

任何餐饮企业经营的最基本要求即餐饮产品的价格必须高于其成本和费用，只有这样，餐饮企业才有利可图。因此，成本和费用是影响餐饮产品定价的最基本因素。从餐饮企业的实际经营活动来看，餐饮企业总的成本和费用中占较大比例的是固定成本和变动成本，不同的成本结构对企业的营业收入和利润的影响较大。表 9－1 说明了餐饮企业的成本、营业收入和利润之间的相互关系。

从表 9－1 可以看出，在营业收入变化相同的情况下，如果固定成本所占的比例较大，则餐饮企业的利润增幅也较大；反之，如果变动成本所占的比例较大，则餐饮企业的利润增幅就较小。

表 9－1　**餐饮企业成本、营业收入和利润的关系**　（单位：元）

	甲餐饮企业		乙餐饮企业		丙餐饮企业	
	正常收入	增收 10%	正常收入	增收 10%	正常收入	增收 10%
营业收入	100000	110000	100000	110000	100000	110000
固定成本	30000	30000	35000	35000	40000	40000
变动成本	55000	60500	50000	55000	45000	49500
总成本	85000	90500	85000	90000	85000	89500
利润	15000	19500	15000	20000	15000	20500
增减率		30.00%		33.33%		36.67%

2. 餐饮产品

产品是企业定价的基础，只有优质的产品才能吸引消费者前来购买。当某些产品成为一种品牌时，定价就变得很容易。餐饮产品丰富多彩，星级饭店的餐厅及众多的社会餐馆和酒楼具有设施新、服务好、环境优美、文化氛围吸引人的特点，因而知名度和美誉度较高。这些餐饮企业的定价工作就比较得心应手，且具有很强的竞争力，企业的经济效益也有较充分的保障，价格高且赢利大。

3. 档次

餐饮企业档次的高低直接影响餐饮产品的定价水平。如“香菇菜心”在一家普通的社会餐馆的定价为 6 元，而在一家四星级饭店的餐厅，其定价可高达 20 元，这充分说明餐厅档次对定价的影响。

4. 原料

餐饮原料对价格的影响显而易见。如市场上普通的养殖甲鱼售价为 28 元/千克，而野生甲鱼的售价却高达 360 元/千克。原料成本不同，其定价必然不同。

5. 工艺

餐饮产品的制作工艺对定价水平的影响也非常大。一般来说，工艺复杂的菜肴，其销售价格较高；而工艺相对简单的菜肴，其销售价格则较低。如在一家餐厅中，其松鼠鳜鱼的销售价格为 68 元，而清蒸鳜鱼的销售价格却是 48 元。

6. 人力资源

餐饮企业人力资源数量的多少和质量的高低势必会影响其定价水平，因为这涉及餐饮企业的经营费用。如果餐饮企业用工数量较多，为保证其正常的赢利水平，其定价水平必然较高；如果餐饮企业招用较多的名厨（厨师）、名师（服务师），其定价水平也必然较高。

某地两家同地段、同档次、同规模的酒楼，酒楼 A 以每月 12000 元的高薪聘用了当地的一位名厨，酒楼 B 则以普通的薪资聘用了一批刚从烹饪学校毕业的年轻厨师，结果是两家酒楼的价格水平相差 10% 以上。

7. 经营水平

某餐饮企业在当地连锁发展了五家餐厅，这五家餐厅的餐饮原料实行招标采购，结果因其进货量大而使餐饮原料的采购成本大大低于当地同类餐饮企业的进价，其菜肴的定价也因此低于同类餐厅，因此顾客盈门，经营形势相当乐观。

某四星级饭店的餐饮部为在激烈的市场竞争中生存并发展，每月举办一次“美食节”，并在美食节期间进行累计消费优惠促销活动，结果使该饭店的餐饮在当地成为一个品牌，生意一直红红火火。

（二）影响餐饮产品定价的外部因素

影响餐饮产品定价的外部因素是指餐饮企业无法控制的、但对企业定价有较大影响的因素，如市场需求、行业种类、竞争、市场的发展和环境等。

1. 市场需求

按照现代市场营销学的观点，企业必须在满足市场需求的基础上实现收入。因此，餐饮企业在进行产品定价时，必须充分了解市场需求，才能使企业实现自己的经营目标。但餐饮企业面对的市场需求不稳定、经常变化而且比较复杂，因此，餐饮企业应加强对市场的调查研究，并进行经常性的销售分析，以发现市场需求的变化动态及其规律，并采取相应的措施，以灵活的价格策略来吸引消费者。

2. 竞争

其他餐饮企业，特别是档次相近的餐饮企业的价格，对本餐饮企业价格的制定具有较大的影响和制约。如本企业的价格高于竞争对手，则无法吸引消费者；但若价格低于竞争对手，则很快便会引发一场降价大战，对任何企业都不利。因此，竞争价格、竞争产品等因素对餐饮产品的定价有较大的影响，餐饮企业在制定价格策略时，必须要考虑到竞争因素。

杭州与萧山仅一江之隔，两地的人民生活水平差不多。但萧山的餐饮企业的价格水平要比杭州的餐饮企业高10%以上，原因是杭州知名的大型餐饮企业多，致使餐饮企业之间的竞争异常激烈，餐饮企业的定价水平自然较低。

3. 市场发展情况

市场发展过程一般包括初期缓增长阶段、腾飞阶段、高峰稳定阶段和下降阶段，不同的市场发展阶段要求制定不同的价格策略。如一家餐饮企业在正处于初期缓慢增长阶段的市场中开业，则该企业首先应对竞争对手的产品的质量和价格等进行调查研究，并进行比较分析，然后制定相对比较低的价格策略，以便在这样的市场阶段赢得更多的消费者，并确立一定的竞争优势。

4. 环境

餐饮企业在制定价格策略时，必须考虑到企业所处的外部环境因素，如目前饭店及餐饮行业的气候和发展趋势，餐饮原材料的通货膨胀，国家有关价格、竞争、行业结构等方面的政策法规，社会公众及消费者的意见等。餐饮企业应认真分析这些环境因素，从而制定出既适合环境，又具有一定竞争力的价格策略，以保证企业的经济效益。

5. 本地区人民的生活水平

餐饮企业的价格水平在很大程度上受到当地人民的平均生活水平的影响。一般来说，当地人民的生活水平高，餐饮企业的定价水平就会高一些；如果当地人民生活水平较低，则餐饮企业的定价水平也会低一些。

香港九龙地区有一家名为“上海菜馆”的餐厅，规模不大，档次也一般，但其菜单上有一款名为“上海醉鸡”的冷菜，售价98港币，青岛啤酒的售价为每瓶26港币。由此可见当地人民生活水平与餐饮产品的价格水平之间的关系。这样的价格对许多内地居民来说是天价，但对于香港居民而言，是较为合理的价格，因为一名普通的酒店服务员的月薪也高达10000港币。

6. 气候

气候对餐饮消费者的影响是较大的，如在炎热的夏季，某些清热降火类菜肴的销售量大增，其销售价格必然比寒冷的冬季要高；而冬季时火锅、砂锅类菜肴旺销，此类菜肴的价格也必然比平时有所上扬。

某星级饭店以餐饮闻名，当地四季的温度差异较大。在炎热的夏季，其菜肴价格比平时提高10%左右，但还是宾朋满座；而在寒冷的冬季，该饭店的菜肴价格比平时提高15%左右，但客人还需提前一周预订才能确保有餐位。管理人员经调查分析得知，一方面，本饭店的餐饮已经成为品牌，所以能吸引众多的消费者；另一方面，消费者在太冷、太热的情况下，不愿亲自下厨做饭，而饭店的中央空调也是吸引客人的一大优势。

7. 消费者的心理价位

餐饮企业的价格水平必然受目标市场客源消费心理的影响。

第三节　餐饮促销形式与技巧

一、餐饮促销形式

（一）餐饮广告

餐饮广告是通过设置广告物，如餐厅招牌、食品陈列，以及通过刊物、广播电视等媒介，把有关餐饮产品和服务的知识、信息有计划地传递给顾客。餐饮广告在生产者、经营者和消费者之间起沟通的作用。餐饮广告营销，是通过购买某种宣传媒介的空间或时间，来向餐饮公众或特定的餐饮市场中的潜在宾客进行推销或者宣传的营销工具，它是餐饮业常用的营销手段。“酒香不怕巷子深”这句古语所存在的局限性，已经被越来越多的人所认识，所以餐饮营销中，广告是必不可少的重要手段。这种宣传营销的方式是以付费或非付费新闻报道、消息等形式出现的，一般通过电台广播、电视、报刊文章、口碑、标志牌或其他媒介，为人们提供有关饮食产品以及服务的信息，比较容易赢得消费者的信任。

（二）人员推销

人员推销法是由餐厅专职推销人员，通过面对面的业务洽谈，或电话联系等方式，向餐厅的客户提供信息，劝说客户购买本餐厅的产品和服务的过程。人员推销是旅游饭店的人员和直接顾客或潜在顾客接触、洽谈，以达到促进销售目的的活动，主要适用于宴会推销和一些大型活动、会议等。推销之前，推销人员应注意收集各种资料信息，了解活动开展情况，如一些公司和单位的庆祝活动、开幕式、周年纪念、产品获奖以及国内外的重要节庆等。尤为重要的是建立“客史档案”，与客户保持良好的公共关系。

（三）电话推销

电话推销包括餐饮推销人员打电话给顾客进行推销和推销人员接到顾客来电进行推销两种，即餐饮营销人员与宾客通过电话所进行的双向沟通。这种推销方式只是通过声音进行沟通，所以需要特别注意运用自己的听觉，要在很短的时间内对宾客的要求、意图、情绪等方面作出大致的了解和判断，推销自己的餐饮产品和服务时力求精确、突出重点，同时准确做好电话记录。对话时语音语调应委婉、悦耳、礼貌，同时不要忘记商定面谈，以及进一步确认的时间、地点等细节，最后向宾客致谢。电话推销能获得信息，便于了解情况，预约面谈时间；有时通过电话联系，推销人员还能从顾客那里获得预订。电话推销不能代替人员推销访问，这种方式局限性较大，一般细节性的内容不易敲定。但与上门推销相比，电话推销费用低、费时少，因此，作为餐饮经营管理人员要积极利用电话进行推销。

（四）全员推销

全员推销亦即餐饮企业所有员工均为现实的或潜在的推销人员。第一层次由专职人员如营销总监、餐饮销售代理、销售部经理、销售人员等组成的。第二层次由兼职的推销人员构成，如餐饮总监（或餐饮部经理）、宴会部经理、餐厅经理、预订员、迎宾员以及各服务人员等。经理们可在每餐前至餐厅门口迎候宾客；餐中巡视，现场解决各种投诉疑难问题；餐毕向宾客们诚恳道谢，并征询宾客对菜点、酒水以及服务的看法和意见；服务人员则通过他们热情礼貌的态度、娴熟高超的服务技巧、恰当得体的语言艺术，向宾客进行有声或无声的推销。第三层次则由各厨师长以及其他人员组成。

（五）菜单推销

菜单推销即通过各种形式的菜单向前来餐厅就餐消费的宾客进行餐饮推销，可通过各种形式各异、风格独特的固定式菜单、循环式菜单、特选菜单、今日特选、厨师特选、每周特选、本月新菜、儿童菜单、中老年人菜单、情侣菜单、双休日菜单、美食节菜单等来进行宣传和营销。

各种菜单也可以根据情况来选择不同质地，设计出意境不同、情趣各异的封面，格式、大小可灵活变化，并可以分别制作成纸垫式、台卡式、招贴式、悬挂式、帐篷式等，色彩或艳丽，或淡雅，式样或豪华气派，或玲珑秀气，都可让宾客在欣赏把玩之中爱不释手，无形中产生了购买欲望，并付诸行动。这些菜单实际上起了无言的广告作用。

（六）其他餐饮推销方式

1. 餐厅形象营销

餐厅形象营销是对餐厅的形象进行设计策划，比如在店徽的设计、餐厅主题的选择、餐厅的装饰格调、家具、布局、色彩、灯饰等方面下工夫，使之起到促销的功用。如可营造出 20 世纪 30 年代旧上海情调的上海餐厅，越南风情的芭蕉别墅，傣族风格的竹楼餐厅，富有浪漫、高雅艺术气息的西餐扒房，以红木（或仿红木）太师椅、清宫服饰等面貌出现的高档中餐厅，以蒙古包、小方桌、花地毯作为主题形象，散发着粗犷、野味气息的蒙古餐厅，餐厅内到处可见红、白、绿三种鲜艳国旗色的意式餐厅等，都属于餐厅形象营销成功的例子。

2. 实物推销法

实物推销法是借助各餐厅产品实物或图片、模型来刺激客户购买行为的一种推销方法。餐厅经营者通过有意识地设计各种刺激物或刺激方法来影响人的情绪，使之有利于向购买行为转化，从而达到推销产品和服务的目的。如在餐厅门上或客人经过的地方，陈列餐厅经营产品和服务实物模型，张贴产品和服务的图片、招贴画、布告牌等，从视觉、听觉、嗅觉等方面对客人进行感官刺激，以激发消费者的消费欲望。

3. 利用客人推销法

利用客人推销法是指餐厅经营者向在餐厅的客人提供完美的服务，使他们带动新客人光临消费的一种推销方法。对于餐厅经营者来说，一个顾客就是一个“活广告”，客人对餐厅评价如何，会直接影响到餐厅的潜在客源。餐厅经营者对一些常客在服务上和价格上给予更多的关照和优惠，让客人留下较深的印象，会起到意想不到的推销效果。

4. 客人点菜推销法

服务员在接受客人点菜时应主动向客人提供多种建议，促使客人消费数量增多或消费价值更高的菜点、饮料。

5．餐厅现场推销法

餐厅现场烹制推销就是将菜肴的烹制过程放在餐厅进行，或将菜肴的最后一个烹制环节放在餐厅进行，通过烹制，让客人看到形、观到色、闻到香，从而使他们因消费冲动而引发消费决策，使餐厅获得更多的销售机会。

6．试吃推销法

对于一些需特别推销的菜肴，如各种名点、名菜，可以采用客人试吃的方法推销。服务员用餐车将菜点推到客人的桌边，让客人先品尝，如喜欢就现买，不合口味的再请点其他菜点。这既是一种良好的服务，又是一种很好的推销手段。

二、餐饮促销技巧

推销是餐饮服务工作中重要的一环，能熟练掌握并运用推销技巧，对于餐饮销售可起到积极的促进作用。因此，灵活运用以下几种推销技巧非常重要。

1. 了解用餐者的身份及用餐性质，进行有重点的推销

一般来说，家庭宴席讲究实惠的同时也要吃些特色，这时，服务员就应把经济实惠的大众菜和本店特色菜介绍给客人。客人既能吃饱、吃好，又能品尝独特风味，达到了在大餐厅就餐既排场又实惠的目的。而对于谈生意的客人，服务员则要掌握客人摆阔气、讲排场的心理，无论推销酒水、饮料、食品都要讲究高档，这样既显示了就餐者的身份，又显示了其经济实力。同时，服务员还要为其提供热情周到的服务，使客人感到自己受到重视，在这里吃得很有面子。

2. 选准推销目标

在为客人服务时要留意客人的言行举止，一般外向型的客人是推销产品的目标。另外，若接待有老者参加的宴席，则应考虑到老人一般很节俭，不喜欢铺张，因而不宜直接向老人进行推销，要选择健谈的客人为推销对象，并且以能够让老者听得到的声音来推销。这么一来，无论是老人还是其他客人都容易接受服务员的推销建议，有利于推销成功。

3. 运用语言技巧，达到推销目的

语言是一种艺术，不同的语气、不同的表达方式，会收到不同的效果。服务人员的推销语言对推销效果起着至关重要的作用，推销人员应该掌握语言技巧，在推销中尽量用有建设性的语言来推销自己的食物和服务。例如，服务人员向客人推销饮料时，可以有以下几种不同的询问方式：一问“先生，您用饮料吗”；二问“先生，您用什么饮料”；三问“先生，您用啤酒、饮料、咖啡或茶”。很显然，第三种问法为客人提供了几种不同的选择，客人很容易在服务员的诱导下选择其中一种。可见，第三种推销语言更利于成功推销。因此，运用语言技巧，可以大大提高推销效率。

要取得推销的成功，除了推销人员要掌握一定推销方法外，推销人员的自身素质也很重要。首先，推销员应熟悉餐厅经营的各种食物和服务内容，以便向客人作及时介绍，或当客人询问时能够作出满意的答复。其次，推销员在推销自己的食物和服务之前，要了解市场和顾客的心理需求，对客人的风俗习惯、生活忌讳、口味喜好有所了解，以便有针对性地推荐一些适合他们心理需求的产品和服务。

第四节 餐饮企业营销计划的制订

一、餐饮企业营销计划

1. 餐饮企业营销计划的含义

餐饮市场营销是一个管理过程，这个过程需要我们确定并预计客户的需求，再通过一系列的研发、生产、销售、客户服务环节去满足客户的需求，并在满足客户需求的过程中保证餐饮企业赢利。这个过程相当复杂，与企业内部、外部的环境紧密相关，需要进行科学的管理。作为管理和控制的重要工具——营销计划，可以为市场营销管理人员提供重要的依据。营销计划还迫使营销管理人员对内、外部的环境进行系统的研究分析，并进行逻辑的思考，再把这种思考的过程反映到书面的文件上，形成行动计划，从而为餐饮企业的营销服务。

市场营销计划是将发展性市场营销计划转换为市场营销的战略战术。制订市场营销计划涉及目标市场的选择、目标决策、制订达到目标的行动计划、控制和评价行动计划、评估计划执行情况、帮助设立新的目标等。

在对餐饮企业的当前营销现状、市场、行业及竞争环境和宏观环境进行分析，又对营销策略的主要方面，诸如产品或服务、定价、分销渠道以及广告和促销作了详细讨论之后，就可以制订餐饮企业的营销计划了。营销计划就是帮助你把经营力量集中在能使你的餐饮企业达到或超过目标的行动上。

2. 餐饮企业营销计划的内容

营销计划不宜过长，但个别辅助计划可以长一些，例如广告或促销计划。关于个别产品的销售计划，产品结构或服务应当写得非常详细。

营销计划必须简明扼要，它的关键部分是怎样实现餐饮企业的营销目标。

一份市场营销计划应包括以下内容：

（1）当前营销现状：要提供与市场、产品或服务、行业及竞争状况、分销和宏观环境有关的背景数据和资料。

（2）SWOT 分析：概述餐饮企业主要的机会和威胁、优势和劣势。

（3）目标：制订计划要达到的关于销售量、市场份额、利润、形象、客户服务等方面的目标。

（4）营销战略：阐述了为实现营销目标而采用的主要营销措施。营销战略应该与营销组合中的各个方面联系起来。

（5）行动方案和预算：详细地考虑应该做什么，谁来做，如何做，什么时候做，需要多少成本费用，营销预算如何制订。

（6）控制：在整个计划实施过程中，建立监控目标实现的机制是非常必要的。这个起到支持作用的机制可以提供大量的反馈信息，依靠这些反馈信息，可以及时采取有效的纠正措施。

3. 餐饮企业营销计划中常见的问题

拥有营销计划并不能保证成功，没有一件事能取代好的管理决策。如果未能实现你的所有营销目标，不要把它看做失败的计划，或者把它归咎于错误的计划。恰恰相反，这正是制订计划所关心的事。检查一下你的决策依据，调整策略，并开始下一轮的计划过程。计划中常见的问题有以下几个方面：

(1) 缺乏足够的现状分析：现状分析是一个完整计划的基础，缺乏某些有关本餐饮企业、竞争对手、行业或者宏观环境的重要信息会导致计划的短视。

(2) 目标不现实：不要低估或者高估你的目标，两者都会带来糟糕的结果。

(3) 没有足够的细节：你的目标也许很好，但战略和行动措施可能不够完备，因此你必须确保在没有确定最终期限和责任的情况下，不要对如何完成任务作太多的假设。

(4) 维持现状：你的营销战略与上一年一样，你却指望有不同的结果。

(5) 计划没有被实施：如果不采取行动，制订计划就是浪费时间，毫无意义。

(6) 竞争者采取出人意料的行动：竞争者强大的竞争力的标志就他们能够根据其自身特点灵活而又快速地采取行动。绝不能低估你的竞争者，应该留有足够的余地来调整你的计划和预算。

(7) 没有评估计划进程：调整计划的唯一途径是评估该做什么、不该做什么。如果你正在做错事，即使方法正确也将于事无补。

二、餐饮营销计划的制订

1. 制订销售计划的指导原则

营销计划为公司的营销制订了总体的方案。销售计划则是这些方案的实施工具，是营销计划的进一步分解落实。在制订销售计划时，要注意以下指导原则：

(1) 确立目标，有时间限制的可衡量目标。

(2) 资源的配置，如人力资源和资金等。

(3) 建立控制、评估和反馈系统。

如果餐饮销售人员能清楚地知道你想达到什么目标以及按时用所分配的资源达到那个目标的重要性，以及怎样评估行动进度，他们将提出实际的达到目标的方法。

销售活动计划包括六项内容：

(1) 说明目标。

(2) 规定完成整个目标的期限。

(3) 责任分配到人。

(4) 确定行动步骤，越明确越好。

(5) 对每一行动步骤都制订目标日期，分配好所需的资源，以及保持对它们的跟踪监督。

(6) 为了评估进展程度要追踪记录结果。

销售计划的目的是帮助企业归纳出一个战术计划（见表 9-2）。要完成广泛的营销目标，就像赢得一场战争一样；实现一系列的中间目标，就类似于打赢个别的战役或战斗。战术就是为了达到战略目标而按序排列起来的短期活动，一定要有非常详细的说明，并由事先确定的广泛的战略来控制。战术只有与战略联系起来才有意义，否则它们只是无方向的随机活动。

你可能发现有大量可采取的行动步骤，例如雇用和培训新的销售人员、准备必要的销售支持、做广告和准备促销资料、产品或服务的重新包装和重新定位、开辟新的目标市场等，但要确保各方面的行动协调进行。

表 9-2　战术计划

具体目标：			
行动步骤	目标日期	负责人	结　果

一旦确定了行动步骤和完成的期限，时间就变得越来越重要了。一种比较有效的方法是倒计时工作：根据最后的期限来安排餐饮销售行动，特别是那些关键的步骤要制订合理可行的时间计划并按时完成。

2. 餐饮营销计划的制订

餐厅所有营销活动都是在一个不断变化着的营销环境中展开的。为了能适应营销环境的变化，抓住有利的营销机会，对付各种挑战，餐厅营销人员应制订营销计划，用来指导餐厅各种营销活动，实现餐厅预期的经营目标。图 9-4 对营销计划程序进行了简单的描述。

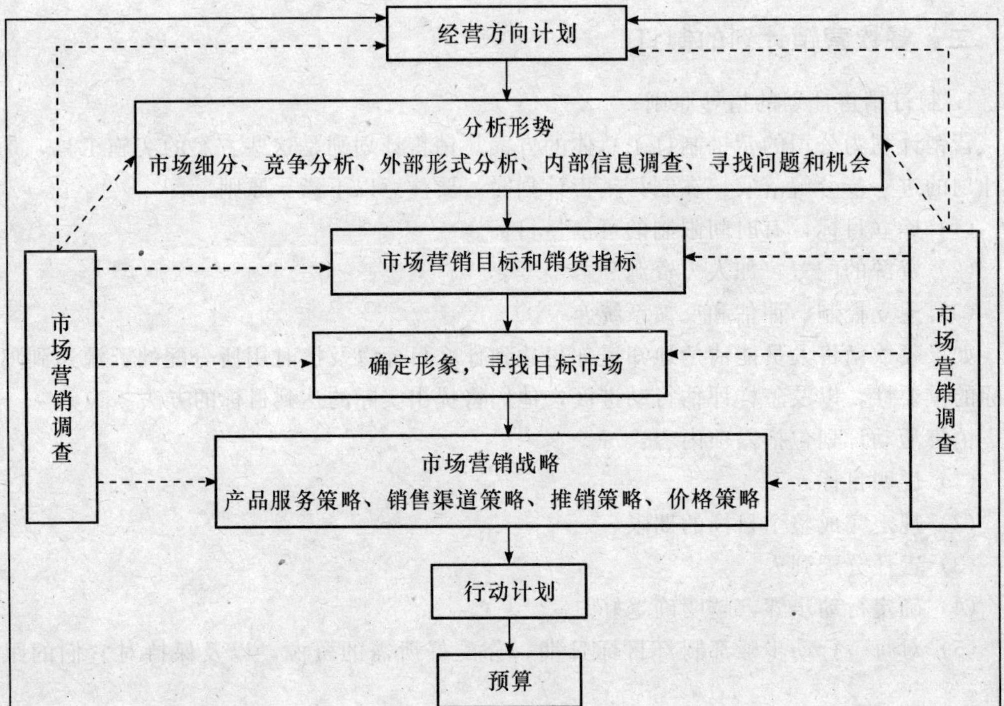

图 9-4　餐厅市场营销计划程序图

3. 制订营销计划过程中常见的错误

经过调查发现，90%以上的餐饮企业营销高级主管参与了营销计划的制订过程，他们平均每年有45天左右的时间来从事这项工作。营销计划的基本框架和产生的过程对营销计划的正确与否起着关键的作用。一般来说，制订营销计划有一些标准的过程，但是我们也会发现，在很多成功的餐饮企业，他们制订营销计划的时候并不总是拘泥于一些“八股文”式的固定结构，而是根据当时的实际情况对营销计划的制订程序作一些有益的修订，从而节省时间，并且防止将营销计划变成填写表格的文字游戏，或者是一些很官僚的做法。

如上所述，对餐饮企业而言，营销计划的重要性不言而喻。但是，如同做很多事情一样，我们总是会在完成这些工作的过程中，犯这样那样的错误。营销计划的完成过程也是如此。制订营销计划过程中，最常见的有以下十种错误。

(1) 忽视现状的分析，只重视或者强调营销计划的目标和营销组合方案。

很多营销主管在制订计划的时候，不重视数据的收集和信息的质量，所作的分析缺乏思考和推敲，这样得出的营销计划难保不出错误。有的主管甚至事先就已经决定了要采取的策略，在分析阶段重点选择一些支持这些策略的数据，这实在是不负责任、不职业的做法。

现状分析要求对上一阶段的营销工作进行全面的审计，利用SWOT等分析工具确认当前的形势，对市场进行划分，对竞争者进行比较分析，对顾客的购买行为进行分析等。这方面的数据收集是十分必要的，而且应该保证数据的质量和数量。对这些关键数据信息的正确分析可以为制订有效的策略打下扎实的基础。

(2) 营销主管对形成文字的营销计划不加重视，或者只是应付餐饮企业的要求做出一份象征性的文件，把整体的内容放在自己的脑子里面，在不同的阶段突然提出不同的要求。

营销计划是餐饮企业经营过程中的重要指导性文件，它绝不仅仅与营销主管有关。我们知道，营销过程与生产、销售、财务、研发都是息息相关的，这些支持性部门在执行营销计划的过程中起着十分关键的作用。所以，书面的计划不仅仅可以迫使营销主管进行系统的思考，而且可以清楚地告知餐饮企业的有关职能部门在执行营销计划的过程中承担哪些责任，需要提前做好哪些准备。零散的计划不仅妨碍计划的执行，而且很有可能制造管理上的混乱。

(3) 对制订营销计划的过程过于苛求或者过于草率，从而为餐饮企业的经营带来问题。

有的管理者对营销计划的制订过程要求苛刻，对每个阶段或者每部分的内容都追求不切实际的“完美”。我们知道，计划的本质是基于现有情况的分析和对未来进行的预测和部署，它不可能是完美的。所以，制订营销计划的过程也不可能完美，我们必须在有限的信息基础上制订尽可能合理的战略目标和方案。冗长的过程不仅说明管理层缺乏决断力，过于官僚，而且会使相关的工作滞后。

也有的管理者对制订营销计划的过程过于草率，填写完一些表格，就算大功完成。这些表格的准确性值得推敲，思维过程在一系列表格的外衣下面显得科学可靠，实际上可能逻辑混乱，前后缺乏关联性。草率的营销计划破坏性极大，可能给餐饮企业造成严重的失误，甚至带来灾难。

（4）由餐饮企业管理层直接制订目标，不让营销计划的执行人员参与目标制订过程。

到今天为止，不少餐饮企业，甚至是不少已经颇具规模的餐饮企业，都是由最高管理层直接制订目标，再由营销部门根据这一目标来制订执行计划。负责任的营销主管会说，不管餐饮企业制订的目标如何难以达到或者是过于保守，他们还是会不遗余力，能够做到什么程度就做到什么程度；不负责任的营销主管会在心里想，目标是餐饮企业制订的，那只是餐饮企业的想法，不是我们的想法，我们不必太把它当回事。20 世纪 60 年代的欧美餐饮企业也曾经有类似的现象：餐饮企业的营销计划交由餐饮企业的计划部门根据一些战略模型来制订，然后再把实现计划的责任交给营销部门和其他职能部门。这一做法一样引起执行层经理的反弹，好在后来的"中层革命"时代这些计划部门被裁减，一线经理更多地参与计划制订过程。这两种现象的相同之处是在制订营销计划的时候把负责这些计划执行的经理们的意见抛在一边。

许多餐饮企业，营销计划的制订除了对营销负有最重要的责任的营销部门以外，其他相关职能部门也会参与这一过程。这样的做法不仅提升了执行部门的人员在管理和决策方面的参与满意度，而且大大提高了达成计划的积极性（这是我们自己的承诺，我们当然要达成），还可以充分借鉴一线经理们的经验和对市场的敏感、直觉，增加计划的可靠性和可操作性。

（5）营销计划的长度不合适。

相信很多人对宝洁公司"公司备忘录不允许超过一页"的规定都有所耳闻。在这里这样说并不是指营销计划不能够超过一页，而是想说明营销计划应该有一个合适有效的长度。

营销计划太长，没有人愿意看，高层经理们也没有时间仔细阅读；太短了，说明不了问题，而且营销计划结构的主要内容还是不能够省略的。营销计划不可能有一个标准的长度，因为不同公司的做法不一定相同。唐纳德·R·莱曼在他的《Product Management》一书里对营销计划的长度有这样的记录（表 9-3）。

表 9-3　　**营销计划的长度**

长度	消费品	工业品	服务
10 页或者更短	28%	23%	26%
11～20 页	17%	22%	22%
21～30 页	18%	11%	15%
31～50 页	21%	17%	12%
51 页或者更长	16%	27%	24%

一般说来，消费品的营销计划以 25 页左右比较常见，工业用品的营销计划以 30 页比较常见，而服务业的营销计划以 21 页比较常见。

（6）营销部门把计划看成营销部门内部的事情，忽视相关职能部门在计划执行过程中的重要作用。

营销主管无论是在计划的制订过程还是计划的结构内容上都容易忽视相关职能部门的作用。须知，尽管营销是餐饮企业的主导部门，在餐饮企业业绩达成过程中承担着最大的责任，但是没有职能部门的配合是不可能有好的成果的。比如营销部门可能考虑新产品的研发是达成某年业绩的重要因素，可是如果研发部门并不这样认为而是按照自己的意愿行事，那么可想而知结果会是什么样子。

（7）高层经理没有积极参与计划的制订过程。

这是一些餐饮企业的做法。营销计划的制订过程中，高层经理们没有积极参与，这样的计划只能够有两种命运：要么被否定，推倒重来；要么无法得到高层经理的支持，而使计划的执行受阻。一般说来，营销计划作为餐饮企业营运的核心计划，必须得到高层经理的支持和认可，因此在计划的制订过程中应该首先就营销计划的制订原则和前提假设有一个统一的认识并形成书面文件，这样可以保证为营销计划所作的努力能够有效地为企业营运服务。

（8）营销计划看起来没有吸引力。

营销计划应该是一份有利于争取资源的文件，因此它必须看起来合理、符合财务成果的要求、有吸引力、对企业的成长有重要的意义。通常来说，营销计划里面有一个部分是财务成果预测，这个部分是高层经理很看重的内容，因此营销计划的财务文件必须有销售额/销售量、可变成本/固定成本、收益的预测值、利润（总利润额、单位利润、投资回报率）等数据描述。营销计划的审批过程有时候也是一个推销的过程，它既可以检验计划的有效和严谨程度，同时也是在企业内部争取资源的最重要的“工具”。

（9）薪酬没有与企业的核心指标利益连接起来，从而降低了营销计划的有效性。

薪酬的考核体系是重要的激励工具，无论是高层经理还是一线经理都会被薪酬结构和考核方向所左右。因此，正确的做法是，营销计划应该与企业的核心指标挂钩，以此对各级经理进行考核，通过考核体系来推动企业的业绩。比如，在市场开发的初期，市场份额是最主要的目标，那么薪酬结构就主要与销售额挂钩；而当利润成为最主要的驱动因素的时候，薪酬就应该与利润挂起钩来。营销计划的制订必须围绕这一核心目标，在执行的时候才会更有成效。

（10）把战略计划和市场营销计划混为一谈。

战略计划与营销计划有根本的区别。战略计划一般时间跨度比较长，发生在更高级别的组织层次，目标和原则广泛适用于整个企业；而营销计划发生在业务单元这个层次，计划的时间通常是一年，不是一份方向性的文件，而是一份操作性的文件。

如果弄清楚了这些区别，那么就不会把营销计划做成一份空泛的文件，而是对企业全年营销工作的目标、策略、执行计划有一个具体的描述。

[复习思考题]

1. 简述餐饮市场的含义和餐饮市场营销的概念。
2. 简述餐饮市场营销观念的发展。
3. 餐饮广告主要有哪几种？
4. 制订营销计划过程中常见的错误有哪些？

参考文献

1. 苏北春．餐饮服务与管理．北京：人民邮电出版社
2. 李国茹，杨春梅．餐饮服务与管理．北京：中国人民大学出版社
3. 施涵蕴．餐饮管理．天津：南开大学出版社，1993
4. 傅启鹏．餐饮服务与管理．北京：高等教育出版社
5. 文志平．旅馆餐饮服务与运转．北京：科学技术文献出版社
6. 马开良．餐饮生产管理．北京：科学技术文献出版社，1996
7. 国家旅游局人教司．饭店餐饮部的运行与管理．北京：旅游教育出版社，1991
8. 汪纯孝．饭店食品和饮料成本控制．北京：旅游教育出版社，1990